Topos plus **Taschenbücher**
Band 430

Romano Guardini

Der Tod des Sokrates

Eine Interpretation der platonischen Schriften Euthyphron Apologie · Kriton und Phaidon

Topos plus Taschenbücher

Topos plus **Verlagsgemeinschaft**

Die Mitglieder der Verlagsgruppe Engagement:
Butzon & Bercker -Kevelaer | Don Bosco -München
Echter -Würzburg | Verlag Katholisches Bibelwerk -Stuttgart
Lahn-Verlag -Limburg Kevelaer | Matthias-Grünewald-Verlag -Mainz
Paulusverlag -Freiburg Schweiz | Friedrich Pustet -Regensburg
Styria -Graz Wien Köln | Tyrolia -Innsbruck Wien

e verlags gruppe engagement

Die Deutsche Bibliothek – CIP-Einheitsaufnahme
Ein Titeldatensatz für diese Publikation ist bei
Der Deutschen Bibliothek erhältlich

7. Auflage 2001
(unveränderter Nachdruck der 6. Auflage, Mainz 1999)
1. Auflage 1943

Einband- und Reihengestaltung:
Akut Werbung GmbH, Dortmund
Druck und Bindung: Pustet, Regensburg
Printed in Germany

Topos plus – Bestellnummer: 3-7867-8430-2

Johannes Spörl zugeeignet

Inhalt

Vorbemerkung

Das Schicksal des Sokrates ist eines der wesentlichen Themen der abendländischen Geistesgeschichte. Welche Wege die philosophische Selbstbesinnung seit dem Jahre 399 v. Chr. auch gehen mag, irgendwann führen sie zu der rätselhaften Gestalt, die den Begegnenden so tief anrührt. Sokrates ist kein systematischer Philosoph und sagt doch über das, was Philosophie bedeutet, mehr als viele methodisch geordnete Schriften. Er ist unnachahmbar und hat doch auf die geistig-menschliche Haltung der folgenden Zeiten tiefer gewirkt, als die meisten Lehrer geistiger Lebensführung sonst. Seinem Schicksal aber, das so ganz aus einer bestimmten Situation herauswächst und so eng an seine persönliche Eigenart gebunden ist, wohnt eine Kraft der Vorbildlichkeit inne, wie nur wenigen anderen geschichtlichen Gestalten.

Nicht jede Persönlichkeit ermöglicht im gleichen Maße, was Begegnung heißt, denn diese setzt einen besonderen Charakter voraus. Ein Mensch kann bewunderungswürdige Qualitäten haben, aber so geartet, daß sie zwischen ihm und dem Herantretenden eine Schranke aufrichten. Ein anderer wirkt aufs stärkste, aber nur durch seine Leistung, während er selbst ganz zurücktritt. Wieder gibt es solche, die menschlich fesseln, aber darüber hinaus nichts bedeuten. »Begegnung« meint das Zusammentreffen mit einer geschichtlichen Gestalt, die unverwechselbar sie selber ist und doch Allgemeingültiges vertritt. An solchen Erscheinungen, die gerade durch ihre Einmaligkeit zum Wesentlichen führen, ist die Geschichte nicht reich; Sokrates ist unter ihnen eine der stärksten.

Die Sokratesgestalt der platonischen Schriften ist selbst Frucht von Begegnung. Durchaus wirklich, aber von Platon empfunden und gezeichnet – ebenso wie Platon für immer jener bleibt, der zehn Jahre hindurch unter dem Einfluß des Sokrates gelebt hat. Gewiß enthält sein Werk Bereiche, in denen die beiden Persönlichkeiten weiter auseinandertreten; so steht der Sokrates der frühen Schriften dem aller Theorie abholden, sich immer wieder ins Unzugängliche zurückziehenden Mann am nächsten, während im Alterswerk der »Gesetze« sein Name ganz fehlt, und es der zum System drängende absolutistische Philosoph selbst ist, der spricht. Aber schon der Sokrates der Jugendschriften ist der von Platon gesehene und geliebte, und noch in den spätesten metaphysischen Gedankengängen wirkt das Wesen des lang verstorbenen Meisters fort.

Der Leser der platonischen Schriften kommt immer wieder an den Punkt, wo er fragt, ob die Gestalt, die unter seinem Namen redet, wirklich noch Sokrates sei. Nicht selten muß die Antwort lauten, das sei nicht mehr zu entscheiden; meistens jedoch, die menschlich-geistige Haltung der Gestalt weise auf Ansätze zurück, die im ursprünglichen Menschen gelegen haben müssen, oder doch wenigstens gelegen haben können. Und daß dieser platonische Sokrates, der als Anwalt des reinen Verstandes, aber auch als Verkünder des Eros; als kritischer Philosoph, aber auch als von numinosen Weisungen Geführter; als praktischer Ethiker, aber auch als Schauender, der sich auf ewige Wesenheiten bezogen fühlt, verstanden werden kann; daß die Gestalt dieses Mannes in all ihrer Vielfalt eine Persönlichkeit von höchster Potenz ist, beweist, welch echte geschichtliche Realität hinter ihr steht – freilich auch, welch großer Künstler jener war, der ihr Bild gezeichnet hat.

Denn Platon, der so scharfe Anforderungen an die Genauigkeit des Denkens stellt und den künstlerischen Kräften so mißtrauisch gegenübersteht, ist kein bloßer Denker, sondern ein Dichter von hohen Graden. Er schreibt köstliche Szenen, die den geborenen Dramatiker verraten und ersinnt gedankenvolle Mythen, welche den Sinn des Daseins deuten. Durch seine Schriften gehen Gestalten voll Leben und Eigenart: die Sophisten mit ihrer Prätention und inneren Leere; die Männer der Praxis, die sich Realisten nennen und doch hören müssen, daß sie im Ungewissen herumhantieren; die Dichter, welche göttliche Inspiration zu haben, und die Priester, welche eingeweiht zu sein behaupten, aber beide keine Rechenschaft über ihre Aussagen geben können; vor allem die jungen Menschen mit ihrem Durst nach Erkenntnis und ihrem ungestümen Willen zum Ideal, einander ähnlich in ihrem Glauben an das Neue, und doch jeder in seiner besonderen Art zu erkennen. Mitten in dieser reichbewegten Welt zeigt er Sokrates, wie er überallhin wirkt, und von überallher Lichter auf sein Wesen fallen.

Etwas der platonischen Dichterschaft besonders Eigenes ist die Fähigkeit, Überzeugungen zu Mächten, Ideen zu Leibhaftigkeiten werden zu lassen. Die Menschen seiner Gespräche stehen an einem geistigen Ort und haben bestimmte Ansichten; aber auch ihr Bild selbst ist von ihrem Standort her und aus ihrer Überzeugung oder Ungewißheit heraus gebaut, ihr Verhältnis zur Wahrheit selbst wird Gestalt. In den platonischen Schriften waltet eine Dramatik des Geistes, und was als gedankliche Dialektik erscheint, ist zugleich Ausdruck für einen inneren Vorgang im Denkenden. Der aber, auf den hin und von dem her dieses lebendige Denken in Bewegung kommt und diese Dramatik sich entfaltet, ist Sokrates. Platons Denken arbeitet nicht monologisch aus sich heraus, sondern entspringt immerfort aus den lebendigen Spannungen, welche zwischen Meister und Schüler, zwischen dem Bahnbrecher und seinen Gegnern entstehen – wie es denn auch in ihm selbst durch jene Begegnung geweckt worden ist, die sich im empfänglichsten Jünglingsalter vollzogen und zu einer Lern- und Lebensgemeinschaft von vielen Jahren geführt hat. Sie hat ihm das philosophische Urerlebnis gebracht und kehrt in den verschiedenen Sokrates-Begegnungen seiner Schriften wieder.

Platon hat ein Gedankenwerk aufgebaut, das von seinen Grundmotiven her analysiert und in seiner Entwicklung verfolgt werden kann. Dennoch würde man sein philosophisches Anliegen nur zum Teil erfassen, wenn man es bloß in den theoretischen Aussagen suchte. Ebenso dringlich wie die Suche nach der philosophischen Wahrheit ist ihm die Frage, welcher Mensch Aussicht habe, Wahrheit zu finden. Platon hat nicht nur eine Kritik der allgemeinen, sondern auch eine solche der konkreten Vernunft unternommen. Er ist einer aus der kleinen Zahl jener Philosophen, die in der Philosophie sowohl den Inhalt von Aussagen, wie auch den von Existenz gesehen und daher gefragt haben, wie der Mensch sein müsse, damit er zum Philosophen werden könne, und was mit dem Menschen geschehe, wenn er zur Philosophie entschlossen sei.

Diese philosophische Existenz hat er – vor allem in der Politeia – theoretisch bestimmt, indem er festgestellt hat, welche Begabungen der künftige Philosoph haben und welchen Bildungsweg er gehen müsse; er hat ihn aber auch immer neu im Akt des Philosophierens selbst begriffen gezeigt. Und er hat ihn gezeigt, wie er bedeutungsvolle Situationen des Lebens in gültiger, Erkenntnis vermittelnder Art bewältigt: etwa im Symposion, zu festlicher Stunde von den höchsten Dingen redend; in der Politeia, beschäftigt, aus ernstester Verantwortung jenes Ganze aufzubauen, das die Synthese aller Einzelleistungen und zugleich die Grundlage bilden sollte, von welcher aus jede besondere Leistung möglich wird, den Staat; endlich, im Euthyphron, in der Apologie, im Kriton und im Phaidon, vor den Tod gestellt und durch seine Überzeugungen befähigt, ihn richtig zu bestehen. Dieser Philosoph aber, existentielles Gegenbild der philosophischen Aussage, ist keine abstrakte Konstruktion, sondern lebendige Wirklichkeit – eben jener Sokrates, der überall durch die platonischen Schriften geht. So bekommt das, was oben von der Begegnung gesagt worden ist, eine neue Bedeutung und Dringlichkeit.

Die vorliegende Arbeit soll aus dem Werke Platons die soeben genannten vier Schriften, den Euthyphron, die Apologie, den Kriton und den Phaidon untersuchen. Sie zeichnen Sokrates in der Situation der Todesbedrohung und Todesnähe. Zuerst, wie er, schon angeklagt, auf der Straße, vor dem Amtsgebäude des Archon Basileus, einen Bekannten trifft, und das Kommende im Gespräch seine Schatten vorauswirft; darauf im Prozeß vor dem großen Staatsgerichtshof, den verschiedenen Anklagen gegenüber seine Lebensarbeit rechtfertigend; dann im Gefängnis, zur Stunde, da ihn am Ende seiner Gefangenschaft ein Freund zur Flucht drängt, und er sich seiner tiefsten Pflicht vergewissert; endlich unmittelbar vor dem Ende, wie er in bewegten Gesprächen mit seinen Schülern die Summe seines Suchens, Wissens und Hoffens zieht. Diese Texte sollen daraufhin befragt werden, wie Sokrates den Tod sieht, wie ihm angesichts des Todes sein Leben erscheint, und wie er das Ende besteht. Dabei geht es einmal um die theoretische Aussage, was der Tod bedeute, wie weit die Todesmöglichkeit in das Sein des Menschen hineinreiche, und ob es darin Unzerstörbares gebe – aber auch um die konkrete Haltung, die hinter dem Fragen und Aussagen selbst steht; um die Existenz dessen, der hier fragt und aussagt und nicht irgendeiner, sondern eben Sokrates ist. Jener Sokrates, welcher der Begegnung zwischen dem Steinmetzen aus Alopeke und seinem großen Schüler entstammt, Elemente vom Wesen Beider in sich vereinigend.
Die Frage, was vom Inhalt der vier Schriften im historischen Sinne sokratisch oder platonisch sei, wird also von dieser Arbeit nicht gestellt. Der Sokrates, von dem sie spricht, ist jener, der, die Schriften Platons tragend, im philosophischen Leben des Abendlandes weitergewirkt hat.

Die genannten Texte werden als Einheit genommen. Damit wird nicht behauptet, sie seien als Einheit geplant oder auch nur in der gleichen Zeit abgefaßt worden. Wenn sich Platons Schaffen in vier Epochen – die Jugend, die Übergangszeit, die

Reife und das Alter – gliedert, dann gehört der Phaidon in die Zeit der Meisterschaft, während die anderen drei Schriften aus den Frühjahren stammen. Was aber die Reihenfolge angeht, in welcher letztere entstanden sind, so ist wohl zuerst die Apologie, dann der Kriton und darauf der Euthyphron geschrieben worden. Für unsere Untersuchungen geht es um jene Einheit, die sich aus dem Inhalt selbst ergibt.
Der Phaidon unterscheidet sich von den anderen Schriften sowohl im Gedanklichen als auch in der Art, wie er die Sokratesgestalt zeichnet; die Kraft des Ereignisses aber, um das sich alle sammeln, ist so groß, daß sie den Unterschied überwindet. Und was in Wahrheit der Ausdruck des geistigen und künstlerischen Wachstums Platons ist, dem es immer besser gelingt, die in der Gestalt liegenden Möglichkeiten herauszuholen, erscheint hier als jene Entfaltung und Verwandlung, welche mit Sokrates in der Stunde vor dem Tode, »da die Menschen vor allem zu weissagen pflegen«, vor sich geht.

Was endlich die Methode der Untersuchung anlangt, so folgt sie möglichst genau dem Text, um zwischenhinein durch kürzere oder längere Zusammenfassungen die Erträge zu klären und zu verbinden. Bei diesem Verfahren müssen bestimmte Gedanken öfter wiederkehren; doch wird das wohl durch den Vorteil, die theoretischen Überlegungen unmittelbar am Text entstehen zu lassen, hinreichend wettgemacht. Dabei geht die Absicht der Arbeit auf eine philosophische Interpretation, die erfahren will, was Platon denkt; aber nicht um seine Gedanken historisch festzustellen und abzuleiten, sondern um, von ihnen geführt, der Wahrheit selbst näher zu kommen.
Die gleiche Methode mußte auch bestrebt sein, den Text möglichst stark hervortreten zu lassen. Er wurde neu übersetzt, und Herrn Dr. Martin Skutella gebührt für die freundliche Sorgfalt, mit der er die Übertragung geprüft und verbessert hat, der angelegentlichste Dank. Die in eckigen

Klammern stehenden Worte sind erklärende Zusätze des Verfassers.

Es darf wohl gesagt werden, daß das Buch selbst aus wirklicher Begegnung mit der Sokratesgestalt hervorgegangen ist. Durch mehr als fünfundzwanzig Jahre ist sein Verfasser immer wieder zu den Texten zurückgekehrt, bemüht, zu erfassen, was Sokrates denkend ausgesagt und in welcher Weise er, eben dieses denkend, existiert hat.
Vielleicht verrät das Ergebnis nicht ohne weiteres das Maß an Arbeit, auf welcher es ruht, zumal es sich nicht durch den üblichen Apparat ausweist. Das bedeutet keine Geringschätzung der philosophisch-historischen Wissenschaft, vor welcher der Verfasser im Gegenteil die höchste Achtung empfindet. Sie ist aber nicht seine Sache – ebensowenig, wie sie es bei früheren Untersuchungen ähnlicher Art war. So muß der Leser entscheiden, ob der Blick auf Gestalt und Aussage des Sokrates rein, und die Darstellung des Gesehenen klar genug sind, um die Veröffentlichung zu rechtfertigen.

Tübingen 1947.

Für die vierte Auflage ist die Arbeit durchgesehen und in vielen Einzelheiten verbessert worden.

München 1952.

Euthyphron

Der Eingang

Die Sache des Sokrates

Die ersten vier Abschnitte des Gesprächs zeichnen die Situation:

EUTHYPHRON: *Was ist denn geschehen, Sokrates, daß Du Deine Untersuchungen im Lykeion*[1] *im Stich gelassen hast und nun hier bei der Königshalle*[2] *herumstöberst? Du hast doch nicht am Ende auch einen Rechtsstreit beim Basileus, wie ich?*

SOKRATES: *Gewiß nicht – die Athener wenigstens, Euthyphron, nennen das [was mich hierher bringt] keinen Rechtsstreit, sondern eine öffentliche Anklage.*[3]

EUTHYPHRON: *Was sagst Du da? Verstehe ich recht, daß jemand eine Anklage wider Dich erhoben hat? Denn das will ich doch nicht annehmen, daß Du einen andern [verklagst]!*

SOKRATES: *Allerdings nicht.*

EUTHYPHRON: *Aber ein anderer Dich?*

SOKRATES: *Freilich.*

EUTHYPHRON: *Und wer ist das?*

SOKRATES: *Ich kenne den Mann auch nicht recht, Euthyphron. Es scheint irgend ein junger, unbekannter [Mensch] zu*

[1] Ein Gymnasion am Ilissos, außerhalb der Stadt, in dem Sokrates sich gern aufhielt.

[2] Siehe unten.

[3] Keine Privatklage, sondern einen Strafprozeß.

sein; doch heißt er, glaube ich, Meletos. Er gehört zum Bezirk Pitthos – vielleicht erinnerst Du Dich an einen Meletos aus Pitthos, einen langhaarigen Menschen mit einem recht schwächlichen Bart und einer krummen Nase?
EUTHYPHRON: *Ich erinnere mich nicht, Sokrates. Aber was für eine Anklage hat er denn wider Dich erhoben?*
SOKRATES: *Was für eine? Keine geringe, denke ich; denn daß ein so junger Mensch sich auf eine so wichtige Sache versteht, ist nichts Kleines. Denn er weiß, behauptet er, auf welche Art die jungen Leute verdorben werden, und wer ihre Verderber sind. Und er muß wohl ein erfahrener Mann sein; so hat er meine Unwissenheit erkannt, [weiß,] wie ich seine Altersgenossen verderbe, und geht nun hin und verklagt mich bei der Stadt, wie [ein Kind] bei der Mutter. Und von allen, die sich der Politik widmen, scheint er es [tatsächlich] allein richtig angefangen zu haben; denn es ist richtig, zuerst für die jungen Leute zu sorgen, daß sie zum Besten geraten, so wie es billig ist, daß ein guter Landmann sich zuerst um die jungen Pflanzen kümmere und erst danach auch um die übrigen. So rottet denn auch Meletos zuerst uns aus, die wir, wie er sich ausdrückt, die sprossende Jugend verderben; dann aber wird er sich offenbar um die Älteren kümmern, und so wird er der ganzen Stadt viele und sehr große Güter bringen – und es ist ja nur billig, daß einem Manne, der so begonnen hat, sein Unternehmen auch gerate.* (1a–d)
Zwei merkwürdige Leute haben sich da getroffen, zufällig, auf der Straße – allerdings an einem bedeutungsvollen und bedenklichen Orte, nämlich vor dem Amtsgebäude des zweiten Archon, der noch aus der Königszeit her den Namen »Basileus« führt und jene Anklagen entgegenzunehmen hat, die sich auf staatswichtige Verbrechen beziehen. Der eine ist Sokrates, der in der ganzen Stadt bekannte und etwas absonderliche Philosoph; der andere Euthyphron, ein Priester und recht unbedeutender Mann. Gleich aus den ersten Worten des Dialogs hören wir, daß Sokrates angeklagt ist; und zwar handelt es sich um das erste Stadium jenes Prozesses, der im

Jahre 399 vor dem großen Staatsgerichtshof ausgetragen wurde und mit seiner Verurteilung endete.

Sokrates charakterisiert sich schon mit den ersten Worten: spöttisch und doch innerlich tief beteiligt. Zugleich zeichnet sich das Bild des Anklägers ab. Es ist ein unbekannter junger Mann, der ein bißchen kümmerlich aussieht; ein Dichter, wie wir nachher hören werden, ohne viel Substanz, aber mit um so mehr Überheblichkeit.

Wie Euthyphron fragt, durch welche Lehren nach Meletos' Ansicht denn Sokrates den Schaden anrichte, antwortet der: *Durch sehr sonderbare, Du merkwürdiger Mensch, wenn man [ihn] so hört. Denn er behauptet, ich sei ein Erfinder von Göttern; und weil ich neue Götter erfinde, die alten aber nicht nach Brauch verehre, hat er, wie er sagt, Anklage wider mich erhoben.*

Euthyphron erwidert:

Ich verstehe, Sokrates. [Das kommt daher, daß] Du sagst, jedesmal [wenn es nötig ist], stehe Dir das Daimonion bei. Er hat also diese Anklage gegen Dich erhoben, weil Du [nach seiner Ansicht] einer bist, der in den göttlichen Dingen Neuerungen einführt, und läuft aufs Gericht wie ein Verleumder, weil er weiß, daß es leicht ist, in solchen Dingen einen Menschen bei der Menge zu verleumden. Sogar über mich lachen sie, wenn ich in Volksversammlungen über das Göttliche rede und ihnen das Zukünftige voraussage, als wäre ich einer, der nicht bei Sinnen ist! Und doch habe ich bei allen meinen Voraussagen nur das Wahre gesprochen. Trotzdem sind sie neidisch auf uns alle, [die wir uns auf solche Dinge verstehen]. (3b–c)

Sokrates ist also angeklagt, er untergrabe die angestammte Frömmigkeit. Doch kommt die Anklage durch die Person des Klägers, wie auch durch die Nähe, in welche Euthyphron seine eigene Sache zu der des Sokrates rückt, sofort in ein sonderbares Licht; schon die ersten Worte des Mannes lassen ja fühlen, daß er nicht gerade erstrangig ist.

Aus all dieser Fragwürdigkeit aber tritt schon zu Beginn des Gesprächs jenes merkwürdige Phänomen hervor, das die religiöse Gestalt des Sokrates kennzeichnet und nachher, in der Apologie, eine so pathetische Rolle spielen wird, sein »Daimonion«. Es zeigt sich, daß Sokrates selbst daraus nie ein Hehl gemacht hat. Die ihn kennen, wissen davon so allgemein, daß sogar der ihm offenbar nicht nahestehende Euthyphron darin den Ansatzpunkt für die Klage sehen kann. Immer nämlich, wenn Sokrates etwas tun will, was nicht richtig ist – und wie sich zeigen wird, reicht der Maßstab dieser Richtigkeit vom Vordergründig-Praktischen bis zur letzten existentiellen Tiefe – warnt ihn etwas; manchmal, wie er sagt, mitten im Satz, so daß er innehalten muß. Diese Stimme hat er immer sehr ernst genommen. Sie bedeutet ganz gewiß nicht den Einspruch der Vernunft oder des Gewissens, wie eine rationalistische Erklärung meint. Es handelt sich vielmehr offenbar um eine Warnung, welche vom »Anderen« her kommt und numinosen Charakter trägt. Nur deshalb hat ja doch die Rede des Sokrates vom Daimonion als eine neue religiöse Verkündigung mißdeutet werden können, welche den überlieferten Götterglauben in Gefahr bringe.

Die Sache Euthyphrons

EUTHYPHRON: Aber vielleicht hat auch das gar nichts Besonderes zu bedeuten, Sokrates, und Du wirst schon den Rechtsstreit in Deinem Sinne durchkämpfen – ebenso wie ich, denke ich, den meinen.

Sokrates erwidert mit einer Frage:

Was hast denn Du für einen Rechtsstreit, Euthyphron? Bist Du Angeklagter oder Ankläger?

EUTHYPHRON: *Ankläger.*

SOKRATES: *Und wen [klagst Du an]?*

EUTHYPHRON: *Einen, durch dessen Verklagung ich wieder in den Verdacht geraten werde, verrückt zu sein.*
SOKRATES: *Wie? Verklagst Du etwa einen, der fliegen kann?*[4]
EUTHYPHRON: *Am Fliegenkönnen fehlt viel, er ist nämlich sehr alt.*
SOKRATES: *Ja, wer ist es denn?*
EUTHYPHRON: *Mein Vater.*
SOKRATES: *Dein Vater, Du Bester?*
EUTHYPHRON: *Sicher!*
SOKRATES: *Und wie lautet die Anschuldigung, und worum geht der Prozeß?*
EUTHYPHRON: *Um Mord, Sokrates.* (3e–4a)

Sokrates ist verblüfft.

Herkules! Da wird aber doch kaum einer der vielen [Menschen] wissen, ob Dein Verhalten richtig ist. Denn nicht der Erste Beste vermag darin, wie mir scheint, das Richtige zu treffen, sondern nur einer, der schon auf einer hohen Stufe der Weisheit steht.
EUTHYPHRON: *Beim Zeus! Wahrlich auf einer hohen Stufe, Sokrates!*
SOKRATES: *Und ist der von Deinem Vater Erschlagene einer Deiner Hausgenossen? So muß es doch sein; denn Du würdest ihn doch wohl nicht um eines Fremden willen auf Mord verklagen?*
EUTHYPHRON: *Es ist lächerlich, Sokrates, daß Du glaubst, es mache einen Unterschied, ob der Ermordete ein Fremder oder ein Hausgenosse sei – und man müsse nicht vielmehr nur darauf achten, ob der Totschläger ihn mit Recht getötet habe oder nicht; wenn aber mit Recht, dann müsse man ihn laufen lassen, andernfalls ihn belangen, auch wenn der Totschläger Dein Herd- und Tischgenosse wäre! Denn wenn Du mit einem solchen zusammen bist und [die Tat]*

[4] Im Griechischen ein Wortspiel: das Wort für »anklagen«, διώκειν bedeutet auch »verfolgen«.

bemerkst und nicht Dich und jenen entsühnst, [und zwar dadurch, daß] Du ihn der Strafe überantwortest, [entsteht ja doch für Euch Beide] die gleiche Befleckung! (4a–c)
Euthyphrons Begründung seines Vorgehens hat nichts mit der Einsicht zu tun, daß ein Mensch über alle sozialen Fremdheiten hinweg Mensch bleibe; war doch die Antike, wie auch Sokrates selbst, überzeugt, es mache einen wesentlichen Unterschied aus, ob jemand zur Gemeinschaft der eigenen Familie und des Standes gehöre, oder nicht. Bei Euthyphron handelt es sich vielmehr um die nachklingende magisch-kultische Furcht vor der Blutschuld, welche sich an die Tat heftet, gleichgültig, welchen ethischen Sinn sie haben mag.
Der Ermordete war nämlich einer meiner Taglöhner, und als wir in Naxos das Feld bestellten, arbeitete er dort bei uns um Lohn. Wie er nun einmal betrunken war und über einen unserer Hausgenossen in Zorn geriet, schlägt er ihn nieder. Darauf fesselt ihn mein Vater an Händen und Füßen, wirft ihn in einen Graben und sendet einen Mann hierher, damit er sich beim Rechtsberater erkundige, was zu tun sei. Während dieser Zeit vernachlässigte er den Gefesselten und kümmerte sich nicht um ihn, da er ja ein Mörder sei und nichts daran liege, auch wenn er stürbe, und das ist ihm denn auch widerfahren. Denn vor Hunger und Kälte und durch [die Wirkung] der Fesseln ist er gestorben, bevor der Bote vom Rechtsberater eintraf.
Mein Vater und die übrigen Hausgenossen regen sich nun darüber auf, daß ich des Mörders wegen meinen Vater auf Mord anklage, obwohl [der Vater] doch, wie sie sagen, gar keinen Mord begangen habe. Wäre er aber auch noch so sehr eines Mordes schuldig geworden, so brauche man sich doch, da der Getötete ja [selbst] ein Mörder war, über einen solchen [Menschen] keine Gedanken zu machen. Denn es sei unfromm, daß der Sohn den Vater wegen Mordes belange. Sie wissen aber schlecht Bescheid, Sokrates, wie das Göttliche sich im Hinblick auf das Fromme und Unfromme verhält. (4c–e)

Im letzten Satz ist das Stichwort des Dialogs gefallen, und Sokrates greift es sofort auf:
Du aber – beim Zeus – Euthyphron, glaubst Dich also derart genau darauf zu verstehen, wie es sich mit dem Göttlichen, und auch wie es sich mit dem Frommen und Unfrommen verhalte, daß Du, obgleich die Dinge sich so abspielten, wie Du es beschreibst, Dich nicht scheust, Deinen Vater zu belangen und damit auch Deinerseits eine unfromme Handlung zu begehen!
EUTHYPHRON: *Ich wäre ja doch zu nichts nütze, Sokrates, und Euthyphron würde sich von der Menge der Menschen in nichts unterscheiden, wenn ich nicht über all das genau Bescheid wüßte.* (4e)

Die sokratische Ironie

Die Frage, mit der sich der Dialog beschäftigt, ist also die nach dem Wesen der Frömmigkeit – verwoben mit jener nach dem Schicksal des Sokrates, der ja selbst des Frevels gegen Frömmigkeit und Glauben angeklagt war.
Aber in welch eigentümlicher Weise wird sie gestellt! Wie unangemessen, sollte man denken, dem bitteren Ernst der Situation! Es handelt sich ja doch um die Einleitung zu einer Tragödie, die zur Zeit, da der Dialog geschrieben wird, seinem Verfasser nicht nur in klarstem Gedächtnis, sondern auch noch in lebendigem Gefühl stehen muß. Platon ist da noch jung, um die Mitte der Dreißig; Sokrates aber ist sein Meister gewesen, der ihm den Zugang zu allem Großen erschlossen hat; nicht nur verehrt, sondern geliebt, und weggenommen durch ein Ereignis, in welchem der Schüler nichts anderes als Unrecht und Unheil sehen kann. Wie müßte er also darüber sprechen? Die Antwort scheint nicht zweifelhaft: so, wie die Apologie es tut. Dennoch ist der Euthyphron da und bildet im geistigen Zusammenhang der

vier Schriften die Einleitung zur Apologie. Das kann nur sein, wenn Sokrates wirklich so war, wie ihn dieser Dialog schildert.

Tatsächlich war er nicht nur der heroische Philosoph, als den ihn vor allem Apologie, Kriton und Phaidon zeichnen. Aus ihnen allein würden seine Persönlichkeit und sein Tod nicht in ihrem vollen Charakter hervortreten; sondern es gehört noch ein anderer Ton hinein, eben der des Euthyphron. Durch diesen wird einmal eine Atmosphäre der Verachtung um die ganze Angelegenheit gelegt – zugleich aber auch dafür gesorgt, daß Sokrates ganz er selbst bleibe. Der Euthyphron ist unter den uns beschäftigenden Texten jener, in welchem Sokrates am deutlichsten als Ironiker erscheint. Diese Eigentümlichkeit zeigt sich auch in den anderen, doch wird sie dort von der Größe der Stimmung verschlungen. Im Euthyphron entfaltet sie sich mit ihrer ganzen leichten und gefährlichen Kraft.

Was bedeutet sie eigentlich? Was tut ein Mensch, wenn er gegen den anderen ironisch wird? Er bringt ihn in ein fragwürdiges Licht.

Das könnte er nun auch ohne Ironie tun. Er könnte auch direkt etwas sagen, was den Angegriffenen sonderbar oder komisch erscheinen ließe. Doch würde das verraten, daß er plump ist und ihm nichts Gutes einfällt; die Ironie hingegen ist geistreich. Im direkten Angriff wäre noch ein anderer Nachteil. Wer ihn führte, wäre in die Situation verfangen; der Ironiker hingegen steht in ihr und zugleich über ihr. Sein Angriff zeigt ihn frei und überlegen. So sagt er Anerkennendes, aber in einer Weise, daß dabei Ungünstiges zum Vorschein kommt; er stimmt zu und unterstreicht dadurch den Widerspruch nur um so stärker; er tut harmlos und verwundet um so sicherer.

Das alles wäre Ironie überhaupt – dem spöttisch-eleganten, mißtrauischen und zugleich geistreichen Umgangston des damaligen gebildeten Athen sehr entsprechend. Die sokratische Ironie ist aber mehr. Ihre Absicht geht nicht darauf, den anderen bloßzustellen und zu erledigen, sondern ihm zu helfen. Sie will ihn frei und für die Wahrheit offen machen.

Wäre es aber dann nicht doch besser, direkt zu lehren und zu widerlegen, zu warnen und aufzurütteln? Nur dann, wenn das, worauf es ankommt, in dieser Weise mitgeteilt werden könnte. Worauf es Sokrates ankommt, ist aber eine innere Lockerung, eine geistige Bewegung, ein lebendiges Verhältnis zur Wahrheit. So sucht seine Ironie die Mitte des Menschen zu beunruhigen und zu spannen, damit aus ihr jene Bewegung hervorgehe – entweder beim Gesprächspartner selbst, oder, wenn dem nicht zu helfen ist, beim Zuhörer.

Daß seine Ironie wirklich diesen positiven Charakter hat, zeigt sich daran, daß er nicht, wie die Sophisten, sicher und anspruchsvoll vor den Anderen hintritt, sondern sich in die Situation mit hineinnimmt; daß er sich nicht als Wissenden aufspielt und Vortrag hält, sondern selbst fragt und sucht. Der sokratische Ironiker ist mit dem eigenen geistigen und sittlichen Zustand durchaus nicht einverstanden. Er weiß, wie er sein müßte, macht sich aber keine Illusionen über die Tatsache, daß er nicht so ist und kennt die Schwierigkeit, es zu werden: »Denn ich bin weit entfernt, von Dir zu sagen, Du müßtest gebildet werden, von mir aber, ich hätte es nicht nötig« (Alkib. der Erste, 124c). Ebendarin, daß er nicht nur gescheiter und geschickter ist, sondern sich selbst kennt, ist er dem anderen endgültig überlegen. Er »weiß, daß er nichts weiß« – aber nicht skeptisch, sondern mit dem Bewußtsein, deswegen um so entschiedener forschen zu müssen und in dem Vertrauen, dieses Forschen werde irgend einmal zu wirklichem Finden führen.

So spielt er mit dem in seiner Unwissenheit Sicheren Komödie; aber nicht, um ihn lächerlich zu machen, sondern um ihn in Bewegung zu bringen. Er sagt ihm Verkehrtes; aber so, daß er dadurch, wenn er bereit ist, auf die Wahrheit aufmerksam werden muß. Sein Tun ist von einer inneren Überlegenheit geleitet, welche den Gang des Gesprächs fest in der Hand behält und dem Hörenden sagt: »Sieh doch, wie sonderbar es ist, wenn die Menschen meinen, sie wüßten und wären wer weiß was, und doch weder etwas wissen noch etwas sind. Du bist noch nicht dahinter gekommen; ich bin's schon. Lache also über die Menschen; vergiß aber nicht, daß auch Du selbst Mensch bist und lache über Dich mit. Sobald Du das kannst, stehst Du über der stumpfen Selbstbehauptung. Achte auf den Unterschied von Echt und Unecht, Wirklichkeit und Schein. Werde anspruchsvoll, nicht von Dir, sondern von der Wahrheit her; und nicht gegen die anderen, sondern gegen Dich selbst. Der eigentliche Maßstab liegt in Dir, und die Kraft, Dich unter ihn zu stellen, ebenfalls.« Die sokratische Ironie ist Illusionslosigkeit für das, was der Mensch ist, Leidenschaft für die Sache und tiefe Güte zugleich. Sie stößt ab, zieht aber zugleich an, und das um so mehr, je ernster der Hörende, und je verwandter er im Wesen mit Sokrates ist.

Und noch etwas: In der Ironie offenbart sich eine besondere Erfahrung vom Dasein. Das Dasein ist gewaltig, herrlich, furchtbar, geheimnisvoll und vieles andere noch – es ist aber auch widerspruchsvoll, ja sonderbar. Es ist so, daß es nicht nur die große »Verwunderung« erregt, das Staunen vor Höhe und Tiefe, das »Betroffensein durch die Wesenheiten«, sondern auch das Geschwister dieses Gefühls, nämlich die Empfindung des Seltsamen, Ungemäßen, Verzwickten. Und zwar eines im anderen. Das Große verquickt mit dem Kleinen, das Herrliche mit dem Armseligen. Wer das sehr tief fühlt, kann das Eigentliche nicht mehr einfachhin, sondern nur noch indirekt sagen, verhüllt, verkehrt, in der Hoffnung, der Hörende werde aufmerksam werden und selbst hindenken.

Ein solcher war Sokrates. Und nicht nur aus theoretischer Überzeugung, sondern er befand sich selbst in der existentiell-ironischen Situation, daß sein Äußeres und Inneres sich nicht deckten. Alkibiades sagt es, wenn er im Symposion meint, Sokrates sei wie eine von den häßlichen Silenenfiguren, die man öffnen kann, aus deren Innerem einem aber dann goldene Götterbilder entgegenschimmern. (215a–b) Platon aber, der selbst wohl von Natur kein Ironiker, vielmehr ein Absolutist war, hat Sokrates und seine Art anerkannt. Daß er das getan und die Gestalt seines Meisters in dieser ihrer Eigenart zur Trägerin seiner Lehre gemacht hat, ist ein starker Beweis für die innere Identität des sokratischen und des platonischen Sokrates.

Andererseits darf aber auch nicht vergessen werden, daß in Platon selbst ebenfalls ein ironisches Element ist, allerdings von anderer Art.[5] Es wurzelt nicht in einer Widersprüchlichkeit des eigenen Wesens, noch in einer Scheu vor direkter philosophischer Aussage, sondern in der Eigenart seiner künstlerischen Veranlagung, wie auch in seiner philosophischen Weltansicht. Diese zeigt ihm, wie in der menschlichen Existenz das Vollkommene überall mit irdischer Fragwürdigkeit verbunden, und das Absolute überall vom Relativen durchkreuzt wird. Sein dramatischer Sinn aber läßt ihn sehen, welche Möglichkeiten gerade die Sokratesgestalt ihm für die Darstellung des Spiels dieser Mächte und des daraus hervorgehenden Aufstiegs gibt.

Von dorther gebraucht er das Prinzip der Ironie in meisterlicher Weise. Dafür ist der ganze Dialog ein Beispiel. Denn wenn Sokrates, der wahrhaft Fromme, auf Gottlosigkeit angeklagt wird; wenn er mit Euthyphron, der Priester und Seher sein will, zugleich aber ein dumpfer und harter Mensch ist, über das Wesen der Frömmigkeit spricht; und das in dem Augenblick, da letzterer zur Gerichtsverhandlung geht, um die Verurteilung seines eigenen Vaters durchzusetzen, während Sokrates sich der Anklage stellt, die ihm den Tod bringen wird: wenn das alles so durcheinandergeht – was ist dann Frömmigkeit?

[5] Paul Friedländer hat das in seinem Werk Platon (I Eidos, Paideia, Dialogos 1928 und II Die platonischen Schriften 1930) eindrucksvoll gezeigt.

So ist es wie das Thema des Dialogs – das menschliche Thema hinter dem gedanklichen; der durch das Gespräch hervorgerufene Affekt hinter dem theoretischen Problem – wenn Euthyphron im elften Abschnitt sagt:
Ich weiß aber nicht, Sokrates, wie ich Dir sagen soll, was ich meine. Denn was wir jeweils aufstellen, geht uns immer wieder irgendwie im Kreise herum und will nicht bleiben, wo wir es hinstellen. (11b)
Gegen Ende des Ganzen aber nimmt Sokrates selbst – und mit welch überlegenem Spott – den Satz auf:
Wunderst Du Dich nun bei dieser Rede, wenn Dir die Worte nicht [auf ihrem Platze] zu verharren, sondern zu laufen scheinen, und willst mich als den Daidalos hinstellen, der bewirkt, daß sie laufen, während Du selbst doch viel geschickter bist als Daidalos, und [nicht nur] bewirkst, daß [sie zu laufen anfangen, sondern auch, daß sie] im Kreise herumlaufen?[6] *Oder meinst Du nicht, daß unsere Rede im Kreise herumgegangen und wieder auf den nämlichen Punkt zurückgekommen ist?* (15b)

In dieser Kreisbewegung geht aber etwas Wesentliches vor sich. Zu Anfang bringt Euthyphron sich in eine bedenkliche Nähe des Sokrates, wie einen Fachmann der Frömmigkeit zu seinem Kollegen. Diese Verbindung, besser gesagt, Vermischung, gerät aber dann in den Wirbel der Ironie und wird, wie von einer geistigen Zentrifugalkraft, säuberlich in ihre Elemente auseinandergelegt. Am Schluß sind zwar weder Sokrates noch Euthyphron ausdrücklich definiert; ihre Verschiedenheit ist aber vor Augen gekommen, und sie können nicht mehr verwechselt werden. Auch das Geistige, worum es geht, ist nicht definiert. Die Frage, was denn nun wahre Frömmigkeit sei, hat keine Antwort gefunden; doch ist klar

[6] Daidalos hatte dem Herrscher Minos von Kreta Figuren gemacht, die fähig waren, sich automatisch zu bewegen.

geworden, daß sie jedenfalls mit dem, was Euthyphron meint und ist, nichts zu schaffen hat. Hinter den Worten des Sokrates aber hat sich eine Tiefe aufgetan, und der Leser sieht, wie die Frage nach dem Wesen der Frömmigkeit eigentlich angesetzt werden müßte.

Und noch etwas anderes ist ihm zu Bewußtsein gekommen: daß die Ankläger des Sokrates – ebenso wie ein Teil seiner Richter – Leute von der Art des Euthyphron sind. Der letztere will dem Sokrates wohl. Wenn dieser sich aber nicht einmal Euthyphron verständlich machen konnte – wie soll er es dann Männern von dessen Art gegenüber können, die ihn dazu noch als gefährlich empfinden? Euthyphron selbst wüßte mit solchen Gegnern fertig zu werden. Man glaubt ihm ohne weiteres, wenn er sagt:

Beim Zeus, Sokrates, wenn er es wagte und mich anklagte, dann würde ich wohl herausfinden, wie faul er ist, und viel eher dürften wir ihn vor Gericht zur Rechenschaft ziehen, als er mich! (5b–c)

In einem solchen Kampf würden sich Gleich und Gleich gegenüberstehen. Sokrates aber wird die Waffen, die ihm zu dem bevorstehenden Kampfe nötig wären, nicht haben. So kommt aus dem fast übermütig geführten Gespräch ein Hauch tragischer Ahnung von dem, was folgen wird.

Das Problem und seine Erörterung

Der erste Fragegang

Dann beginnt Sokrates und stellt damit das Thema des Gesprächs:

So sage mir aber jetzt beim Zeus, was Du eben noch sicher zu wissen behauptetest: Was für ein Ding ist nach Deiner Meinung das Fromme und das Unfromme, sowohl im Hinblick auf den Mord wie auf die übrigen [Verbrechen]? (5c)

Und fährt fort, das sokratisch-platonische Grundanliegen, nämlich die eigentlich philosophische Frage heraustreibend:

Oder ist nicht bei jeder Handlung das Fromme sich selbst [wesens-]gleich; und das Unfromme zwar dem Frommen seinem ganzen Umfang nach entgegengesetzt, sich selbst aber [ebenfalls wesens-]gleich, und hat nicht alles [Unfromme] mit Bezug auf eben seine Unfrommheit eine gewisse einheitliche Idee [ein Wesensbild]? (5d)[7]

Euthyphron stimmt zu, und Sokrates fragt weiter:

Aber sage mir, was ist [denn nun] Deiner Meinung nach [und so in seinem Wesen gesehen,] das Fromme und das Unfromme?

Die Antwort kann der Ironiker kaum anders als mit vergnügtem Schmunzeln hören:

Ich sage also: Das Fromme ist eben das, was ich jetzt tue – nämlich daß man einen, der Unrecht verübt, indem er sich durch Mord, Tempelraub oder durch irgendein anderes Verbrechen dieser Art verfehlt, gerichtlich belangt, ob es sich um den Vater oder die Mutter oder um irgendeinen sonst handelt. Das Nicht-Belangen aber ist das Unfromme. (5d)

Die Begründung aber lautet:

[7] Das Wort Ἰδέα hat hier noch nicht die gleiche Bedeutung wie in den Dialogen der Reifezeit, meint vielmehr das Wesen des Gegenstandes bzw. die definierenden Elemente der Aussage. Andererseits ist es aber auch nicht so, daß es sich hier nur um den logischen Begriff handelte, hingegen im Phaidon um die »Idee« im eigentlichen Sinne, die ewige Wesensgestalt. Von den Einsichten der »bloß sokratischen« Dialoge führt ein lebendiger Zusammenhang zu den »platonischen«. Wenn Sokrates im Phaidon vom »an sich Seienden« als dem eigentlichen Gegenstand des Philosophierens spricht, so hat das natürlich eine andere metaphysische Sinnfülle, als wenn er den Euthyphron nach der Idee der Frömmigkeit fragt. Trotzdem ist in dieser Frage bereits ein Element wirksam, das sie wesentlich von jener unterscheidet, welche etwa das Denken des Aristoteles bestimmt.

Denn sieh, Sokrates, welch überzeugenden Beweis ich Dir nennen will... Die Menschen halten nämlich den Zeus für den besten und gerechtesten der Götter. Sie geben aber zu, er habe seinen eigenen Vater gefesselt, weil der seine Söhne zu unrecht verschlang; und wiederum habe jener aus anderen Gründen dieser Art seinen eigenen Vater entmannt. Mir aber zürnen sie, weil ich gegen meinen Vater, der Unrecht getan hat, einen Prozeß anstrenge, und so widersprechen sie in dem, was sowohl die Götter wie auch mich betrifft, sich selbst. (5e)

Die Antwort, welche Euthyphron auf die philosophische Frage des Sokrates gibt, scheint zunächst Überhebung zu sein: was ich tue, ist das Fromme. Dann Verwechslung von Fall und Wesensbegriff: dieses konkrete Tun ist die Wesensnorm. Aus der Begründung geht aber hervor, daß sie doch mehr bedeutet. Sie ist die mythische Antwort; genauer gesagt, diese Antwort, sofern sie im Fortgang der geschichtlichen Entwicklung ihren eigentlichen Sinn verloren hat. Soll sie echt sein, dann setzt sie nämlich eine bestimmte menschlich-religiöse Haltung voraus, welche das Dasein in einer besonderen Weise erfährt.[8]

Für diese ist die Wirklichkeit vorder- und hintergründig zugleich. Sie besteht nicht, wie im späteren Weltbild, aus Energiesystemen, die vom rationalen Denken in Begriffe und Gesetze gefaßt werden, sondern aus Mächten natürlicher und zugleich numinoser Art, die mit einander ringen, und aus deren nie aufhörendem Kampf immerfort das Dasein hervorgeht. Die mythische Wahrheit aber besteht darin, daß die Mächte und ihr Verhalten sich dem Schauenden in gültigen Gestalten und Vorgängen, nämlich den Göttern und ihren Schicksalen offenbaren. Die Bilder, durch welche das geschieht, sind also etwas anderes, als die Begriffe der Wissenschaft; etwas anderes aber auch, als die unverbindlichen Gestaltungen der späteren, ästhetisch verselbständigten

[8] Zum Begriff des Mythischen Karl Kerényi und C. G. Jung, Einführung in die Mythologie, 1941, 9ff., 105ff.

mythologischen Dichtung. Sie sind der unmittelbare Ausdruck des Daseins, und der Mensch, der von ihnen weiß, mit ihnen umgeht, sich in sie hineinstellt, befindet sich ebendamit in der Ordnung dieses Daseins. Mythische Haltung bedeutet, daß der Mensch die Urgewalten immerfort am Werk fühlt. Er empfindet sie in der umgebenden Natur, in der Mächtigkeit der Gestirne, in den Vorgängen der Atmosphäre und in den Rhythmen des Wachstums, denn sie sind es, die alles das wirken, richtiger gesagt, sind. Er empfindet sie in seinem eigenen Wesen, denn sie regieren die Erregungen seines Innern, offenbaren sich in den Mahnungen und Warnungen seines Gemütes, in den Träumen seines Schlafs und den Gesichten entrückter Augenblicke. Sein Schicksal ist immerfort ihr Werk; die Ordnung von Familie und Gemeinschaft geht aus ihrem Wirken hervor und stellt zugleich einen Schutz gegen ihre Übermacht dar.
So lange das alles zutrifft, bedeutet Frömmigkeit tatsächlich ein beständiges Verstehen des Daseins aus den Bildern und Geschehnissen, welche die seherische Erfahrung der Vergangenheit empfangen und die religiöse Tradition weitergegeben haben; und die Antwort auf die Frage, was religiös wahr und nicht wahr, recht und unrecht sei, besteht wirklich im Rückgriff auf die Gestalt eines Gottes oder die Tat eines Heroen, wie Euthyphron ihn vollzieht. Im Fortgang der Geschichte löst sich aber die seelische Haltung, welche diesen Rückgriff trägt, allmählich auf. Die Vorstellungen der jonischen Naturphilosophie zeigen in etwa den kritischen Punkt an. Das »Wasser« des Thales, das »Ungestaltet-Unmeßbare« des Anaximander, die »Luft« des Anaximenes sind gewiß noch keine philosophischen Begriffe im eigentlichen Sinne, sondern Bilder für Urwirklichkeiten; in ihnen dringt aber bereits ein neues Verhältnis zur Welt durch. Der Mensch beginnt, sich aus dem Walten der Mächte zu lösen, die Dinge um ihn her als »Natur« zu empfinden und sie in einer neuen, nämlich der wissenschaftlich-kritischen Weise zu befragen. Er wird auf den Zusammenhang von Ursache und Wirkung,

Ganzem und Teil, Zweck und Mittel aufmerksam und sucht von dort her die Erscheinungen rational zu erklären. Er beginnt die sachlichen Eigenschaften der Dinge zu verstehen und sie auf Grund dieser Kenntnis in Besitz zu nehmen. So verliert das überlieferte Weltbild seinen ursprünglichen Sinn. Der Mensch lebt wohl in ihm weiter, aber ohne ihm wirklich verpflichtet zu sein. Die Kritik wächst; und da sie ihrer eigentlichen Maßstäbe noch nicht sicher geworden ist, trägt sie weithin jenen Charakter der Willkür, wie er der Sophistik eignet. Das mythische Denken hat seine Berechtigung verloren, und Euthyphron ist der, wenn auch karikierte, Ausdruck des Zustandes, wie er tatsächlich besteht.
Nun muß ein Schritt vorwärts getan werden, und ihn zu tun, ist die Aufgabe des Sokrates. Die Kräfte, welche den Mythos zerstört haben, müssen ihren eigentlichen Gegenstand, ihre Norm und damit auch ihre Bindung finden. Das geschieht durch die immer wiederkehrende sokratische Frage: »Was ist das Wesen dieser Erscheinung? Welches ist die rechte Ordnung dieses Tuns? Wie steht dieses Besondere zu den letzten Sinngebungen des Daseins überhaupt?« Ein solches Fragen wird aber von jenen Kreisen, deren Sprecher Meletos ist, mißverstanden. Sie haben keinen wirklichen Glauben an die Mythen mehr, scheuen aber die Erschütterungen und Mühen des Umbruchs und wenden sich gegen den Mann, der ihn in Gang bringt. Sie tragen bereits die rationale Frage in sich, empfinden aber deren folgerichtige Durchführung als Frevel. Und Euthyphron denkt, trotz aller augenblicklichen Gegensätze, wie sie. Der Streit, den er mit ihnen hat, bewegt sich innerhalb der gleichen Grundanschauungen. Er ist ein Mythiker ohne wirkliche Überzeugung – freilich auch, und das macht ihn zur Karikatur, ohne menschlich-geistige Qualitäten.

So setzt die Antwort des Sokrates hier an:
Ob nicht vielleicht der Grund, warum ich angeklagt werde, Euthyphron, der ist, daß ich mich widersetze, wenn einer von

den Göttern Dinge sagt, wie soeben Du? Allem nach wird manch einer behaupten, ich verfehle mich in dieser Beziehung. Wenn aber nun auch Du, der Du in diesen Dingen so wohl bewandert bist, dergleichen glaubst, dann werden wohl auch wir zustimmen müssen. Denn was könnten wir [dagegen] einwenden, die wir doch selbst zugeben, darüber nichts zu wissen? So sage mir beim Philios: glaubst Du [wirklich], daß sich diese Dinge in Wahrheit so ereignet haben? (6a–b)
Euthyphron merkt den Ernst der Frage gar nicht:
Noch viel wunderbarere [Dinge] als diese, Sokrates [haben sich ereignet], von denen die Menge nichts weiß.
SOKRATES: *Und Du glaubst, daß wirklich unter den Göttern gegenseitiger Krieg bestehe, und furchtbare Feindschaften und Schlachten, und vieles andere von der Art, wie es von den Dichtern erzählt und von den guten Malern in unseren Heiligtümern dargestellt wird – ist ja doch auch das Gewand der Göttin, das an den großen Panathenäen auf die Akropolis getragen wird, von solchen Bildern voll! Sollen wir [wirklich] sagen, Euthyphron, das alles sei wahr?*
EUTHYPHRON: *Nicht nur [das], Sokrates, sondern – wie gesagt – wenn Du willst, werde ich Dir noch vieles andere über das Göttliche erzählen; und ich weiß genau, wenn Du das hörst, wirst Du fassungslos sein.*
SOKRATES: *Das sollte mich [allerdings] nicht wundern!* (6b–c)
Und nun wäre Euthyphron bereit, sein Wort wahr zu machen und die staunenerregendsten Göttergeschichten zu erzählen, wenn Sokrates ihn gewähren ließe.

Die Frage nach dem Wesen

Der erste Gesprächsgang ist vorbei, ohne daß Euthyphron überhaupt etwas gemerkt hat. Nur der unsichtbare Zuhörer hat es gemerkt, nämlich die Jugend Athens, die Sokrates liebt,

und vor deren lauschenden Ohren das Ganze sich vollzieht. Dann setzt Sokrates neu ein:
Doch das wirst Du mir ein andermal in Muße darlegen. Jetzt versuche aber, mir das, wonach ich Dich soeben fragte, deutlicher darzulegen. Denn Du, mein Freund, hast mich vorhin durchaus nicht hinreichend belehrt, als ich Dich fragte, was denn das Fromme sei; vielmehr sagtest Du, das Fromme sei ebendas, was Du jetzt tust, wenn Du Deinen Vater wegen Mord belangst. (6c–d)
Euthyphron bekräftigt. Sokrates dagegen:
Vielleicht ist es so. Aber Du sagtest doch wohl, Euthyphron, daß noch vieles andere fromm sei?
EUTHYPHRON: *So ist es ja auch.*
SOKRATES: *Erinnerst Du Dich nun, daß ich Dich nicht aufgefordert habe, mich über eine oder zwei Erscheinungen aus der Mannigfaltigkeit des Frommen, sondern über ebenjene Grundgestalt selbst zu belehren, durch die alles Fromme fromm ist? Du hast doch wohl gesagt, daß durch ein Wesensbild das Unfromme unfromm sei und das Fromme fromm – oder erinnerst Du Dich nicht mehr daran?*[9]
EUTHYPHRON: *Doch.*
SOKRATES: *Über dieses [ihr] Wesensbild selbst belehre mich also, [und] worin ihr Wesen bestehe, damit ich darauf meinen Blick richten und es als Muster benutzen könne; und wenn dann aus dem, was Du vollbringst oder ein anderer, etwas mit ihm in Einklang steht, ich sagen könne, es sei [wirklich] fromm, bezüglich dessen aber, was damit nicht im Einklang steht, es bestreite.* (6d–e)
Also wieder und dringlicher gefaßt die Frage nach dem Wesen. Mit ihr beginnt das eigentliche Denken. Das uneigentliche begnügt sich mit Anhaltspunkten, Erfahrungsan-

[9] Εἶδος, Grundgestalt und ἰδέα, Wesensbild, meinen, wenn auch in etwas verschiedener Abtönung, das Gleiche: den notwendigen Eigenschafts- und Sinngehalt eines Gegenstandes, jedoch, wie die Sprachwurzel zeigt, nicht in abstrakter Definition, sondern in bildhafter Anschaubarkeit.

sammlungen, Orientierungsmarken. Es bleibt im Nächst-Gegebenen stecken. Das eigentliche Denken fragt: Was ist das Wesensnotwendige und Wesensganze, in allen Einzelerscheinungen Wiederkehrende und Gültige?

Euthyphron versucht, zu antworten:

Das ist also das Fromme, was den Göttern lieb ist; was ihnen aber nicht lieb ist, das Unfromme.

Darauf Sokrates:

Vortrefflich Euthyphron! So, wie ich Dich bat, daß Du mir antworten mögest, hast Du mir nun [endlich] geantwortet; ob allerdings richtig, das weiß ich noch nicht. Aber es ist ja klar, daß Du mir noch auseinandersetzen wirst, inwiefern das wahr ist, was Du sagst. (6e–7a)

Die Antwort ist tatsächlich besser als die voraufgehende, denn sie wagt sich wenigstens in den Bereich der begrifflichen Bestimmung. Ob aber der darin angegebene Maßstab – fromm sei, was die Götter lieben – wirklich zutrifft? Ein Maßstab muß eindeutig sein; das heißt in diesem Falle: alle Götter müssen das Nämliche lieben und hassen. Tun sie das? Offenbar nicht, denn die Mythen erzählen ja immer wieder von ihrem Streit. Und wirklicher Streit kann nicht nur um bloße Tatsachen gehen – etwa ob ein Ding größer oder kleiner als ein anderes sei – denn dann würde man einfach vergleichen und die Sache wäre erledigt. Es kann nur Grundsätzliches betreffen, z. B. was das Gerechte oder Ungerechte, Schöne oder Häßliche in sich sei. Wenn denn schon Götter streiten, dann können sie es nur um solche Dinge tun:

SOKRATES: *Ist es also nicht so, daß jeder von ihnen das, was er für gut und gerecht hält, auch liebt, das Gegenteil aber haßt?*

EUTHYPHRON: *Durchaus.*

SOKRATES: *Nun halten aber doch das Nämliche, wie Du sagst, die einen für gerecht, die anderen für ungerecht; und indem sie sich darin widersprechen, entzweien sie sich und bekriegen sich untereinander. Ist es nicht so?*

EUTHYPHRON: *So ist es.*

SOKRATES: *Das Nämliche scheint also von den Göttern gehaßt und geliebt zu werden – danach wäre das Nämliche sowohl den Göttern verhaßt, wie auch den Göttern lieb?*
EUTHYPHRON: *So scheint es.*
SOKRATES: *Und so wäre nach dieser Rede das Fromme und Unfromme das Nämliche, Euthyphron!*
EUTHYPHRON: *So verhält es sich.* (7e–8d)

Mit dieser Bestimmung der Frömmigkeit ist es also wieder nichts, denn sie ist nicht von definierbaren Größen, sondern von einem kritisch ungeprüften, ja im Zerfall befindlichen Volksglauben ausgegangen.

Die Frage, worin der eigentliche Sinn des mythischen Streites bestehe, wird überhaupt nicht erhoben. Wenn das geschähe, würde die Sache für Sokrates nicht so einfach zu erledigen sein. Denn was bedeutet jener Streit? Wenn im Krieg um Troja Hera gegen Aphrodite steht, dann sagt die erste, die Tat des Paris sei verwerflich, die zweite, sie sei schön. Das ist aber etwas anderes, als wenn zwei Philosophen über ethische Probleme diskutieren; denn Hera ist die Sozialmacht der Familienordnung und Aphrodite die Naturmacht des Eros, beide nicht als logische Prinzipien, sondern als empirische und zugleich numinose Daseinsgewalten verstanden. In theoretischen Behauptungen formuliert, schließen ihre Ansprüche sich aus; kontradiktorische Urteile können nicht zugleich wahr sein. Im Mythos steht es anders. Er sagt: Alles ist göttlich. Überall sind Mächte, und jede gehört zum Dasein. Sie werden nicht begrifflich verglichen und auf theoretische Prinzipien hin geprüft, sondern gelebt. Alle Mächte gehen in der Einheit der Welt auf, die selbst das Letzt-Göttliche ist und sämtliche Widersprüche umfaßt. So haben beide recht, und der Kampf zwischen ihnen auch. Paris sowohl wie Menelaos stehen im Schutz ihrer Numina. Daß sie kämpfen müssen, bildet die notwendige Tragik, in der jedoch das Dasein nicht zerfällt, sondern als überbegreifliches Ganzes besteht. Das alles würde der noch mythisch lebende Mensch

zwar nicht mit Begriffen sagen, aber empfinden, schauen, innehaben, und Sokrates müßte sich, um vor ihm das Recht der philosophischen Weltbetrachtungen zu erweisen, viel mehr anstrengen. Euthyphron hingegen verkörpert nicht den in glaubwürdiger Echtheit mythisch existierenden Menschen, sondern dessen Zerfallserscheinung, und daraus kommt die innere Ungerechtigkeit des Dialogs.
Was aber den sokratisch-platonischen Kampf gegen das Alte selbst rechtfertigt, ist nicht nur die Tatsache, daß die echte mythische Haltung zerfallen ist, sondern auch – und das muß, aller Romantik zum Trotz, zu sagen erlaubt sein – weil sie in sich irrt. Das mythische Weltbild hat eine große Kraft, und über ihm liegt ein Glanz, der den von Kritik gequälten neuzeitlichen Menschen mit Sehnsucht erfüllt. Es setzt aber eine Verwobenheit in die Natur voraus, in welcher der Mensch nicht bleiben kann, wenn er seinem Wesen genügen will. Sobald sein Gewissen die eigene personale Würde ahnt und zur Verantwortung dafür bereit ist, muß er die mythische Haltung abstreifen. So ist Sokrates nicht nur der Anwalt dessen, was historisch an der Zeit, sondern auch dessen, was im Sinn richtiger ist. Daß er freilich beim Vortragen dieses Neuen und Höheren viel alte Herrlichkeit zerstört, ist ebenfalls wahr und rechtfertigt den Widerstand gegen ihn. Wie immer in geschichtlichen Dingen, in denen es keinen absoluten Fortschritt gibt, wird er gerade aus seiner Sendung heraus zugleich schuldig.

Wesen und Tatsache

Der Versuch ist wieder gescheitert, und Sokrates verfehlt nicht, das seinem Partner zu Bewußtsein zu bringen:
Du hast mir also meine Frage nicht beantwortet, Du sonderbarer Mensch. Denn ich habe doch nicht nach dem gefragt, was in sich fromm und [zugleich] unfromm, und was den Göttern lieb und, wie es scheint, zugleich auch verhaßt ist! So

kann man sich gar nicht wundern, Euthyphron, wenn Du mit dem, was Du jetzt tust, nämlich Deinen Vater zur Bestrafung zu ziehen – wenn Du mit dieser Handlung etwas tust, was dem Zeus lieb ist, dem Kronos und dem Uranos aber verhaßt, dem Hephaistos lieb, der Hera aber verhaßt. (8a–b)
Euthyphron sucht seine These noch zu retten:
Ich glaube aber, Sokrates, darüber ist keiner von den Göttern mit einem anderen verschiedener Meinung – daß nämlich der, welcher jemanden zu Unrecht getötet hat, Strafe erleiden müsse. (8b)
Das ist nun wieder gut; es weist auf etwas Evidentes hin, daß nämlich jedes Unrecht gesühnt werden müsse. Sokrates stimmt dem auch zu, indem er sagt:
Darüber also streiten [die Menschen] nicht, ob der Unrechttuende Genugtuung leisten müsse; allenfalls streiten sie darüber, wer der Unrechttuende sei, und durch welche Taten und unter welchen Umständen [er Unrecht tue]. (8d)
Das Prinzip ist klar. Jeweils festzustellen ist nur das Faktum. Was bedeutet das aber für die erörterte Frage? Der Satz »das Unrecht muß bestraft werden« heißt im Grunde soviel wie »das Unrechte ist unrecht«. Was ist aber das Unrechte? Woran erkennt man den Sachverhalt des Unrechten im Unterschied zu dem des Rechten?
Hier muß zunächst gesehen werden, daß im Munde des Euthyphron das Wort »Unrecht tun« einen anderen Klang hat, als in dem des Sokrates. Dort meint es den Stoß einer Daseinsmacht gegen die andere; die in der Konkretion der Welt unaufhebbare Notwendigkeit, wonach ein Seiendes, wenn es ist, wie es seinem Wesen nach sein, und wirkt, wie es ebendanach wirken muß, mit anderem Seienden von anderer Wesensbestimmtheit zusammenstoßen wird und dafür die Folgen zu tragen hat. Das »Unrecht« sowohl wie die »Sühne« sind beide Notwendigkeiten. »Unrecht« ist also etwas Mythisch-Relatives, in gewissem Sinne gleichbedeutend mit der Tragik des Sonderseins. Der philosophische Begriff des Unrechts hingegen ist ethisch, und meint das, was nicht sein

darf. Dieses Unrecht kann nicht in das Spiel der Mächte eingeordnet werden, ist vielmehr absolut zu verneinen.

So kann Sokrates mit der Rückführung auf Numina nichts anfangen, sondern sucht zu einer Wesensbestimmung durchzudringen:
Wohlan denn, lieber Euthyphron, belehre mich auch, damit ich weiser werde. Welchen Beweis hast Du dafür, daß alle Götter glauben, ein Tagelöhner, der einen Menschen getötet hat, dann vom Herrn des Verstorbenen gefesselt wurde und, bevor der Herr, der ihn gefesselt hat, von den Rechtsberatern erfuhr, was er mit ihm tun solle, infolge der Fesselung selbst zu Tode kam, sei auf ungerechte Weise umgekommen; daher sei es recht, wenn für einen solchen Menschen der Sohn seinen Vater belange und ihn wegen Mordes verklage? Wohlan, versuche mir klar zu machen, daß alle Götter eine solche Handlung bestimmt für richtig halten. (9a–b)
Euthyphron weicht der Frage aus, was von seiner Denkart aus begreiflich ist, da sie sich wieder dem kritischen Punkt nähert. Sokrates stellt das sofort fest:
Wenn Euthyphron mich auch noch so gut darüber belehren könnte, daß alle Götter einen solchen Totschlag für ungerecht halten – was wüßte ich dann durch Euthyphron mehr [über die Frage], was nun wirklich das Fromme und das Unfromme [in sich] sei? (9c)
Er wäre genötigt, zu sagen,
...daß das, was alle Götter hassen, unfromm ist, was sie aber lieben, fromm; [jenes hingegen], was die einen hassen, die anderen aber lieben, keines von beiden, oder beides. Willst Du, daß wir jetzt auf diese Weise das Fromme und Unfromme [von einander] abgrenzen?
EUTHYPHRON: *Was hindert uns daran, Sokrates?*
SOKRATES: *Mich nichts, Euthyphron. Du aber geh mit Dir selbst zu Rate, ob es Dir bei dieser Voraussetzung so sehr leicht fallen wird, mich über das zu belehren, was Du mir versprochen hast.*

EUTHYPHRON: *Ich möchte also wirklich sagen, das Fromme sei das, was alle Götter lieben; das Entgegengesetzte aber, das alle Götter hassen, sei das Unfromme.* (9d–e)
Euthyphron behauptet also, das Gutsein des Guten bestehe darin, daß es von den Göttern bejaht wird; das heißt aber, er hat einen Sinnverhalt davon abhängig gemacht, wie bestimmte, wenn auch höchstgeartete Wesen, »die Götter«, zu etwas Stellung nehmen. Schärfer ausgedrückt: er hat einen Wesenssinn durch eine Tatsache begründet, während doch umgekehrt die Bewertung einer Tatsache durch den Sinn begründet werden muß – welch letzterer in sich selbst ruht und nicht begründet, sondern nur aufgewiesen werden kann.

Das bringt ihm Sokrates denn auch zu Bewußtsein, indem er fragt:
Bald, Du Guter, werden wir besser wissen, [ob das richtig ist]. Bedenke nämlich Folgendes: Wird das Fromme von den Göttern geliebt, weil es [in sich selbst] fromm ist, oder ist es fromm, weil es geliebt wird? (10a)
Nun berührt das Gespräch den Entscheidungspunkt. Die philosophische Frage dringt durch die mythologische Denkweise durch, steigt aber damit auch über das Fassungsvermögen Euthyphrons hinaus. So sucht ihm Sokrates klar zu machen, welcher Unterschied zwischen den beiden Sätzen bestehe. Der Satz: »das Fromme ist das und das« bildet eine Wesensaussage; der Satz: »das wird geliebt« hingegen eine Tatsachenaussage. Der Sinnverhalt kommt also nur dann richtig heraus, wenn man sagt:
Weil es...fromm ist, wird es geliebt; nicht aber ist es fromm, weil es geliebt wird.
EUTHYPHRON: *Es scheint so.*
SOKRATES: *Daß [hingegen] etwas von den Göttern geliebt wird, [bedingt nur, daß] es ein Geliebtes und [zwar] den Göttern lieb ist.*
EUTHYPHRON: *Wie auch nicht?*
SOKRATES: *Nicht also das den Göttern Liebe ist [als solches]*

fromm, Euthyphron, noch das Fromme den Göttern lieb [und deshalb fromm], wie Du sagst, sondern die eine [Bedeutung] ist von der anderen verschieden.
EUTHYPHRON: *Wieso denn, Sokrates?*
SOKRATES: *Weil wir doch erklären, das Fromme werde darum geliebt, weil es [in sich] fromm ist, nicht aber sei es deswegen fromm, weil es geliebt wird. Ist es nicht so?* (10d–e)
Euthyphron hat zuerst: »es scheint so« geantwortet, dann: »wie auch nicht?«, darauf: »wieso denn, Sokrates?« – nun sagt er: »jawohl«. Das alles aber heißt: »ich habe nichts verstanden«. Und wie Sokrates dann die Beziehungen von »fromm« und »geliebt« in einer Reihe rasch aufeinanderfolgender Sätze entwickelt und fragt:
...wenn es Dir nun recht ist, verbirg es mir nicht, sondern sage mir abermals von Anfang an, was denn das Wesen des Frommen sei, [damit wir feststellen können,] daß es [um dieses Wesens willen] von den Göttern geliebt wird...sage mir also freimütig: was ist das Fromme und was das Unfromme [in sich selbst]? –
da wird der Arme ganz wirbelig:
Ich weiß doch nicht, Sokrates, wie ich Dir das sagen soll, was ich im Sinn habe. Denn was wir zu Stande bringen, läuft uns irgendwie im Kreise herum und will dort, wo wir ihm seinen Stand angewiesen haben, nicht bleiben. (11b)
Und wir fühlen die Macht des großen Ironikers, wenn es bald nachher heißt:
Auf unseren Ahnen Daidalos scheint mir das zuzutreffen, was Du sagst, Euthyphron.[10] *Wenn ich [es wäre, der] solche Dinge sagt und aufstellt, könntest Du wohl mit Recht spotten, meiner Verwandtschaft mit jenem gemäß liefen auch mir die Wortgebilde weg und wollten nicht dort bleiben, wo man sie hinstellt. Nun stammen aber die Behauptungen, [welche diese Verwirrung angerichtet haben,] von Dir, und so muß der*

[10] Sokrates rechnet sich zur Zunft der Bildhauer oder Steinmetzen, als deren mythischer Ahnherr Daidalos galt.

Spott anderswohin gehen. Denn [Du bist es], bei dem sie nicht bleiben wollen, wie Du es ja selbst empfindest.
EUTHYPHRON: *Mir scheint, Sokrates, was gesagt wurde, verdient schon wirklich den Spott, [wie ich ihn meinte]; denn dieses Im-Kreise-Herumgehen und Nicht-am-Ort-Beharren bringe nicht ich [in unsere Sätze], sondern Du scheinst mir der Daidalos zu sein. Soweit es an mir liegt, würden sie schon bleiben, [wo sie sind].*
SOKRATES: *Da muß ich ja, mein Freund, noch tüchtiger in der Kunst sein als jener Mann; denn er machte nur seine eigenen Werke so, daß sie nicht [auf ihrem Platz] verharrten; ich aber [scheine solches] nicht nur bei meinen eigenen Werken, sondern auch bei denen anderer zu bewirken. Das freilich ist wohl das Seltsamste an meiner Kunst, daß ich gegen meinen Willen [in ihr] so geschickt bin. Denn mir wäre es viel lieber, die Worte blieben auf ihrem Platze und wären unbewegbar gegründet, als daß ich zur Kunst des Daidalos die Schätze des Tantalos hinzugewönne*[11]. (11b–d)
Was aber dem Euthyphron geschieht, daß ihm alles durcheinandergeht und er weder Halt noch Maßstab mehr sieht, ist die Wirkung der philosophischen Frage, sobald sie in einen mythisch denkenden Geist trifft – richtiger gesagt, in einen Geist, dessen ursprünglich mythische Denkhaltung unsicher geworden ist und ihren Rang verloren hat.

Das Fromme und das Gerechte

Wieder setzt Sokrates ein, den armen Euthyphron, der lieber seine Ruhe haben möchte, anspornend. Und zwar sucht er

[11] Tantalos war in der Unterwelt von kühlem Wasser und köstlichen Früchten umgeben; wenn er aber trinken wollte, versiegte das Wasser, und wenn er nach den Früchten griff, riß ein Sturm die Zweige in die Höhe. Sokrates will also sagen, zu der zweifelhaften »Kunst«, die Begriffe ins Kreisen zu bringen, komme das noch Schlimmere, daß einem die begehrte Speise, hier die Erkenntnis, vor dem Munde weggerissen werde.

jetzt dem Inhalt des Frömmigkeitsbegriffes dadurch beizukommen, daß er ihn mit dem der Gerechtigkeit vergleicht. Also nicht mehr Faktum mit Wesensbegriff, sondern einen spezielleren und daher umfangskleineren Begriff mit einem allgemeineren, umfassenderen.

Ist nun auch das Gerechte in seiner Gesamtheit fromm, oder nur das Fromme in seiner Gesamtheit gerecht; das Gerechte aber nicht in seiner Gesamtheit fromm, sondern nur der eine Teil von ihm fromm, ein anderer Teil aber etwas anderes?

EUTHYPHRON: *Ich kann Deinen Ausführungen nicht folgen, Sokrates.*

SOKRATES: *Und doch stehst Du an Jahren mir nicht weniger nach, als Du mir an Wahrheit voraus bist, [müßtest also noch schneller laufen können als ich]; aber, wie gesagt, die Fülle der Weisheit macht Dich bequem. Doch nimm Dich zusammen, Du Glücklicher, denn es ist nicht einmal schwer, zu begreifen, was ich sage.* (11e–12a)

Und nun entwickelt er an Hand eines Dichterwortes ein Beispiel. Die beiden Begriffe »Furcht« und »Scheu« haben verschiedenen Umfang. Der zweite ist allgemeiner und umfaßt den ersten. Jedes Zurückweichen vor etwas ist Scheu. Aber es gibt verschiedene Arten von Scheu: die vor der Majestät, vor dem Schönen, die vor dem Unschuldigen – so auch die vor der Gefahr, und das ist dann die Furcht. »Furcht« ist ein Unterbegriff des Begriffs der »Scheu«. Mit dem Frommen und Gerechten steht es ebenso. Letzteres – platonisch im Sinne der Wesensgerechtigkeit oder Wesensgemäßheit gefaßt – hat größeren Umfang als das Fromme. Das Fromme bildet einen Teil des Gerechten; es meint die Wesensgemäßheit des Handelns unter einer bestimmten Rücksicht. Dann fragt er:

Versuche nun auch Du, mich auf diese Weise zu belehren, welchen [genauer bestimmten] Teil des Gerechten das Fromme bildet, damit wir [dann] auch dem Meletos sagen [können], er möge uns nicht weiterhin Unrecht tun und uns nicht wegen Gottlosigkeit verklagen, da wir von Dir ja bereits

hinreichend über das Gottesfürchtige und Fromme und das Gegenteil davon belehrt worden seien. (12e)
Damit hat Sokrates seinem Partner gesagt, welches die Elemente einer richtig gebauten Definition sind: der allgemeinere Oberbegriff und der spezifische Unterschied, durch welchen das zu Bestimmende unter jenen eingeordnet wird. Nach diesem Schema soll er nun sagen, wie die Frömmigkeit zur Gerechtigkeit stehe und sie so definieren.
EUTHYPHRON: *Mithin scheint mir, Sokrates, das Gottesfürchtige und Heilige jener Teil der Gerechtigkeit zu sein, der sich auf die Pflege der Götter bezieht; der Teil aber, der sich auf die Pflege der Menschen bezieht, scheint mir der übrige Teil des Gerechten zu sein.* (12e)

Die Definition ist nun formal richtig gebaut, aber der Gedanke hat seinen Rang verloren. Euthyphrons Antwort steht nicht auf gleicher Ebene mit der Frage des Sokrates, sondern ist in die Praxis des Alltags abgesunken. So sucht Sokrates wieder hinaufzukommen.
Und richtig scheinst Du mir zu sprechen, Euthyphron. Aber ein Weniges fehlt mir noch, denn ich verstehe noch nicht, was Du »Pflege« nennst. Du meinst doch nicht etwa, die Pflege der Götter sei von gleicher Art, wie die des Übrigen? Denn wir sagen doch wohl – zum Beispiel sagen wir: Pferde zu pflegen verstehe nicht jeder, sondern nur der Stallmeister, nicht wahr?...[Pflege] bringt doch dem, worauf sie sich richtet, Vorteil, Wert und Nutzen; so siehst Du [zum Beispiel], daß die Pferde, für welche die Pferdekunst sorgt, einen Nutzen davon haben und besser werden. Oder scheint es Dir nicht so?...Ist nun auch die Frömmigkeit, wenn sie in der Pflege der Götter besteht, ein Vorteil für die Götter und macht sie die Götter besser? Und würdest Du auch dem beistimmen, daß Du, so oft Du eine fromme Tat vollbringst, dadurch irgend einen der Götter besser machst?
EUTHYPHRON: *Beim Zeus, so meine ich es nicht.*
Wieder ist eine Besinnung nötig. Was Euthyphron sagt, darf

nicht mit der wohlfeilen Überlegenheit des geschulten Verstandes beurteilt werden. Auch hinter diesen Worten steht eine Geschichte. Die mythische Religiosität ist wirklich überzeugt, daß vom Handeln des Frommen etwas für die betreffende Gottheit abhängt. Das Numen lebt von der Opfergabe – ebenso wie der Opfernde im Mahl von ihr lebt. Bei genauem Zusehen zeigt sich sogar, daß Numen, Gabe und Vollstrecker der Kulthandlung im Tiefsten eins sind, und im Kultgeschehen diese Einheit sich erneuert. So kann wohl gesagt werden, Zeus sei das Numen der herrschenden, überwölbenden, durch ihre Lichtmacht das Dasein ordnenden Höhe; dabei ist aber vorausgesetzt, daß der Mensch unter ihrer Wölbung lebe. Fiele die physische Himmelshöhe weg, dann gäbe es keinen Zeus mehr; es gäbe ihn aber auch nicht mehr, wenn der Mensch wegfiele. So ist, mythisch gesprochen, der Mensch wirklich »der Pfleger« der Götter – ebenso wie, nach einem Satz des Phaidon, die Götter »die Hirten« der Menschen sind. Sobald aber die tragenden Erfahrungen der Identität von Weltbereich und Numen einerseits, von einbezogenem Menschen und Numen andererseits, endlich von der Realität des Kultaktes, in deren Vollzug sich das Ganze erneuert, verblassen, dann zerfallen die Vorstellungen, und aus ihnen werden die Armseligkeiten, welche Euthyphron, die Karikatur des Mythikers, vorbringt.

Dann kann des Sokrates Ironie sagen:
Auch ich, Euthyphron, glaube nicht, daß Du das meinst; davon bin ich weit entfernt. Aber darum habe ich Dich ja auch gefragt, was Du wohl unter der Sorge für die Götter verstehst – weil ich nicht glaubte, Du meinest damit etwas von dieser Art.
EUTHYPHRON: *Und mit Recht, Sokrates, denn [eine Sorge] von dieser Art verstehe ich unter [dem Worte] nicht.*
SOKRATES: *Gut; aber was für eine Sorge für die Götter ist dann die Frömmigkeit?*
EUTHYPHRON: *Eine Sorge von der Art, Sokrates, wie Sklaven sie ihren Herren erweisen.*

SOKRATES: *Ich verstehe. [Die Sorge] bestünde also, wie es scheint, darin, daß man den Göttern dienstbar ist?* (12e–13d)
Euthyphron versucht, aus der Banalität seiner ersten Antwort herauszukommen. Da er aber die eigentlich mythische Ranghöhe nicht innehat, wird das von ihm Gesagte rational gehört – so, daß nur an die Stelle von Pferd und Stallmeister der Hausherr und sein Sklave tritt. Da aber »die Götter« nur als Wesen neben anderen Wesen, wenn auch als sehr hoch stehende, genommen sind, empfängt das Dienstverhältnis zu ihnen keinen Inhalt.
Sokrates bohrt aber weiter:
So sage mir denn, Du Bester: welches Werk hilft wohl die den Göttern dienende Sorge zu vollbringen? Denn es ist doch klar, daß Du das weißt, da Du behauptest, Dich von allen Menschen am besten auf das Göttliche zu verstehen. (13e)
Der Gedankengang ist – ein wenig umständlich – wieder am kritischen Punkt angelangt. Jetzt müßte Euthyphron sagen, was, philosophisch gesehen, den besonderen Sinngehalt des Frömmigkeitsaktes ausmacht. Damit hätte er das Wesen der Frömmigkeit ausgesprochen und der weiteren Frage vorgearbeitet, worin das Wesen der ihr übergeordneten Tugend, nämlich der Gerechtigkeit bestehe. »Gerechtigkeit« bedeutet für Platon etwas Letztes und Umfassendes, nämlich den Willen und die Fähigkeit, sich jedem Ding gegenüber so zu verhalten, wie sein Wesen es fordert; also, richtig verstanden, die Sittlichkeit schlechthin. Danach hat die Frömmigkeit als das dem Wesen des Heiligen entsprechende Verhalten ihren Ort innerhalb der Gerechtigkeit. Euthyphron versteht aber nicht, worum es sich handelt, sondern redet wieder um die Sache herum, bis er, von Sokrates bedrängt, schließlich erklärt:
Ich habe Dir doch gerade eben gesagt, Sokrates, daß es eine zu große Aufgabe ist, genau zu begreifen, wie es mit alledem steht. Ich will Dir aber ganz schlicht Folgendes sagen: Wenn einer versteht, durch Gebet und Opfer den Göttern Angenehmes zu sagen und zu tun, so sind das die frommen Werke, und

solches Tun erhält die Familien und die Gemeinwesen des Staates. Was aber diesen wohlgefälligen [Handlungen] widerspricht, ist gottlos, denn es stürzt alles um und richtet es zu Grunde. (14a–b)
Abermals eine Enttäuschung. Logisch gesehen setzt die Antwort das zu Beantwortende voraus, denn »fromm« wird jene Gesinnung genannt, in welcher der rechte »Dienst« getan wird, während doch gerade festgestellt werden soll, worin der den Göttern gegenüber rechte, d.h. fromme Dienst bestehe. Zugleich gleitet aber die Antwort aus dem Bereich ernsthafter Gedankenführung in den einer, wie sich bald herausstellen wird, sehr bedenklichen Praktik ab.

Frömmigkeit und Götterdienst

Sokrates läßt aber nicht locker:
Du bist nicht eben geneigt, mich zu belehren. Du bist erkannt; denn auch jetzt, da Du so nahe dem [entscheidenden] Punkte warst, bist Du wieder abgewichen. Hättest Du mir den beantwortet, so hätte ich schon genug von Dir über das Wesen der Frömmigkeit erfahren. Nun muß aber der Fragende dem Gefragten folgen, wohin der ihn auch führen mag; [ich frage Dich] also [noch einmal]: wie bestimmst Du das Fromme und die Frömmigkeit selbst? Wahrscheinlich wohl als ein Wissen vom Opfern und Beten? (14b)
Scheinbar ein Versuch, zu einer Definition zu kommen – aber ein hinterlistiger, wie sich gleich zeigen wird:
Heißt nun nicht Opfern, daß man den Göttern etwas schenke, Beten aber, daß man die Götter um etwas bitte? (14c)
Eine ironische Bestimmung. Eigentlich müßte Euthyphron protestieren, statt dessen geht er in die Falle:
EUTHYPHRON: *Durchaus, Sokrates.*
SOKRATES: *Die Frömmigkeit ist also nach dieser Darlegung ein Wissen, wie man die Götter um etwas bitte und wie man ihnen etwas schenkt?*

EUTHYPHRON: *Du hast ganz richtig verstanden, was ich sagte, Sokrates.*
SOKRATES: *Besteht nun das rechte Bitten nicht darin, daß wir sie um das bitten, dessen wir von ihrer Seite bedürfen?*
EUTHYPHRON: *Worin sonst?*
SOKRATES: *Und [besteht nicht] andererseits das rechte Geben darin, daß wir ihnen als Gegengabe das reichen, dessen sie von unserer Seite bedürfen? Denn es ist doch wohl nicht verständig, wenn der Gebende jemandem das schenkt, dessen er gar nicht bedarf.*
EUTHYPHRON: *Du redest wahr, Sokrates.*
SOKRATES: *So wäre also die Frömmigkeit, Euthyphron, eine Art Kaufmannskunst zwischen Göttern und Menschen?* (14c–e)

Nun ist die Verkehrtheit im Ansatz zum Vorschein gekommen – immer vorausgesetzt, man hält dabei im Sinn, was dahintersteht: daß die Aussage den mythischen Ort verloren und den neuen, nämlich den philosophischen, noch nicht erreicht hat.
Euthyphron fühlt das, und möchte innehalten:
Also gut, eine Kaufmannskunst, wenn es Dir lieber ist, sie so zu nennen.
SOKRATES: *Aber keineswegs ist mir etwas lieber, wenn es nicht auch wahr ist!*
Und dann enthüllt er den eigentlichen Grund der offenbar gewordenen Fragwürdigkeit, nämlich die falschen religiösen Vorstellungen, auf denen Euthyphrons Gedanke ruht – unglaubwürdig vom Mythischen her, weil die tragenden Erfahrungen versiegt sind; falsch vom Philosophischen her, weil das Gesagte vor dessen Begriff vom absoluten Wesen nicht besteht.
Sage mir doch: Was für ein Vorteil entsteht denn für die Götter aus den Geschenken, die sie von uns empfangen?... Oder sind wir bei diesem Handel ihnen gegenüber so im

Vorteil, daß wir alles Gute von ihnen empfangen, sie aber von uns nicht? (14e–15a)
Euthyphron merkt, wohin die von ihm geäußerten Gedanken führen:
Ja, glaubst Du denn, Sokrates, daß die Götter [wirklich] einen Vorteil von dem haben, was sie von uns empfangen?
Sokrates will aber, daß er die richtigen Konsequenzen aus seiner Einsicht ziehe:
Aber was bedeuten dann, Euthyphron, unsere Gaben für die Götter?
Darauf erwidert der:
Was glaubst Du wohl anderes, als Anerkennung und Ehre und, wie ich soeben sagte, Wohlgefallen? (15a)
Der Begriff des Wohlgefallens könnte weiterführen, denn in ihm liegt ein Moment der Sinn-Anerkennung. Man müßte dann fragen, wie die Sinngültigkeit der betreffenden Handlung zum Akt der Billigung stehe, der sich auf sie richtet. Euthyphron meint aber das Wohlgefallen nicht sinnhaft, sondern rein empirisch: daß die Götter zufrieden sind.
So greift Sokrates zu und schließt den Kreis:
Wohlgefällig ist also, Euthyphron, den Göttern das Fromme, nicht aber nützlich, und auch nicht lieb?
EUTHYPHRON: *Ich glaube, vor allem anderen lieb.*
SOKRATES: *So ist also das Fromme, wie es scheint, abermals das den Göttern Liebe?*
EUTHYPHRON: *Durchaus.* (15b)

Der Schluß

SOKRATES: *Wunderst Du Dich nun bei diesem Reden, wenn Dir die Worte nicht [auf ihrem Platz] zu verharren, sondern zu laufen scheinen, und willst mich als den Daidalos*

hinstellen, der bewirkt, daß sie laufen, während Du selbst doch viel geschickter bist als Daidalos und [nicht nur] bewirkst, daß sie [zu laufen anfangen, sondern auch, daß sie] im Kreise herumlaufen? Oder meinst Du nicht, daß unsere Rede im Kreise herumging und wieder auf den nämlichen Punkt zurückgekommen ist? Du erinnerst Dich doch wohl, daß uns im Vorhergehenden das Fromme und das den Göttern Liebe nicht als das Nämliche erschien, sondern als eines vom anderen verschieden? Oder erinnerst Du Dich nicht mehr?
EUTHYPHRON: *Ich erinnere mich.*
SOKRATES: *Und merkst nun nicht, daß Du [wieder] das den Göttern Liebe als das Fromme bezeichnest?... Oder nicht?*
EUTHYPHRON: *Allerdings!*
SOKRATES: *So ist es uns also vorher nicht gelungen, zu dem richtigen Ergebnis zu kommen – wenn es aber richtig war, dann ist unsere jetzige Darlegung nicht richtig.*
EUTHYPHRON: *So scheint es.* (15b–c)

Was ist also bei dem ganzen Gespräch herausgekommen? Inhaltlich gesehen gar nichts. Euthyphron ist in seiner ersten Meinung geblieben.
Aber hätte denn Sokrates ihm nicht sagen können, was Frömmigkeit nun wirklich ist? Auf eine solche Frage würde der große Ironiker wahrscheinlich geantwortet haben: »Das weiß ich ja selbst nicht!« Doch die Antwort wäre vieldeutig gewesen. Sie hätte einmal besagt: »Ich weiß schon allerhand, möchte aber noch mehr erfahren. Das geschieht nur, wenn der andere ins Suchen kommt, also darf ich ihm nicht die Lösung verraten.« Vielleicht hätte jene Antwort aber auch folgendes gemeint: »Ich kann ihm die Lösung ja gar nicht so einfachhin sagen. Denn entweder versteht er die überhaupt nicht, und dann hat das Sagen keinen Zweck. Oder aber er versteht sie als hingestellten Satz, ohne das Problem zu spüren. Er schluckt die Antwort und meint, er habe ihren Inhalt, und ist dann für wirkliche Erkenntnis verloren. Denn die Wahrheit erfaßt nur, wer innerlich in Bewegung kommt.

Bis jetzt ist er aber nicht in Bewegung gekommen, sondern hat nur gedacht, Sokrates sei ein sonderbarer alter Herr, der recht lästig werden könne, und über das würde ihn auch die Mitteilung der Definition der Frömmigkeit nicht hinausbringen.

Es bleibt also nur die Wahl, den Mann stehen zu lassen, oder wieder von vorn zu beginnen, und der greise Frager setzt denn auch tatsächlich aufs neue an. Freilich ist es ein eigentümliches Fragen, und ein drohender Unterton tönt herauf: *So müssen wir also wieder von Anfang an betrachten, was das Fromme sei, denn bevor ich das erfahre, will ich den Mut nicht sinken lassen. Erachte mich aber auch [Deiner Belehrung] nicht für unwürdig, sondern bemühe auf jede Weise Deinen Geist und sage mir jetzt die Wahrheit. Denn wenn überhaupt ein Mensch [sie kennt], kennst Du Sie; und wir dürfen Dich, wie den Proteus,*[12] *nicht eher freilassen, als bis Du gesprochen hast. Wüßtest Du nämlich nicht genau, was das Fromme und das Unfromme ist, dann hättest Du es wohl nimmermehr unternommen, um eines Tagelöhners willen einen alten Vater wegen Mordes zu belangen, sondern hättest die Götter gescheut und Dich nicht der Gefahr ausgesetzt, mit [dieser Tat selbst] ein Unrecht zu begehen, und hättest Dich vor den Menschen geschämt. Nun aber weiß ich sehr wohl, daß Du überzeugt bist, genau zu wissen, was fromm ist und was nicht. Sage es mir also, bester Euthyphron, und verbirg mir nicht, wofür Du es hältst.* (15c–e)

Das Gespräch steht wieder ganz am Anfang. Wieder taucht das häusliche Ereignis auf, das Euthyphron hergeführt hat; wieder wird seine Kompetenz in religiösen Dingen hervorgehoben, und Sokrates verlangt Belehrung über das Wesen des Frommen, damit er, der auf Gottlosigkeit Angeklagte, erfahre, worin er denn gefehlt habe. Eins dürfte aber Euthyphron fühlen: was sich da auf ihn richtet, ist kein einfaches

[12] Ein seherischer Meergott, der die Robbenherden der Amphitrite hütete, und jedem Versuch, ihn zu fangen und zum Wahrsagen zu zwingen, dadurch entging, daß er beständig seine Gestalt wechselte.

Fragen, sondern eine Enthüllung und ein Urteil. Entweder muß er zugeben, daß er in der Unwissenheit steckt und die Mühe des Durchbrechens auf sich nehmen, oder er muß erklären, er wolle nicht bzw. fliehen. Und das tut er:
Ein andermal, Sokrates, denn jetzt bin ich in Eile, und es ist Zeit, daß ich gehe!
SOKRATES: *Was tust Du da, mein Freund! Du willst gehen, nachdem Du mich um die große Hoffnung gebracht hast, die ich hatte, von Dir über das Fromme und Unfromme belehrt, und vom Prozeß mit Meletos befreit zu werden; ihm zu zeigen, daß ich nun bereits durch Euthyphron in den göttlichen Dingen weise geworden bin, und nicht mehr aus Unwissenheit unbedacht handle und Neuerungen in diesen Dingen einführe – und so auch mein übriges Leben besser zu verbringen?* (15e–16a)
Euthyphron aber läßt sich auf nichts mehr ein. Man sieht, wie er eilig weggeht und Sokrates ihm lächelnd nachschaut.

Das Gespräch ist also umsonst gewesen. Euthyphron ist verschlossen geblieben. Auch die indirekte Wirkung hat ihn nicht erfassen können. Etwas aber ist klar geworden: wer er ist, und wer Sokrates – die beiden, die zu Beginn des Dialogs so eng aneinandergerückt schienen. Wie Euthyphron wird aber ein großer Teil der Richter sein, vor denen Sokrates seinen Prozeß zu führen hat, nur noch feindlich gesinnt dazu.
Zugleich tritt die wunderbare Überlegenheit zu Tage, mit welcher Sokrates – in diesem Augenblick, vor dem Beginn des Prozesses, der über sein Leben entscheiden soll – die Unterredung führt. Die gleiche Überlegenheit, die sich dann in seinen Reden während des Prozesses selbst, in seinem ruhigen Schlaf zu Beginn des Kriton und, vor allem, in den Gesprächen des Phaidon offenbaren wird. Es ist eine innere Unabhängigkeit vom Tode, die ihn befähigt, auch in diesen Stunden, die mit ihrer Bedrängnis das ganze Bewußtsein erfüllen müßten, für die Menschen offen und für die geistigen Fragen frei zu sein.

Die Apologie

Vorbericht

Die menschlich-geistige Situation der Apologie kann erst aus der geschichtlich-politischen richtig verstanden werden; so soll der Interpretation eine kurze Darstellung der letzteren vorausgehen.

Der Prozeß gegen Sokrates fand im Jahre 399 statt. Der peloponnesische Krieg, den Athen und Sparta um die Vorherrschaft in Griechenland führten, währte von 431 bis 404 und endete mit der Niederlage Athens. Die eigentliche Entscheidung fiel schon 413 durch den Zusammenbruch des sizilischen Feldzuges. 406 errang Athen zwar noch den Sieg in der Seeschlacht bei den Arginusen; daß aber die Feldherren, durch den Sturm gehindert, die im Meere treibenden Leichen nicht hatten bestatten können, rechnete ihnen das Volk aus überhitzter religiöser Erregung als Verbrechen an, und der höchste Gerichtshof verurteilte sie zum Tode. Dieses Urteil beraubte den Staat seiner tüchtigsten Heerführer und offenbarte zugleich die innere Verworrenheit. 405 folgte die endgültige Niederlage bei Aigospotamoi, und Athen wurde eingeschlossen.

404 wurde die erschöpfte und durch Parteikämpfe zerrissene Stadt zur Ergebung gezwungen. Damit endete die in den Perserkriegen begründete und durch die gewaltige kulturelle Entwicklung des fünften Jahrhunderts gerechtfertigte Vorherrschaft Athens über Hellas. Damit ging aber auch die Blütezeit des athenischen Stadtstaates selbst zu Ende. Die demokratische Verfassung wurde aufgehoben und die Herrschaft spartanisch gesinnten Athenern, den »dreißig Thyran-

nen« übertragen. Diese regierten anfangs maßvoll, dann, auf feindliche Truppen gestützt, immer willkürlicher, schließlich mit Gewalt und Schrecken. Ihre Herrschaft dauerte aber nicht lange; noch im gleichen Jahre führte Thrasybulos von der Grenzfestung Phyle aus eine Aktion gegen sie durch, die mit dem Sturz der Dreißig endete, und Sparta nahm die Wiedererrichtung der alten Regierungsform hin. Die Stadt begann sich zu erholen, doch blieb die politische Lage gespannt, denn die Demokratie fühlte sich bedroht. So konnte es leicht geschehen, daß eine an sich ganz geistig gemeinte Haltung, wie die des Sokrates, politisch mißverstanden und als gefährlich empfunden wurde.

Auch die sittlich-religiöse Situation war schwierig. Die endlosen Kriege mit ihren Niederlagen und Zerstörungen hatten eine tiefe Verwilderung mit sich gebracht. Die überaus rasche Entwicklung des geistigen Lebens hatte die überkommenen religiösen Vorstellungen erschüttert. Die alte mythisch-kultische Gläubigkeit war schon lange durch den beweglichen athenischen Verstand kritisch unterhöhlt. Im Laufe des Krieges erwachte eine Gesinnung, die sich nach all den Katastrophen nur noch an greifbare Dinge hielt und außer Erfolg und Genuß nichts gelten ließ. Sophistik und Erfolgsglaube wirkten zusammen, um neben der politischen auch eine sittliche und religiöse Verwirrung entstehen zu lassen. Da aber das religiöse Leben aufs engste mit dem staatlichen verbunden war, ja die staatlich-gesellschaftlichen Ordnungen im Religiösen wurzelten, mußte das Interesse der konservativ gerichteten Demokratie darauf gehen, die hergebrachte Religiosität nach Möglichkeit zu erhalten. Infolgedessen konnte, je nachdem die Situation gerade lag, ein Angriff gegen sie als Angriff gegen den Staat selbst erscheinen. Sokrates hatte in diesem Zusammenhang eine eigentümliche Stellung. In die gesellschaftliche und politische Gesinnung der Zeit, in die Weise, wie der Mensch zu Menschen und Dingen, Leben und Werk stand, in die allgemeine Frömmigkeit und Sittlichkeit war er nur zum Teil eingefügt. Die Ordnungen an sich, vor allem die des Staates, bejahte er aus Einsicht und Gesinnung, wie aus der Verbundenheit des Gefühls heraus; der Kriton redet davon mit einem schlichten Pathos. Seine Pflichten als Bürger erfüllte er im Amte wie mit den Waffen aufs gewissenhafteste; das zeigt der gleiche Kriton und mit ihm die Apologie. Die religiösen Bräuche waren ihm heilig; siehe den Schluß des Phaidon. Sicher hat er an allem teilgenommen, was in der Stadt vorging. Unzählige haben ihn gekannt und ihn, je nachdem, verehrt, gehaßt oder über ihn gelacht.

Mit seinem Eigentlichen aber, seiner Sendung und seinem inneren Müssen, war er noch ganz Einzelner. Was er von dorther war und tat, fand in den bestehenden Ordnungen noch keinen Raum. Ja er trug eine Macht in sich, welche dieses ganze, schöne, von naturhaft-religiösen Mächten getragene, in Herkommen, Sehertum, Mythos, Dichtung, Symbol und Kult sich gestaltende Leben sprengen mußte. Vor allem, was Gültigkeit beanspruchte, erhob er die prüfende Frage: »Was ist das? Wie weist es sich aus? Ist es vom Wesen her in Ordnung?« Dadurch erschütterte er gerade das, was die stärkste Kraft des Bestehenden war, nämlich seine Verwurzelung im unwillkürlichen Gefühl und in den althergebrachten Vorstellungen. Sein Angriff gegen den traditionell Gesinnten lautete: »Du behauptest, recht zu handeln. Recht handeln kann man aber nur aus Einsicht. Mithin behauptest Du, Einsicht zu haben, oder tust doch, als hättest Du sie. Gib also Rechenschaft!« Das Ergebnis ist aber: »Du hast ja gar keine wirklichen Einsichten, sondern nur Meinungen, die aus Trieb und Herkommen stammen; daher hat dein Handeln weder Sinn noch Recht.« In alledem treten ein neuer Maßstab des Gültigen und ein neues, von ihm bestimmtes Ethos hervor. Dem Instinkt, der Autorität alten Herkommens, der Macht irrationaler religiöser Erfahrungen und der Weisheit mythischer Bilder, welche ihre sichernde und bindende Kraft verloren haben oder verlieren, wird die von Wesenseinsicht und Sachverpflichtung getragene Kraft des persönlichen Verantwortens gegenübergestellt – eine Gesinnung also, welche in dem seiner selbst bewußt und mächtig gewordenen Geiste gründet. Daran stirbt aber die mythische Haltung.

Weil Sokrates das getan hat, haben die Athener – die damaligen Athener, Demokraten also und Konservative zugleich; Gegner jeder Einherrschaft, aber auch alles dessen, was man damals »das Moderne« genannt hätte, nämlich der rationalen Kritik, der Gestaltung des Daseins aus Einsicht und verantwortlichem Handeln – ihn unter Anklage gestellt. Und je nach den Werten, welche dem Urteil zu Grunde gelegt werden, erscheinen sie entweder als engstirnige Gegner dessen, was die Geschichte forderte; bemüht, es aufzuhalten, aber eben dadurch, daß sie den Bekämpften in den Glanz der Vorbildlichkeit hoben, ihm dienend – oder als die vielleicht beschränkten, aber instinktiv wissenden Beschützer einer bedrohten, herrlichen Welt, dadurch gerechtfertigt, daß der Fortgang der Geschichte Sokrates als jenen enthüllen sollte, welcher das Zeitalter der Rationalisierung und »Dekadenz« eingeleitet hat.
So war der Satz gemeint, Sokrates sei mit seinem Eigentlichen ein Einzelner gewesen, der in die Ordnung seiner Zeit nicht eingefügt war.
Angeklagt wurde er formal von drei Männern, die auch in der Apologie selbst genannt werden. Der erste war Meletos, Dichter seines Zeichens, doch ohne weitere Bedeutung; der zweite Anytos, ein reicher Gerbermeister, politisch einflußreicher Demokrat und unerbittlicher Gegner aller neuen Strömungen; der dritte Lykon, ein Rhetor, Vertreter der Politiker und Intellektuellen. Diese drei Männer standen aber in Wahrheit für alle jene, denen daran lag, daß die Tradition aufrechterhalten werde.

Die Szene der platonischen Dialoge ist immer wichtig für ihren lebendigen Inhalt. Ort und Umstände der Apologie unterscheiden sich von denen des Euthyphron so, wie der Inhalt der beiden Texte selbst.

Der Dialog Euthyphron findet auf der Straße statt, herbeigeführt durch eine zufällige Begegnung, allerdings an einem verhängnisvollen Orte, nämlich vor dem Amtsgebäude des obersten Gerichtsbeamten. Diese Zufälligkeit entspricht auch dem Charakter des Dialogs, den man – ohne den Ernst zu übersehen, welcher der Sokratesgestalt immer zu Grunde liegt – fast mit einem jener flüchtigen Wirbel vergleichen möchte, wie sie auf der Straße entstehen, wenn ein plötzlicher Windstoß den Staub aufhebt, ihn einen Augenblick kreisen macht und wieder liegen läßt. Das Geschehen, von welchem die Apologie redet, vollzieht sich an offiziellstem Orte, vor dem größten Staatsgerichtshof, der aus fünfhundert durch das Los bestimmten Richtern, man kann also sagen, vor der Vertreterschaft des Volkes stattfindet. Für Sokrates geht es dabei um Leben und Tod; diese Entscheidung aber wird von einer anderen, geistigen getragen, in welcher das athenische Volk zu der von Sokrates vertretenen Sache Stellung nimmt; einer nicht nur geistigen, sondern auch religiösen Sache, denn Sokrates handelt, wie er darlegen wird, in göttlichem Auftrag.

Der Würde des Ortes entspricht auch der Verlauf der Handlung, nämlich des Prozesses, dessen Ordnung im Text deutlich hervortritt.

Zuerst wird die Anklageschrift verlesen; und zwar durch den Ankläger, wenn es nur einer, durch einen Sprecher, wenn es mehrere sind, welche Klage erhoben haben. Im Prozeß des Sokrates sind es ihrer drei; für sie spricht Meletos.

Darauf erhält der Angeklagte das Wort zur Verteidigung. Er kann seinen Standpunkt darlegen und den Vertreter der Anklage zu widerlegen suchen. So sehen wir denn auch, wie die an den Gerichtshof als Ganzes, die »Männer von Athen« gerichtete Rede des Sokrates stellenweise in ein Gespräch mit Meletos übergeht. Nachdem er geendet hat, entscheiden die Richter über Schuld und Unschuld im Sinne der Anklage.

Im Fall des Schuldspruches erhält der Angeklagte wieder das Wort. Die Anklageschrift hat auch eine bestimmte Strafe

beantragt; nun darf der Beschuldigte seinerseits eine Strafe nennen, die ihm billig erscheint, und hat so Gelegenheit zu einer zweiten, eingeschränkten Verteidigung. Darauf fällt der Gerichtshof das zweite Urteil.
Wenn er den Antrag des Angeklagten abweist und auf die beantragte Strafe erkennt, erhält der Verurteilte noch die Erlaubnis zu einem Schlußwort.
Platons Schrift besteht aus drei Reden, welche Sokrates an den dafür vorgesehenen Stellen im Prozeßverlauf gehalten hat. Diese Reden entsprechen – schon den Anschauungen antiker Geschichtsschreibung gemäß – sicher nicht dem Wortlaut der sokratischen Verteidigung. Ebenso sicher geben sie aber, von einem Künstler wie Platon verfaßt, das Wesentliche des Vorganges, die in ihm sich vollziehende geistige Entscheidung, die Persönlichkeit des großen Mannes und die Stimmung des ganzen Geschehens wieder. Die erste Rede ist lang, etwa achtmal länger als die zweite, mit Fragen an den Sprecher und dessen Antworten durchsetzt; die zweite sehr kurz; die dritte wieder um das Doppelte ausführlicher als die zweite, in ihrem ersten Teil an den Gerichtshof im ganzen, im zweiten an jene seiner Mitglieder gerichtet, die auf Freisprechung erkannt haben.

Die erste Rede

Die geistige Schichtung

Das Ganze ist ein Drama mächtigster Art. Über zwei Jahrtausende sind vergangen, seit jener Prozeß sich abgespielt hat, aber immer noch packt Platons Darstellung den Leser mit unmittelbarer Gewalt.

Trotzdem sie den Vorgang nicht im Sinne moderner Berichterstattung wiedergeben will, mögen mancher Satz, manche Gebärde des Sokrates und manche Episode im Text genau festgehalten sein, meint man ihn doch leibhaftig zu sehen und zu hören. Worauf es der Schrift aber eigentlich ankommt, ist, die Mächte deutlich werden zu lassen, die da mit einander gerungen haben, und die Entscheidungen, um die es gegangen ist. Und wie vollkommen gelingt ihr das!

Es ist eine seltsame Verteidigung, die Sokrates führt. Unwillkürlich denkt man sich Euthyphron hinzu. Man denkt an Äußerungen wie die, wenn er von Meletos angeklagt wäre, würde dieser wohl bald gezwungen sein, sich selbst zu verteidigen. An diesem verborgenen Gegenbild hebt sich hell und gefährlich die Weise ab, wie Sokrates seine Sache führt.

Sieht man genau zu, dann bemerkt man, wie sich der Vorgang von der unmittelbaren Gegenwart ins menschlich und geistig immer Wesentlichere hinabschichtet. Da steht zunächst, im vorderen Bereich, der Angeklagte Sokrates, des Sophroniskos Sohn, aus Alopeke gebürtig und Steinmetz oder Bildhauer von Beruf, der sich vor dem großen Staatsgerichtshof wegen religiösen Frevels und Irreleitung der Jugend zu verantworten hat. Eigentlich tut er aber etwas ganz anderes: er tritt vor einen geistigen Gerichtshof, vor Apollon, dem er sich besonders verpflichtet weiß, und gibt dem Gotte Rechenschaft darüber, wie er dessen Sendung ausgeführt habe; vor sein Gewissen, und prüft, ob er getan habe, was recht war. Aber durch diese beiden Verhandlungen hindurch läuft noch einmal eine andere, dritte: da ist Sokrates selbst Ankläger und zieht vor dem Stuhl der Wahrheit seine Richter zur Rechenschaft. Und das haben sie auch gemerkt, muß er doch mehr als einmal »die Männer mahnen, nicht zu lärmen und dreinzuschreien«.

Der Ankläger hat die Anklage verlesen und begründet. Ihr Wortlaut wird nicht wiedergegeben, ist aber der Verteidigung zu entnehmen. Sokrates nimmt das Wort:

Wie meine Ankläger [durch ihre Reden] auf Euch gewirkt haben, Ihr Männer von Athen, weiß ich nicht. Was mich angeht, so hätte ich über ihnen beinahe mich selbst vergessen, so bestechend haben sie gesprochen. Wahres freilich haben sie, wenn ich so sagen soll, überhaupt nicht vorgebracht. (17a)

Eine Ironie, welche sich nicht nur auf die Anklage selbst, sondern auch auf die Art bezieht, wie der Angeklagte durch Schmeicheleien gegen Ankläger und Richter deren Gunst zu gewinnen pflegte. Sofort geht sie aber zu offenem Angriff über:

Von den vielen Lügen, die sie vorgebracht haben, hat mich eine am meisten in Erstaunen gesetzt, nämlich jene Stelle, wo sie sagten, Ihr müßtet Euch vor mir in acht nehmen, daß Ihr nicht von mir getäuscht würdet, da ich ein großer Redner sei. Denn daß sich bei dem Gedanken, von mir auf der Stelle durch die Tat widerlegt zu werden, wenn es sich zeigen würde, ich sei gar kein großer Redner, in ihnen nicht das Schamgefühl regte, das erschien mir als ihre größte Unverschämtheit – es sei denn, sie nennten den einen großen Redner, der die Wahrheit spricht. Sollten sie allerdings das meinen, dann müßte ich zugeben, ein, wenn auch nicht in ihrem Sinne, großer Redner zu sein.

Sie haben also, wie gesagt, nahezu nichts Wahres vorgebracht; doch von mir sollt Ihr die volle Wahrheit hören. Aber, beim Zeus, Ihr Männer von Athen, keine Reden wie die ihren, die mit Wendungen und Worten prunken oder sonstwie zurechtgemacht sind; sondern schlichte Reden sollt Ihr hören, in Worten, wie sie mir gerade einfallen. (17a–c)

Er will nicht, wie die Sophisten und ihre Schüler, durch rhetorische Künste, sondern nur durch die Wahrheit wirken. Und die Wahrheit soll durch eine Redeweise gewährleistet sein, die sich aller beeinflussenden Mittel enthält, nämlich die des Alltags.

Es verhält sich nämlich so: Ich trete jetzt zum ersten Mal vor Gericht auf, nachdem ich siebzig Jahre alt geworden bin; darum bin ich in der hier üblichen Redeweise geradezu ein Fremdling. Wäre ich nun wirklich ein Fremdling, dann würdet Ihr mir sicherlich verzeihen, wenn ich in der Mundart und Redeweise spräche, in der man mich erzogen hätte; so richte ich denn auch jetzt an Euch die, wie ich glaube, gerechte Bitte, Ihr möget mir meine Redeweise – die vielleicht schlechter, vielleicht aber auch besser ist, [als die der Ankläger] – hingehen lassen und nur darauf sehen und darauf achten, ob das, was ich sage, recht oder unrecht ist. Denn das ist die Tugend des Richters; die des Redners aber, daß er die Wahrheit spreche. (17d–18a)

Damit ist sein eigener Standpunkt definiert und jener, den ihrem Wesen nach die Richter einnehmen sollen.

Die Ankläger, mit denen er es zu tun hat, scheiden sich in zwei Gruppen. Es sind zunächst die Vertreter der eingereichten Anklage; dann aber die Vielen überall mit ihrem Gerede, die schon immer gegen ihn gestanden haben und nun ihre Meinung durch Meletos ausgedrückt finden. Diese sagen,

es sei da ein gewisser Sokrates, ein der Weisheit beflissener Mann, der über die Himmelserscheinungen nachgrüble und alle Dinge unter der Erde ergründet habe und die schlechte Sache zur besseren mache. (18b).

Sie sind gefährlicher als die ersteren, weil man sie nicht fassen kann. Sie sehen in Sokrates einen Neuerer; einen Sophisten, der Gut und Schlecht, Wahr und Falsch verwirrt; einen Ehrfurchtslosen, der das Verborgene durchwühlt, am Heiligen frevlerische Kritik übt und so die Grundlagen des menschlichen Daseins gefährdet. Die Freunde des Sokrates und vor allem Platon, der hier für sie spricht, müssen von der Sinnlosigkeit erschüttert gewesen sein, daß ihr Meister, »von allen, die zu seiner Zeit lebten...der Beste und überhaupt der

Einsichtsvollste und Gerechteste« (Phaidon, Schlußsatz) der ἀσέβεια, der Unfrommheit hatte angeklagt werden können! *Was aber das Unsinnigste ist: man kann nicht einmal ihre Namen erfahren und nennen – es sei denn, einer von ihnen wäre ein Komödiendichter*[13]. *Denn alle jene, die Euch aus Neid oder verleumderischer Gesinnung beredet, aber auch andere, die das, was man ihnen eingeredet hat, ihrerseits weitergegeben haben, sind Leute, denen man überaus schwer beikommt, kann man doch nicht einmal einen von ihnen hier vorladen oder zur Rechenschaft ziehen. Sondern wenn einer sich [gegen sie] verteidigt, muß er richtig wie mit Schatten kämpfen und sie widerlegen, ohne daß einer antwortet.* (18c–d)

Was an der Anklage greifbar ist, hat Sokrates bald abgetan. Sie hat – die allgemeine Ansicht ausdrückend – gelautet: *Sokrates frevelt und treibt sinnlose Dinge, denn er untersucht das [Verborgene] unter der Erde und im Himmel und macht die schlechtere Sache zur besseren und lehrt auch andere so.* (19b)

Darauf erwidert er:

Ich habe aber [in Wahrheit] mit diesen Dingen nichts zu tun gehabt, Ihr Männer von Athen. Als Zeugen davon nenne ich die meisten von Euch [selbst] und bitte Euch, einander davon in Kenntnis zu setzen und es Euch [wechselseitig] zu sagen – Euch alle, die Ihr jemals meine Unterredungen gehört habt; und von solchen gibt es viele unter Euch. Sagt also einander, ob irgend einer von Euch mich jemals über solche Dinge auch nur das Geringste hat reden hören. [Das wird nicht der Fall sein], und daraus werdet Ihr erkennen, daß es sich bei mir auch mit den anderen Dingen, welche die Menge behauptet, so verhält. (19c–d)

Auch hat er durchaus keinen Ehrgeiz, Lehrmeister der Jugend zu sein und dafür, wie es die Sophisten tun, noch Geld

[13] Wie Aristophanes, der in seinen »Wolken« den sonderbaren und beunruhigenden Philosophen verspottet hat.

zu nehmen – viel Geld, nach einem Gespräch zu urteilen, das er mit dem reichen Kallias gehabt hat, der dem Euenos aus Paros für den Unterricht seiner Söhne fünf Minen bezahlen mußte:

Da pries ich Euenos glücklich, falls er wirklich diese Kunst besitze und für so würdigen Preis Unterweisung erteile. Ich würde ja auch selbst stolz darauf sein und damit prunken, wenn ich mich darauf verstünde. Aber ich verstehe mich eben nicht darauf, Ihr Männer von Athen! (20b–c)

Das alles wäre an sich nicht wichtig; doch bildet es den beschränkten und unzulänglichen, deswegen aber nicht weniger gefährlichen Ausdruck für Tieferes. So sucht er nun dieses herauszuheben und tut es mit einer Schärfe, durch welche die zuerst harmlos scheinende Sache rasch den Charakter der Unausweichlichkeit annimmt.

Nun könnte aber einer von Euch vielleicht einwenden: »Sokrates, wie steht es eigentlich mit Deiner Tätigkeit? Wie sind denn diese Verleumdungen gegen Dich entstanden? Denn wenn Du wirklich nichts getrieben hättest, was im Vergleich [zum Tun] der anderen Leute aufgefallen wäre, dann könnte doch daraufhin keine so [schlimme] Nachrede und Meinung über Dich entstanden sein – wenn Du nicht doch etwas anderes tätest, als die meisten Menschen! Sage uns also, was das ist, damit wir nicht voreilig über Dich urteilen!« Wer so spräche, schiene mir Recht zu haben, und ich will Euch zu erklären suchen, was das eigentlich ist, dem ich den Ruf und die Verleumdung verdanke.

Hört also zu. Vielleicht wird es einigen von Euch so vorkommen, als scherzte ich; Ihr könnt aber sicher sein, daß ich Euch die volle Wahrheit sage. Denn, Ihr Männer von Athen, durch nichts anderes, als durch eine Art Weisheit habe ich mir diesen Namen zugezogen. Aber durch welche Art von Weisheit? (20c–d)

Nun muß er etwas Großes sagen: so baut er der Entrüstung, die er kommen fühlt, vor:

Fangt mir nicht [wieder] an, zu lärmen, Ihr Männer von Athen, auch wenn es Euch vorkommt, als rede ich vermessen. Denn was ich sage, stammt nicht aus mir selbst, werde ich mich doch auf einen glaubwürdigen Zeugen berufen.
Also weiter:
Als Zeugen nämlich für meine Weisheit – wenn anders es wirklich eine ist – und für ihre Art werde ich Euch den Gott in Delphi stellen. Ihr kennt doch wohl den Chairephon? Dieser war mein Freund von Jugend auf und Freund der meisten von Euch. Er ging auch mit Euch in die letzte Verbannung und kehrte mit Euch wieder zurück. Und Ihr wißt doch auch, wie Chairephon war; wie ungestüm er auf alles losging, was er angriff. So hat er es denn auch einmal gewagt, nach Delphi zu gehen und sich folgenden Orakelspruch erteilen zu lassen – aber, wie gesagt, macht keinen Lärm, Ihr Männer! Er fragte nämlich, ob es einen gebe, der weiser sei, als ich. Da erwiderte ihm die Pythia, keiner sei weiser. Und sein Bruder hier wird Euch das bezeugen, denn er selbst ist tot. (20e–21a)
Die Worte muß man im richtigen Ton hören: halb ernst, halb sich selbst verspottend, offenbarend und verhüllend zugleich. Was Sokrates angeht, so behauptet er, den Spruch nicht verstanden zu haben:
Denn als ich jenen [Spruch] vernahm, überlegte ich folgendermaßen: Was meint der Gott eigentlich, und worauf spielt er eigentlich an? Denn ich bin mir weder im Großen noch im Kleinen irgendeiner Weisheit bewußt. Was meint er also nur, wenn er sagt, daß ich der Weiseste sei? Denn er lügt doch wohl nicht, denn das ist ihm nicht erlaubt.[14] (21b)

Das Wort fällt Sokrates in den Geist und wirkt sich darin in besonderer Weise aus. Einen anderen würde es sicher machen, oder hochmütig, oder wie immer verderben; Sokrates hingegen realisiert an ihm sein innerstes Ethos, indem er

[14] Hermes, der Gott des Zwielichts, »dürfte« es; Apoll hingegen, dem Numen der geistigen Klarheit, ist es »nicht erlaubt«, d. h. nicht wesensgemäß.

ihm den Satz entgegenstellt – falls man nicht sagen muß: es in den Satz umwandelt – »ich weiß, daß ich nichts weiß«. Darin ist »Wissen« in dem neuen, Existenz begründenden Sinne genommen, wie Sokrates-Platon es versteht: als ein Erkennen des Ewig-Gültigen und ein Verstehen des Zeitlich-Bedingten aus jenem her. Sokrates weiß, daß er solches Wissen nicht hat; eben damit weiß er aber auch, daß es ein solches Wissen gibt und mißt sich selbst daran; ja er hat, trotz aller Selbstkritik, in Wahrheit bereits dieses Wissen, weil er sonst dessen Maßbegriff gar nicht aufstellen könnte.

Jedenfalls wirkt das pythische Wort bei ihm als Antrieb zu einer Untersuchung der Weise, wie unter den Menschen gewußt wird. Er zieht aus, um den Götterspruch zu prüfen; und sich selbst in Bezug auf ihn, indem er die Menschen prüft, welche den Anspruch machen, Wissen zu besitzen, um so...

das Orakel widerlegen und seinen Spruch als falsch erweisen zu können: ›Sieh, hier ist einer, der ist weiser als ich, Du aber hast gesagt, ich sei [der Weiseste].‹ (21c)

Bekommt aber hierdurch der sokratische Dialog nicht eine letzte, fast absolute Bedeutung? Erscheint von hier her das Sich-Unterreden des Sokrates mit den Menschen nicht als ein Gespräch, welches er, über den jeweiligen menschlichen Partner weg, mit dem Gotte der geistigen Klarheit selbst führt? Geschieht hier nicht bereits, und in noch kühnerer Weise, was in der dritten Rede durch die Worte über die Fortsetzung des sokratischen Gespräches im Hades (40e–41c) geschehen wird?

Und wie geht es ihm bei diesem Unternehmen?

Als ich mir nun diesen Mann [den ersten Gesprächspartner] genau ansah – seinen Namen brauche ich sicher nicht zu nennen; es war aber einer von den Politikern, der, als ich ihn prüfte, auf mich, Ihr Männer von Athen, diesen Eindruck machte – und als ich mit ihm sprach, kam ich zu der Ansicht, dieser Mann werde zwar von vielen anderen Menschen, und am meisten von sich selbst für weise gehalten, sei es aber nicht. Und dann versuchte ich wiederholt, ihm zu beweisen, daß er sich zwar für weise halte, es aber nicht sei. Die Wirkung war, daß ich mich bei ihm und vielen von den Anwesenden verhaßt machte. Als ich mich aber dann entfernte, ging mir der Gedanke im Kopf herum: Diesem Menschen bin ich [wirklich] an Weisheit überlegen. Denn es scheint zwar, als wisse keiner von uns beiden irgend etwas Gutes und Rechtes; dieser glaubt es aber zu wissen, obgleich er nichts weiß, während ich zwar [ebenfalls] nichts weiß, aber auch nicht [etwas zu wissen] glaube. Es scheint also, daß ich jedenfalls diesem ein wenig an Weisheit überlegen bin, und zwar darin, daß ich dann, wenn ich etwas nicht weiß, auch nicht glaube, ich wüßte es. (21c–d)

Wie bei diesem, geht es ihm nachher bei vielen anderen. Sokrates macht die Runde, und wo er sieht, daß einer sich sicher fühlt, zu wissen behauptet, Autorität beansprucht, klopft er an. Er muß feststellen, daß sich von wirklicher, vertretbarer Einsicht sehr wenig findet; und seltsamer Weise um so weniger, je glänzender der Wissensruf der Geprüften ist, während die weniger Geachteten schon mehr Substanz aufweisen. Zugleich aber merkt er mit Schrecken, daß ihm keiner den Wahrheitsdienst dankt, er sich vielmehr überall unbeliebt macht.

So erzählt er im Einzelnen von dieser seltsamen Erkundungsfahrt bei den verschiedenen Gruppen seiner Mitbürger, Politikern, Dichtern, Handwerkern – man merkt die Bezugnahme auf die drei Ankläger – und es ist ein merkwürdiger Bericht: Ironisierung des eigenen Treibens; Ausdruck der Tapferkeit, mit welcher dieser furchtlose Mann das gefährliche, vom Gotte befohlene Unternehmen durchführt, das ihn in Konflikt mit den Mächtigen bringt; tiefe Frömmigkeit, welche die eigene Existenz aus dem Worte des Gottes heraus versteht. Zunächst scheint Sokrates nichts anderes zu tun, als von der sonderbaren Lage zu erzählen, in welche das Orakel ihn gebracht hat und jede persönliche Zuständigkeit aufs

Entschiedenste abzulehnen. Dennoch ist der Anspruch da, und zwar eben von dem Wort der Pythia her, das wie eine göttliche Bestätigung des sokratischen Wesens erscheint. Im Grunde muß Sokrates ja diesen Anspruch erheben, denn er weiß, er ist wirklich anders, als die Übrigen. Er weiß, aus ihm redet wirklich etwas, das sonst nirgendwo laut wird. Ist das aber so, dann bedeutet der überall sich zeigende Widerspruch, daß Menschen, Anschauungen und Einrichtungen, mit einem Worte, das Bestehende, der göttlichen Forderung den Gehorsam verweigern – daß sie, nicht Sokrates, der Asebeia schuldig werden!

Die Alten – die meisten der Alten, müssen wir sagen, denn auch mancher Gereifte hält zu Sokrates, denken wir an Kriton – haben sich seinem Wort verschlossen. So kommen die Jungen zu ihm. Der »vom Gotte Berührte, nicht Träger des Tyrsos nur, sondern wirklich Begeistete«, wie es im Phaidon heißt, wird von den Jungen verstanden. Sie haben ihre Freude an der Prüfung, die Sokrates vollzieht und legen selbst mit Hand an – wobei freilich nur wenig Phantasie nötig ist, um sich vorzustellen, wieviel Scherben es auch dabei gegeben hat; wieviel kostbares Erbe zerbrochen und wieviel ehrenwertes Empfinden beleidigt worden ist. Denn in der Täglichkeit des Daseins wirken sich die geistigen Antriebe anders aus als in der Reinheit der Idee, oder in der Atmosphäre des begeisterten Kreises. Der Riß läuft zwischen den Generationen hin. Für jene, die sich in ihrem Wesen bedroht fühlen, ist Sokrates der Verderber. Ihre Anklage geht seit langem in handlichen Schlagwörtern um: Er doziere über »die himmlischen Erscheinungen und die Dinge unter der Erde«; das heißt, er maße sich ein Wissen an über das, was dem Menschen verschlossen bleiben muß. Er lehre, »die Götter nicht nach Brauch zu verehren«; wir erinnern uns an das Gespräch mit Euthyphron, das dieser, wenn er Sokrates übel gewollt, in einer Weise hätte wiedergeben können, die ganz im Sinne dieser Anklage gelaufen wäre. Er bringt den

jungen Leuten die schlimme »Kunst bei, die unrechte Sache zur rechten zu verdrehen« und mit ehrfurchtsloser Kritik geheiligte Anschauungen zu verwirren.
Aus diesen sind nun Meletos, Anytos und Lykos gegen mich aufgetreten: Meletos, weil er sich im Namen der Dichter beleidigt fühlt, Anytos im Namen der Handwerker und Politiker, und Lykon im Namen der Redner. (23e)
Er müßte aber hinzufügen, noch ein anderer Ankläger sei da: die mit Recht beunruhigte Sorge aller derer, welche kostbare Werte des menschlichen, staatlichen, religiösen Lebens gefährdet sehen und sich nicht entschließen können, sie für einen neuen Willen, der sich noch nicht bewährt hat, zu opfern.

Die Anklage der Drei

Nun wendet Sokrates sich genauer der formulierten Anklage zu:
›Sokrates‹, sagt [Meletos], ›vergeht sich, indem er die jungen Leute verdirbt und nicht dem Brauch gemäß jene Götter verehrt, welche die Stadt verehrt, dafür aber andere, neue göttliche Wesen.‹ So also lautet die Anklage. Diese Anklage wollen wir nun Punkt für Punkt prüfen. (24b–c)
Die Antwort aber gibt er so, daß er genau das fortsetzt, was ihm die Anklage zugezogen hat: Er nimmt den Sprecher Meletos als einen aus der langen Reihe derer, die zu wissen behaupten, ohne wirklich zu wissen; verantwortungsvolle Handlungen vollziehen, ohne sich dafür durch Einsicht und Charakterbildung ausweisen zu können – und führt an ihm die vom Spruch des Gottes auferlegte Prüfung durch.
Ich aber sage, Ihr Männer von Athen, daß Meletos [selbst] sich vergeht; denn er treibt mit Ernst Scherz und klagt leichtfertig Menschen an, indem er vorgibt, sich wirklich um Dinge zu sorgen und zu kümmern, die ihm [in Wahrheit] noch nie zu Herzen gegangen sind. (24c)

Und nun beginnt ein richtiger sokratischer Dialog; seltsam und zugleich von grimmigstem Ernst; denn dabei geht es zunächst, wie bei all den Gesprächen im Gymnasion und in den Häusern der Freunde und auf dem Markte seither, um die Wahrheit, außerdem aber auch, dieses eine Mal, um Leben und Tod.

Komm also, Meletos, und sprich! Du hältst es doch sicherlich für überaus wichtig, daß die jungen Leute möglichst tüchtig werden?

MELETOS: *Allerdings!*

SOKRATES: *Wohlan denn, sage jetzt diesen Richtern, wer sie besser macht – denn offenbar weißt Du es, Du kümmerst Dich ja darum. Den, der sie verdirbt, hast Du, Deinen Worten nach, in mir gefunden und bringst mich darum vor Gericht und klagst mich an. Wohlan denn, nenne mir nun auch den, der sie besser macht und verrate den Richtern, wer er ist. Siehst Du, Meletos, Du schweigst und vermagst ihn nicht zu nennen? Aber meinst Du nicht, daß das eine Schmach ist und ein ausreichender Beweis für eben das, was ich sage, daß Dir nämlich [in Wahrheit] gar nichts daran lag und liegt?* (24 c–d)

Dem Meletos wird sonderbar zu Mute sein. Auf eine Auseinandersetzung ist er wohl gefaßt, aber auf eine, die sich um Fälle drehen, Äußerungen diskutieren, den Eindruck der Anklage abschwächen würde, mit einem Wort, auf Advokatenkünste. Statt dessen solche Fragen! Also schweigt er; doch Sokrates läßt nicht locker:

Sage doch heraus, mein Bester, wer macht sie besser?

MELETOS: *Die Gesetze.*

SOKRATES: *Danach frage ich doch nicht, mein Bester, sondern welcher Mensch [das ist] – wobei freilich vorausgesetzt ist, daß er eben hierin, nämlich in den Gesetzen, Bescheid wissen muß.* (24d–e)

Daß die Gesetze, die Normen des Gemeinwesens, das Handeln zum Guten regeln, ist selbstverständlich; es geht aber darum, welche Menschen praktisch-pädagogisch im Sinne der Gesetze wirken – da er doch, der Anklage nach, das Gegenteil tut. Also antwortet Meletos genauer, und zwar opportunistisch, mit einer Verbeugung vor den Machthabern des Augenblicks, den Richtern. Ebendadurch gibt er aber dem großen Ironiker das Stichwort:

MELETOS: *Diese, Sokrates, die Richter.*

SOKRATES: *Wie sagst Du, Meletos? Diese sind im Stande, die jungen Leute zu erziehen und besser zu machen?*

MELETOS: *Sicher.*

SOKRATES: *Alle? Oder nur einige von ihnen, die andern aber nicht?*

MELETOS: *Alle.*

SOKRATES: *Bei der Hera, das ist vortrefflich, was Du da sagst. Da müssen wir ja über die Maßen viele nützliche Leute [im Staate] haben! Aber weiter: die Zuhörer hier – machen die sie besser oder nicht?*

MELETOS: *Auch sie.*

SOKRATES: *Und wie steht es mit den Ratsherren?*

MELETOS: *Auch die Ratsherren.*

SOKRATES: *Aber, Meletos, verderben denn etwa die Teilnehmer an den Volksversammlungen die Jugend? Oder machen auch die sie alle besser?*

MELETOS: *Auch sie.*

SOKRATES: *Es scheint also, daß alle Athener sie edel und tüchtig machen, nur ich nicht, und ich allein verderbe sie? So meinst Du es doch?*

MELETOS: *Genau so meine ich es.*

SOKRATES: *Da hast Du freilich auf meiner Seite ein großes Mißgeschick erkannt!* (24e–25a)

In welchen Unsinn hat Sokrates den Mann hineinmanövriert! Eigentlich müßte daran die Sinnlosigkeit der Anklage selbst deutlich werden, doch die Stunde ist verschlossen. Und welch geheimnisvolles Phänomen ist diese Verschlossenheit – wenn die Menschen, auf die es ankommt, nicht verstehen, obwohl sie verstehen könnten; wenn alles, was gesagt und getan wird, ins Verkehrte wirkt; wenn die Entscheidung, wie verhext, ins Nicht-mehr-Gutzumachende läuft, so daß später die Beteiligten sich fragen, wie das alles nur habe geschehen können?

Dann aber kommt wieder der andere Zug im Charakter des sokratischen Lehrens zum Vorschein: daß er nämlich aus Opposition gegen alles Pompöse und Verstiegene gerade bei den wichtigsten Fragen auf die schlichtesten Wirklichkeiten des Alltags zurückgreift:

Aber antworte mir: glaubst Du, daß es mit den Pferden ebenso steht? Daß alle Menschen sie besser machen, und nur einer sie verdirbt? Oder gibt es nicht im Gegenteil einen einzigen, der sie besser machen kann, oder doch nur ganz wenige, nämlich die Pferdekenner, während die meisten, wenn sie mit Pferden umgehen und sie benutzen, diese verderben? (25a–b)

An sich ist große Qualität immer die Sache Weniger. Was allen zugänglich ist, kann nicht hoch im Range stehen, und einem hohen Wert kann nichts Schlimmeres geschehen, als daß er auf das Tun des Alltags angewendet wird. Ist aber das Bessermachen der Jugend wirklich eine so allgemein geübte Kunst, dann wird doch nicht gerade Sokrates ihrer entbehren. In Wahrheit steht es ganz anders. Platon weiß, die Kunst der Menschenbildung aus der Wahrheit und dem Eros ist etwas, dessen gerade Sokrates und, in diesem Augenblick, nur er kundig ist.

Sollte aber, macht der nächste Abschnitt klar, das, was er tut, wirklich der Jugend schaden, dann kann das nur aus Unkenntnis geschehen. Denn wissentlich wird keiner etwas tun, was dem allgemeinen Zustand schadet, welcher Schaden ja doch notwendig auf den Urheber selbst zurückschlägt.

Wenn ich sie aber ohne Vorsatz verderbe, dann ist es nicht Brauch, wegen solcher ungewollter Verfehlungen einen hierher vor Gericht zu bringen, sondern man muß ihn allein vornehmen und belehren und zurechtweisen. Denn das ist

doch klar: sobald ich [über meinen Fehler] belehrt werde, höre ich auf, das zu tun, was ich ohne Willen tue. (26a)
Der letzte Satz drückt zunächst eine große Lauterkeit der sittlichen Gesinnung aus, für welche in dem Augenblick, da sie etwas als unrecht erkennt, das Motiv wegfällt, es weiterhin zu tun. Dann aber erscheint darin der Ausgangspunkt, von dem aus sich in den künftigen platonischen Schriften die These entwickeln wird, das Wesen der Tugend beruhe in der Erkenntnis. Sie besagt nicht nur, sittliches Handeln hänge von echter Einsicht ab; aber auch nicht, mit dem Erkennen sei das Handeln schon gegeben, oder gar, das Handeln werde vom Erkennen verdrängt. Die Erkenntnis ist vielmehr so verstanden, daß sie mit fortschreitender Bewußtwerdung des sokratisch-platonischen Standpunktes als ein Schauen der Ideen bestimmt wird. Die Idee zu schauen, bedeutet aber, in den Raum und Zustand der Sinn-Offenheit einzutreten; nicht nur Wahres zu sehen, und es richtig zu sehen, sondern auch selbst wahrheitsartig zu werden. Da aber die Idee, wie noch genauer gezeigt werden soll, im letzten »Seienden« einfachhin, nämlich im Guten wurzelt, nimmt der Bezug zu ihr das Gute selbst in den Raum der Existenz auf.

Dann setzt Sokrates neu ein und kommt nun auf das, was die um ihre Frömmigkeit besorgten Athener am meisten bewegt.
Gleichwohl aber – sage uns doch, Meletos, wie ich Deiner Meinung nach die jungen Leute verderbe. Nach der Anklageschrift, die Du eingebracht hast, offenbar dadurch, daß ich sie lehre nicht an die Götter zu glauben, an welche die Stadt glaubt, dafür aber an andere, neue Gottheiten. Sagst Du nicht, daß ich sie verderbe, indem ich sie solches lehre?
MELETOS: *Ganz gewiß sage ich das.*
SOKRATES: *Bei ebendiesen Göttern also, Meletos, von denen jetzt die Rede ist, sage es mir und diesen Männern noch deutlicher. Denn ich kann nicht verstehen, ob Du behauptest, ich lehre [doch immerhin] den Glauben an irgendwelche Götter – denn dann würde ich ja selbst noch glauben, daß es*

Götter gebe und wäre also nicht ganz und gar gottlos; und mein Vergehen läge nicht in solchem [völligen Unglauben], sondern darin, daß ich zwar nicht an jene Götter glaube, an welche gerade die Stadt glaubt, sondern an andere – [sage mir also] ob es das ist, was Du mir vorwirfst, daß ich an andere Götter glaube, oder ob Du behauptest, ich glaube selbst an gar keine Götter und lehre das auch die anderen?

MELETOS: *Das behaupte ich: daß Du überhaupt nicht an Götter glaubst!* (26b–c)

Wieder der offenbarende Unsinn. Oben: alle erziehen zum Rechten, nur Sokrates nicht; hier: alle sind fromm und glauben an viele Götter, Sokrates hingegen an keine. Zugleich wird die Fragwürdigkeit des mythisch unterbauten Götterglaubens in einer Zeit überall durchdringender kritischer Rationalität deutlich.

SOKRATES: *Wunderlicher Meletos, was willst Du damit sagen? Dann glaube ich also auch nicht, wie die anderen Menschen, von der Sonne und vom Monde, sie seien Götter?* (26d)

Das ist wieder eine Falle und Meletos geht hinein:

Beim Zeus, Ihr Richter, [das glaubt er wirklich nicht,] denn er behauptet, die Sonne sei ein Stein, und der Mond [etwas Ähnliches wie die] Erde! (26d)

Er merkt nicht, wie sehr er sich bloßstellt, da es doch bereits Gemeingut der Gebildeten ist, zu wissen, daß die Gestirne als solche keine Gottheiten sind. Schon vor fünfzig Jahren hat der Philosoph Anaxagoras mit diesen Lehren in Athen Aufsehen erregt.

Willst Du etwa den Anaxagoras anklagen, mein lieber Meletos, und schätzest Du diese Männer hier so gering ein und glaubst, sie seien in der Literatur derart unbewandert, daß sie nicht wüßten, die Schriften des Anaxagoras von Klazomenai seien von diesen Lehren erfüllt? Was die jungen Leute von mir lernen, wären ja dann Dinge, die sie sich manchmal für eine Drachme – falls überhaupt für so viel – in der Orchestra[15]

[15] Wohl ein Platz auf dem Markte, wo Bücher verkauft wurden.

kaufen und dann über den Sokrates lachen könnten, wenn er sie als eigene Lehren ausgäbe; ganz abgesehen davon, daß es doch recht sonderbare Dinge sind! (26d–e)

Nicht an die Göttlichkeit des Sonnenkörpers zu glauben, ist mithin noch keine Gottlosigkeit – besonders, wenn man zugleich so ernsthaft betont, im Dienste Apollons zu stehen, wie das Sokrates tut. Was will dann die Anklage?

Vor Zeus also: Siehst Du mich so an? Bin ich des Glaubens, es gebe keinen Gott?

MELETOS: *Allerdings, beim [gleichen] Zeus, auch nicht ein bißchen [glaubst Du es].*

SOKRATES: *Das kann man Dir nicht glauben, Meletos, und ich denke, Du [glaubst es] bestimmt Dir selber nicht. Es kommt mir nämlich vor, Ihr Männer von Athen, als sei dieser Mann sehr anmaßend und zügellos und habe diese Anklageschrift geradezu aus Übermut, Unbeherrschtheit und jugendlichem Leichtsinn eingebracht. Scheint es doch, als habe er sich ein Rätsel ausgedacht, um mich zu versuchen, [so etwa]: ›Ob wohl Sokrates, der doch so weise ist, merkt, daß ich nur Spaß mache und mir selbst widerspreche, oder ob ich ihn und die anderen, welche [meine Worte] hören, täuschen kann?‹ Denn es kommt mir vor, als widerspreche dieser Mann in seiner Anklageschrift sich selbst, wie wenn er sagen wollte: ›Sokrates versündigt sich, indem er nicht an Götter glaubt, sondern an Götter glaubt!‹ So kann doch nur einer reden, der Spaß macht!*

Nehmt doch einmal mit mir zusammen die Frage auf, Ihr Männer, warum ich glaube, daß er [diesen Widerspruch] behauptet. Du aber antworte uns, Meletos! Ihr aber denkt bitte an das, worum ich Euch zu Anfang gebeten habe, und macht keinen Lärm, wenn ich die Rede so führe, wie ich es gewohnt bin.

Gibt es einen Menschen, Meletos, der zwar glaubt, daß es menschliche Dinge, nicht aber glaubt, daß es Menschen gebe?...Er soll antworten, Ihr Männer, nicht aber allen möglichen Lärm machen!...Gibt es also einen, der zwar nicht an Pferde glaubt, wohl aber an Dinge, die sich auf Pferde

beziehen? Oder der glaubt, es gebe zwar keine Flötenbläser, wohl aber Dinge, die sich auf das Flötenblasen beziehen?... Keinen gibt es [der so tut,] Du Trefflichster aller Männer! Wenn Du nicht antworten willst, so muß ich selbst es Dir und den andern hier sagen!
Aber beantworte mir wenigstens die folgende Frage: Gibt es wohl einen, der glaubt, daß es dämonische [Mächte] gebe, nicht aber an Dämonen[16] *selbst glaubt?*
MELETOS: *Es gibt keinen.*
SOKRATES: *Wie schön, daß Du mir endlich geantwortet hast, nachdem diese Männer Dich dazu gezwungen haben!*
(26e–27c)
Hier müssen wir eine Rüge der Gerichtsleitung eingeschaltet denken, die Meletos auffordert, der Prozeßordnung zu entsprechen.
Du behauptest also, ich glaube an dämonische [Mächte] und lehre den Glauben an sie, seien es nun neue oder alte. Jedenfalls glaube ich Deiner eigenen Behauptung nach an dämonische [Mächte], und Du hast das in Deiner Anklageschrift beschworen. Wenn ich aber an dämonische [Mächte] glaube, dann ist es doch wohl ganz unausweichlich, daß ich auch an Dämonen glaube. Ist es nicht so? Es ist wirklich so. Ich nehme an, Du stimmst zu, denn Du antwortest nicht. Halten wir aber die Dämonen nicht entweder für Götter oder für Kinder der Götter? Gibst Du das zu oder nicht?
MELETOS: *Natürlich!*
SOKRATES: *Falls ich also wirklich, wie Du sagst, an Dämonen glaube, und falls die Dämonen eine Art von Göttern sind, so ist es ja wohl dieser Punkt, worin Du, wie ich behaupte, in Rätseln und Späßen redest – wenn Du nämlich erklärst, ich glaube nicht an Götter und glaube doch wiederum an Götter, da ich ja an Dämonen glaube. Falls aber die Dämonen Kinder der Götter sind – eine Art Bastarde, von Nymphen oder*

[16] Das Wort »δαίμων« hat mit der Bedeutung, die es in unserem Sprachgebrauch hat, nichts zu tun, sondern meint Götterwesen niederen Ranges; siehe das Folgende.

anderen Wesen, als deren Kinder sie ja bezeichnet werden – welcher Mensch wird dann glauben, es gebe zwar Kinder der Götter, Götter aber nicht? Das wäre nämlich ebenso töricht, als wenn einer glaubte, es gebe zwar [Füllen] von Pferden und Eseln, Pferde und Esel aber gebe es nicht. (27c–e)
Worauf Sokrates hinauswill, ist der Nachweis, wie leichtfertig die Anklage sei. Es ist kaum anzunehmen, er habe ernstlich an »Bastardkinder der Götter mit Nymphen oder anderen Wesen« geglaubt; jedenfalls hat er das Daimonion, von dem man ihn so oft reden hörte, nicht als ein solches Zwischengeschöpf angesehen. Aus der ganzen Art, wie er im Verlauf der ersten und dritten Rede von ihm sprechen wird, geht hervor, daß er es als eine geheimnisvolle und zugleich dem Kern der eigenen Existenz vertraute Macht von sehr reinem numinosen Charakter erfahren hat. Seine Argumentation ist also ganz »auf den Menschen hin« zu verstehen, mit dem er spricht. Er will Meletos klarmachen: Du sagst, ich glaube an Dämonen; denkst Dir freilich darunter Wesen, die mit der Würde wirklicher Götter unvereinbar sind. Das ist unsinnig; aber auch in Deinen unsinnigen Gedanken gibt es doch Wirkung und Ursache. Also darfst Du nicht behaupten, ich leugne die Götter, wenn ich doch – Deinem Gebrauch des Wortes ›Dämon‹ nach – an ihre Bastarde glaube!

Der Beweis ist an sich in Ordnung, antwortet aber nicht auf das, was Meletos und seine Gesinnungsgenossen eigentlich meinen. Ihnen geht es ja doch nicht um die Frage, ob Sokrates an geistig wirkende göttliche Mächte und, hinter diesen, an eine rein verstandene Göttlichkeit, sondern ob er an die alten Götter des Staates glaube; und zwar in jener Unmittelbarkeit und Konkretion, wie das von der herkömmlichen religiösen Haltung vorausgesetzt wird. Das aber ist, so spüren sie genau, nicht der Fall. Wenn Sokrates von Apollon redet, so ist das etwas anderes, als wenn sonst einer, der aus dem Herkommen lebt, es tut; und mit dem Daimonion, von dem er sich behütet weiß, können die trotz aller Sophistik noch im

Mythos denkenden Athener nichts anfangen. Um dessen Apollon aber, und um dessen Daimonion sorgen sie sich, denn mit diesen hängt die ganze bestehende Ordnung zusammen. Und da sie die in der Religiosität des Sokrates durchdringenden neuen Werte nicht erkennen, empfinden sie ihn als Gefahr einfachhin und drücken diese Gefahr in Begriffen aus, wie sie ihnen eben zur Verfügung stehen.
Das Schicksal des Sokrates ist tragisch. Das Eigentlich-Tragische besteht aber nicht darin, daß Gutes an Bösem und Sinnlosem, sondern daß es an Gutem zu Grunde geht, welches ebenfalls sein Recht hat, aber zu eng ist, um das höhere Recht des anderen zu sehen, jedoch mächtig genug, um dessen Anspruch niederzutreten. Man würde dem, was in den vier Dialogen geschieht, seinen Ernst nehmen, wenn man in Sokrates nur den verkannten Großen und Reinen, in seinen Anklägern aber nur die engstirnige, am Alten hängende Menge sehen wollte. In Wahrheit steht hier – das muß immer wieder betont werden – eine zwar untergehende, aber noch von Werten erfüllte Epoche einem Manne gegenüber, der wohl groß ist und berufen, Neues zu bringen, aber mit seiner Haltung das Bisherige sprengt. In der Unvereinbarkeit der beiden wider einander stehenden Wertbilder und Kräfte liegt die eigentliche Tragik der Situation.

Dann knüpft Sokrates wieder an die Geschichte des Orakelspruchs an:
Was ich aber schon vorhin sagte – daß ich mir nämlich große Feindschaft und mit vielen Menschen zugezogen habe – könnt Ihr mir wahrlich glauben. Und wenn ich wirklich verurteilt werde, so wird das der [wahre] Grund meiner Verurteilung sein: weder Meletos, noch Anytos, sondern die Verleumdung und der Haß der Menschen. Das sind [Mächte], die schon viele andere treffliche Männer zu Fall gebracht haben und, denke ich, wohl noch zu Fall bringen werden; es besteht aber kein Anlaß zur Sorge, sie könnten vor mir haltmachen. (28 a–b)

Jetzt hört er aber einen Vorwurf von einer anderen Seite, nämlich vom praktischen Menschenverstand, der in seinem ganzen Tun Torheit sieht:

Vielleicht könnte nun einer sagen: ›Und da schämst Du Dich nicht, Sokrates, eine Beschäftigung ausgeübt zu haben, welche Dich jetzt in Gefahr bringt, den Tod zu erleiden?‹ (28b)

Und nun bricht das Pathos des dem Geiste Verpflichteten durch:

Ich würde ihm aber die berechtigte Antwort entgegenhalten: ›Du redest nicht recht, mein Freund, wenn Du glaubst, ein Mann, der auch nur irgend etwas wert ist, dürfe [in seinem Tun] auf die Lebensgefahr Rücksicht nehmen, [welche sich dabei ergeben könnte], und müsse nicht viel mehr bloß darauf achten, ob er, wenn er handelt, gerecht oder ungerecht handelt und die Werke eines guten oder eines bösen Menschen vollbringt.‹ (28b)

Für diese Verpflichtung beruft er sich auf die Kämpfer von Troja, Achill vor allem, der das Edle gewählt hat, obwohl er wußte, es würde ihm frühen Tod bringen – und dann folgen die großen Sätze:

Denn so verhält es sich in Wahrheit, Ihr Männer von Athen: Wo einer sich selbst hinstellt, weil er zur Überzeugung gekommen ist, es sei für ihn der rechte Platz, oder wo ein Vorgesetzter ihn hinstellt – dort soll er, meine ich, bei jeder Gefahr ausharren und weder den Tod noch irgend etwas anderes höher anschlagen als die Unehre. (28d)

Die heroische Art dieses Philosophen – das Wort aber in einem ebenso schlichten wie tiefen Sinne genommen – offenbart sich, wenn er fortfährt:

Vermessen wäre mein ganzes Tun, Ihr Männer von Athen, wenn ich zwar auf jedem Posten, den die von Euch über mich bestellten Oberen mir zugewiesen haben – bei Potidaia, bei Amphipolis, bei Delion – wenn ich damals auf jedem Posten, den sie mir zugewiesen, wie nur irgend einer sonst ausgeharrt und Todesgefahr auf mich genommen hätte, dann [aber], nachdem mir doch der Gott, wie ich zu glauben und anzuneh-

men wagte, den Auftrag gegeben, philosophierend zu leben und mich und die anderen zu prüfen – wenn ich dann Furcht vor dem Tode oder irgend etwas anderem bekäme und meinen Posten verließe! (28d–e)

Das ist nicht nur Pflichtgefühl – an sich schon groß genug – sondern geistig-religiöses Sendungsbewußtsein; Frömmigkeit und Tapferkeit, die ganz mit dem Erlebnis der Wahrheit verknüpft sind:

Das wäre wahrlich schlimm, und man könnte mich zu Recht vor Gericht anklagen, ich glaube nicht an die Götter, würde ich doch dann dem Orakel ungehorsam werden, den Tod fürchten und mich somit für weise halten, ohne es zu sein. Denn fürwahr, den Tod fürchten, Ihr Männer, heißt nichts anderes, als sich für weise halten, obgleich man es nicht ist; bedeutet es doch, zu glauben, man wisse, was man [in Wahrheit] nicht weiß. (29a)

Die theoretische Einsicht; ich weiß nicht, ob der Tod ein Übel oder ein Gut ist, setzt sich in das sittliche Gebot um: also darf ich ihn nicht fürchten... Dann wiederholt sich der Gedanke, mit einer wunderbaren Reife der Seele gepaart, in den nächsten Sätzen:

Denn keiner weiß, ob der Tod nicht etwa gar für den Menschen das größte aller Güter sei; trotzdem ist man voll Furcht vor ihm, als wüßte man, es sei das größte aller Übel. Und ist nicht eben das jene tadelnswerte Unwissenheit, nämlich der Wahn, etwas zu wissen, was man nicht weiß? Ich aber, Ihr Männer von Athen, unterscheide mich hierin vielleicht auch in diesem Falle von den meisten Menschen; und wenn ich schon behaupten wollte, in irgend einem Punkte weiser zu sein als ein anderer, dann darin, daß ich über die Dinge im Hades nichts Sicheres weiß und auch nicht glaube, ich wüßte etwas darüber. Daß es aber böse und schändlich ist, Unrecht zu tun, nämlich einem Besseren, [als man selbst ist,] sei es nun Gott oder Mensch, nicht zu gehorchen – das weiß ich [gewiß]. (29a–b)

Der Pathos verstärkt sich. Was er getan hat, braucht gar nicht vor der Anklage verteidigt zu werden, sondern ist offenkundig richtig, und er hält es in vollem Maße aufrecht.

Selbst wenn Ihr mich jetzt freisprächet und dem Anytos keinen Glauben schenktet – ihm, der gesagt hat, entweder [hätte man der Sache aus dem Wege gehen und] mich überhaupt nicht hierher bringen sollen, oder [aber man erhob die Anklage und dann,] nachdem ich einmal vor Gericht erschienen, dürfe man mich unter keinen Umständen am Leben lassen, denn wenn ich frei würde, (sagte er Euch) würden Eure Söhne sich sogleich der Lehre des Sokrates ergeben und allesamt ganz und gar verdorben werden – selbst wenn Ihr Euch gegen diese [Meinung entschiedet] und zu mir sagtet: ›Sokrates, dieses Mal wollen wir dem Anytos nicht nachgeben, sondern sprechen Dich frei, aber nur unter der Bedingung, daß Du Dich nicht mehr mit diesem Suchen abgibst und nicht mehr philosophierst; sobald Du aber wieder bei dieser Tätigkeit betroffen wirst, mußt Du sterben‹ – wenn Ihr mich, wie gesagt, unter dieser Bedingung freisprächet, würde ich Euch erwidern: ›Athener, ich achte und liebe Euch; gehorchen aber werde ich dem Gotte mehr als Euch. Und so lange ich atme und Kraft dazu habe, werde ich nicht leicht aufhören, zu forschen. Und ich werde jeden von Euch, mit dem ich jeweils zusammenkomme, mahnen und zu überzeugen suchen, und nach meiner Gewohnheit zu ihm sprechen: ›Trefflichster der Männer, Du bist ein Athener, Bürger der größten und durch ihre Weisheit und Macht berühmtesten Stadt, und schämst Dich doch nicht, nach Geld zu streben, daß Du möglichst viel bekommst, und ebenso nach Ruhm und Ehre; um Einsicht und Wahrheit aber und um Deine Seele, daß sie nämlich so vollkommen als möglich werde, sorgst und bekümmerst Du Dich nicht?‹ Und wenn mir einer von Euch das bestreitet und behauptet, er bemühe sich doch darum, dann werde ich ihn nicht gleich loslassen und weggehen, sondern ihn fragen, prüfen und ausforschen; und wenn ich den Eindruck habe, daß er keine Tugend hat und doch behauptet, [sie zu haben,] dann werde ich ihn tadeln, daß er das

Wertvollste am geringsten achtet, das Schlechtere aber höher einschätzt. (29b–e)

Man hat in dieser Haltung etwas Plebejisch-Zudringliches sehen wollen und ihr die des früheren Philosophen mit seinem aristokratischen Stolz entgegengestellt. Dieser würde nicht zu den Leuten gehen, sondern warten, bis sie zu ihm kämen; ginge er aber schon, dann würde er sich beim ersten Zeichen der Unerwünschtheit entfernen. Der Vorwurf ist bestechend; in Wahrheit sieht er gar nicht, daß Sokrates auf einer existentiellen Ebene steht, wo solche Maßstäbe nicht mehr entscheiden. Für ihn geht es um die letzte Sinngebung des Daseins; um Absolutes in der echten Bedeutung des Wortes. Da hören Rücksichten der »Vornehmheit« auf; richtiger gesagt, sie übersetzen sich in die Lauterkeit der Absicht und in die Loyalität der geistigen Auseinandersetzung. Dann wird der Affekt noch mächtiger:

Denn das [zu tun,] befiehlt mir der Gott, das beteure ich Euch; und ich glaube, daß Euch noch niemals ein größeres Glück in der Stadt widerfahren ist, als mein dem Gott geweihter Dienst. Denn wenn ich unter Euch umhergehe, tue ich nichts anderes, als den Jungen und Alten unter Euch zuzureden, Ihr möchtet Euch doch nicht zuerst und so sehr um Leib und Geld kümmern, als vielmehr um die Seele, daß sie möglichst vollkommen werde, indem ich weiter sage: ›Nicht mit dem Gelde kommt Tugend, sondern mit der Tugend Geld, und [ebenso] alles andere, was für die Menschen nützlich ist, für den einzelnen und für das Volk.‹ [So habe ich immer gesprochen.] Wenn ich nun mit solchen Reden die jungen Leute verdürbe, dann wären diese Lehren allerdings schädlich, [und ich wäre mit Recht angeklagt]. Sagt aber einer, die Reden, [die] ich führe, seien [in Wahrheit] andere als diese, dann redet er Wind. Auf alles das hin würde ich folgendes sagen: ›Athener, glaubt dem Anytos oder glaubt ihm nicht, sprecht mich frei oder sprecht mich nicht frei – ich werde nicht anders handeln, [als ich bisher getan], und müßte ich viele Male dafür dem Tode verfallen sein.‹ (30a–b)

Welche Frömmigkeit in dem der Gottlosigkeit angeklagten Manne!...Aber noch höher steigt das wunderbare Pathos dieser Rede, das so ganz unpathetisch im gewöhnlichen Sinne ist, weil es rein aus der Wahrheit kommt:
Denn wisset wohl, wenn Ihr mich, der ich so bin, wie ich Euch sage, tötet, dann schadet Ihr mir nicht mehr, als Euch selbst. Denn mir könnte auch Meletos keinen Schaden zufügen, und auch Anytos nicht. Dazu wären sie gar nicht imstande; denn ich glaube, es ist nach göttlichem Recht nicht erlaubt, daß ein schlechterer Mann einem besseren schade. Töten könnte er ihn allerdings, oder aus der Stadt vertreiben, oder rechtlos machen. Doch solche Dinge hält vielleicht dieser Mann hier und wohl noch mancher andere für große Übel. Ich aber halte sie nicht dafür; halte vielmehr [das für ein Übel], zu tun, was dieser jetzt tut, nämlich einem Menschen ungerecht nach dem Leben zu trachten. (30c–d)
Wieder das Unbedingte der neuen Haltung, nicht aus dem Bewußtsein vitaler oder kultureller Vortrefflichkeit, sondern aus dem Gegenüber zum Absoluten hervorgehend. Dieser Mann ist nicht deswegen der »bessere«, weil er aus adeligem Blut oder aus der Tradition der herrschenden Klasse kommt, sondern weil er das Absolute des Wahren und Guten in seinen Charakter aufgenommen hat.
Von dorther konstituiert sich auch jene innere Unzerstörbarkeit, vor welcher das Getötetwerden nicht als eigentliches Übel erscheint – wohl aber das ungerechte Töten, weil es jenes Zentrum der Existenz, das Verhältnis zum Absoluten zerstört. Damit ist aber wieder jene Daseinsebene deutlich, welche durch die Bemühung des Sokrates gegenüber der mythisch begründeten herausgearbeitet wird: die der personal verantworteten Philosophie.

Und dann eine sehr ernste Warnung:
Darum, Ihr Männer von Athen, denke ich jetzt gar nicht [mehr] daran, wie man es doch [für richtig] halten sollte, mich zu verteidigen, sondern [ich verteidige] Euch, damit Ihr nicht

durch meine Verurteilung an der Euch von dem Gott gegebenen Gabe schuldig werdet. Denn wenn Ihr mich tötet, werdet Ihr nicht leicht einen anderen von dieser Art finden, der, so lächerlich das klingen mag, von dem Gott der Stadt geradezu auf den Nacken gesetzt ist, wie einem schweren und edlen Pferde, das durch seine Schwere ein wenig träge ist und so etwas wie den Stachel [einer Bremse] braucht, der es wecke – geradeso hat mich nämlich, scheint es, der Gott der Stadt als einen [Ansporn] auf den Nacken gesetzt, der in keiner Stunde des Tages und in keiner Weise müde wird, Euch überall im Nacken zu sitzen und einen nach dem andern zu wecken, zu überzeugen und zu schelten. Einen anderen dieser Art werdet ihr so leicht nicht finden, Ihr Männer. Wenn Ihr also [meinem Rate] folgt, dann werdet Ihr meiner schonen. Vielleicht werdet Ihr Euch aber [statt dessen] ärgern und wie Menschen, die schlafen und geweckt werden, nach mir schlagen und dem Anytos folgen und mich mit leichter Mühe töten. Dann werdet Ihr vielleicht Euer ganzes noch verbleibendes Leben im Schlafe verbringen – falls nicht der Gott sich Eurer erbarmt und Euch einen anderen [Erwecker] sendet. (30d–31a)

Wieder ist eine Unterscheidung am Platz, damit der Rang dieses Redens deutlich werde. Man könnte einwenden, Sokrates verfalle hier einer Hybris, da er sich selbst eine Bedeutung zuschreibe, die ihm eigentlich nur ein anderer zuerkennen dürfe. Allein es gibt eine Stufe sittlich-religiöser Freiheit, auf welcher der Mensch selbst sagen darf, er sei unentbehrlich, weil er über Hochmut und Eitelkeit hinaus ist. Der von Platon gezeichnete Sokrates steht offenbar auf dieser Stufe. Wenn er hier »Ich« sagt, dann ist das etwas anderes als jenes »Selbst«, das überwunden werden muß, wenn von Selbst-Losigkeit die Rede sein soll.

Ganz wesenlos werden vor einem solchen Bewußtsein die Anklagen auf Gottlosigkeit. Dennoch fühlt man, daß dieses Bewußtsein nicht verstanden, ja daß es eben wegen seiner Reinheit von den Klägern als neuer Beweis für ihren Standpunkt empfunden wird. Denn gerade seine unerhörte menschliche, geistige, religiöse Kraft ist es ja, was dieses Bewußtsein für das Bestehende gefährlich macht.

So wird auch der Beweis, den Sokrates für die Reinheit seiner Absichten beibringt – daß er nämlich um seines Dienstes willen auf Reichtum und Macht verzichtet, ja seine private Existenz vernachlässigt habe – an der Sachlage nichts ändern; im Gegenteil, er wird in den Augen der Anklage seine Gefährlichkeit noch unterstreichen:

Daß ich aber wirklich so einer bin, wie er nur durch den Gott Eurer Stadt gegeben sein kann, könnt Ihr aus Folgendem erkennen. Es sieht doch gewiß nicht nach Menschenart aus, wenn ich mein ganzes Hauswesen vollständig vernachlässigt habe und diese Vernachlässigung nun schon so viele Jahre ertrage, dagegen mich immerfort Eurer Angelegenheiten annehme, indem ich wie ein Vater oder älterer Bruder an jeden einzelnen herantrete und ihm zurede, sich doch um die Tugend zu bemühen. Wenn mir wenigstens ein Vorteil daraus käme, und ich für diese Ermahnungen einen Lohn empfinge, dann hätte ich so etwas wie einen [äußeren] Grund [zu meinem Tun]. Nun seht Ihr aber doch selbst, daß meine Ankläger mich zwar in allen anderen Dingen so schamlos beschuldigt haben, aber doch nicht fähig sind, der Schamlosigkeit die Krone aufzusetzen, indem sie einen Zeugen aufstellten, der sagen sollte, ich hätte jemals von irgend Einem Lohn erhalten oder gefordert. Und zwar glaube ich, einen ausreichenden Zeugen dafür vorführen zu können, daß ich die Wahrheit sage, und das ist meine Armut. (31a–c)

Um dieses seines Dienstes willen hat er sich auch von öffentlichen Angelegenheiten ferngehalten:

Vielleicht könnte es nun ungereimt erscheinen, daß ich so umhergehe, jedem Einzelnen Ratschläge dieser Art erteile und mir damit viel zu schaffen mache, aber nicht den Mut habe, öffentlich vor Euer Volk hinzutreten und die Stadt zu beraten. (31c)

Was ihm aber gezeigt hat, daß er das nicht dürfe,

...ist etwas, von dem Ihr mich oft und an vielen Orten habt reden hören: daß mir nämlich eine Art göttlicher und dämonischer Stimme ertönt, was ja auch Meletos, um mich wie ein Komödiendichter zu verhöhnen, in seine Anklageschrift aufgenommen hat. (31c–d)

Sokrates bekennt sich ausdrücklich zu der geheimnisvollen Stimme:

Es geht mir aber wirklich von Kindheit an so, daß mir so etwas wie eine Stimme ertönt; und so oft sie mir ertönt, hält sie mich davon ab, etwas zu tun, was ich gerade vor habe, niemals aber treibt sie mich zu etwas an. (31d)

Auch in anderen Dialogen läßt Platon das Daimonion seines Meisters wirksam werden. Im Euthyphron war bereits davon die Rede, und es ist im platonisch-sokratischen Sinne ein Zeugnis für die Echtheit des Phänomens, daß es darin eine so schwebend-ironische Form annimmt. Im Euthydem erzählt Sokrates: »Recht durch eines Gottes günstige Fügung saß ich gerade da [im Lykeion]...und war schon im Begriffe, aufzustehen, da kam mir, als ich dies wirklich tun wollte, das gewohnte göttliche Zeichen. Ich setzte mich daher wieder«, und gleich darauf kommen die beiden Männer, mit denen er über Bedeutungsvolles reden wird. (273a) Ebenso charakteristisch im Phaidros: »Als ich vorhin...durch den Fluß fortgehen wollte, hat sich mir das Daimonion und das Zeichen, das mir zu werden pflegt, kundgetan – es will mich aber jedesmal von etwas, das ich gerade tun will, abhalten – und es war mir, als ob ich eine Stimme von dorther hörte, die mich nicht weggehen lassen will, bevor ich...« (242b) d. h., bevor er eine zweite Rede zum Preise des Eros gehalten hat.

Was bedeutet dieses Zeichen? Man hat gemeint, es handle sich um eine mythologische Einkleidung der Vernunft. Nimmt man aber das Phänomen so, wie es sich darstellt, dann zeigt sich ohne weiteres, daß es sich nicht darum handeln kann. Dazu hat diese »Art göttlicher und dämonischer Stimme« zu sehr den Charakter des objektiv Herantretenden.

Eher könnte man an die Mahnung des Gewissens denken;

allein auch mit ihr kann die »Stimme« nicht gleichgesetzt werden, da sie ja doch immer nur sagt, was nicht zu geschehen hat, während die Mahnung des Gewissens sowohl ein »Du darfst nicht«, wie ein »Du sollst« bedeuten kann. Abgesehen davon hat das Phänomen aber einen unverkennbaren Eigencharakter, der darauf hinweist, daß es sich um eine primär religiöse Erfahrung handelt. Das wird besonders klar, wenn man hinzunimmt, was Sokrates, nun schon zum Tode verurteilt, in seiner dritten Rede zu jenen unter den Richtern sagt, die ihn freigesprochen haben. (40a–b) Da erzählt er ihnen, die innere Warnung habe sich »auch bei den geringsten Anlässen widersetzt«, wenn er »im Begriff war, etwas falsch zu machen«. Soweit könnte es noch die Äußerung des verbietenden Gewissens sein; aber gleich das Folgende, wonach die »Stimme« ihm »oft mitten im Sprechen Einhalt geboten hat«, zeigt, daß sie einen Charakter der Plötzlichkeit und des Anderswoher trägt, welcher sie viel eher in die Nähe des Prophetischen rückt. Das gleiche geschieht, wenn er sie »die vertraute Weissagung«, »die Weissagung des Daimonion«, »das Zeichen des Gottes« nennt; Benennungen, die offensichtlich der religiösen, genauer der seherischen Sphäre zugehören.

Die Gestalt des Sokrates ist von einer auf den ersten Blick verwirrenden Vielfältigkeit. Er ist häßlich, und doch ordnet ihm Alkibiades in seiner Symposionrede die goldenen Götterbilder zu. Er hat einen unerbittlich bohrenden Verstand und ist doch vom Eros regiert. So ist er auch voll Kritik und Ironie, stets bereit, einem verdächtigen Pathos den täglichsten Alltag entgegenzusetzen, und doch von einer geheimnisvollen Führung gelenkt. Daß diese Führung aber nie gebietet, sondern nur verbietet, erhöht die Glaubwürdigkeit des Berichtes. Ihr haftet damit eine gewisse Willkür an, die sowohl mit der Irrationalität des Religiösen, wie auch mit der Persönlichkeit des Mannes übereinstimmt. Doch scheint in ihren Äußerungen insofern ein wesentlicher Zusammenhang zu bestehen, als sie sich immer auf Dinge bezieht, die zur philosophisch-pädagogischen Aufgabe des Sokrates gehören. Und es ist bedeutungsvoll, daß er, der Selbständige, Unerschrockene, Verantwortung Gewohnte, ihr sofort und unbedingt gehorcht.

Sicher wäre es abwegig, ihn einen Seher nennen zu wollen; dafür liegt der Schwerpunkt seines Wesens viel zu sehr im Philosophischen. Bedenkt man aber, wie ehrfürchtig dieses sein Wesen ist und andererseits, wie unerbittlich er die Menschen in eine neue, gefährliche Verantwortung stellt, dann muß man fragen, woher er Befugnis und Kraft dazu nehme? Sokrates ist ja doch kein Absolutist, vielmehr mißtrauisch gegen jede zu starke Behauptung, skeptisch sich selbst gegenüber und seiner Verantwortung gegen die Menschen, über die er so große Macht hat, tief bewußt. Wodurch ist er, als lebender und fühlender Mensch, seinem eigenen Tun gewachsen? Seine Haltung hat etwas Schwebendes. Er erschüttert die Festigkeit des Alten, setzt aber an dessen Stelle keine neue Konstruktion, sondern ein Zweifeln, Fragen, Suchen. Er gehört zu den Menschen, welche eine unbegreifliche Wirkung ausüben, ohne im eigentlichen Sinne zu führen oder bestimmte Ziele zu setzen. Was hält ihn in dieser Schwebe und befähigt ihn, aus ihr heraus so zu wirken, wie er es tut? Im Letzten scheint keine andere Antwort möglich als die, es sei etwas Religiöses. Gewiß hat er die drei Reden der Apologie nicht so, wie sie dastehen, vor dem Gerichtshof gehalten; sie stellen aber auf jeden Fall die Rechtfertigung dar, welche Platon dem Wirken seines Meisters gegeben hat, und haben die Wahrheit des großen Kunstwerkes. Und wenn selbst die Geschichte vom Orakelspruch nur als Teil dieses Kunstwerkes genommen werden dürfte, so würde sie doch etwas Letztes ausdrücken, das der große Schüler hinter der Gestalt seines Meisters empfunden hat. Was aber das so tief in die Gestalt und die Schicksalsführung des Sokrates eingewobene Motiv von der »vertrauten Weisung des Daimonion« anlangt, so muß es nicht nur als künstlerisch, sondern als im genauen Sinne geschichtlich wahr genommen werden. Existenz und Wirksamkeit des Mannes wurzeln im Bewußtsein einer göttlichen Sendung, die in einem Erlebnis am Anfang und in einer immer wieder sich einstellenden Weisung im Laufe seines Wirkens erfahren wird.

Ebendiese Weisung hat ihn auch vom unmittelbaren politischen Leben ferngehalten:
Und sie ist es, die mich von öffentlicher Tätigkeit abwendet, und es scheint mir sehr gut, daß sie sich [in dieser Hinsicht] mir entgegenstellt. (31d)
Um in vollkommener Freiheit – so, daß die Rede aus der Mitte der Sache kommt und in die lebendige Mitte des Hörenden geht – von den geistigen und göttlichen Dingen sprechen zu können, muß sich der Sprechende von den Bindungen des Geldes und dem Kampf um die Macht befreit haben. Die Lehre von der durch Entsagung zu erringenden Freiheit des wahren Philosophen, welche im Phaidon so mächtig entfaltet werden soll, kündigt sich an. Das bedeutet nicht, daß Sokrates dem Gang der öffentlichen Dinge und dem Schicksal des so schwer erschütterten athenischen Gemeinwesens gleichgültig gegenüberstünde. Im Gegenteil; wenn einer, dann ist er – ebenso wie später sein großer Schüler – von der Sorge für Polis und Volk erfüllt. Aber er weiß, deren Leben kann nur von einem tieferen Ausgangspunkt, von einer neuen, wesenhaften Einsicht und Lebensführung her aufgebaut werden. Um die zu finden und anderen zu ihr zu helfen, bedarf es der Freiheit.
Zürnet mir aber nicht, wenn ich die Wahrheit sage: Kein Mensch, der Euch oder irgend einer anderen [herrschenden] Menge im Namen des Gewissens entgegentritt und verhindern will, daß viel Unrecht und Gesetzlosigkeit im Staate geschehe, wird je heil durchkommen; sondern jeder, der wirklich für die Gerechtigkeit streitet, muß, wenn er auch nur für kurze Zeit sein Leben behalten will, ein rein privates und nicht-öffentliches Leben führen. (31e–32a)
Als Beweis dafür, daß eine solche Zurückhaltung nicht aus

Feigheit, sondern nur aus der Sache selbst hervorgegangen ist, erinnert Sokrates an sein Verhalten in entscheidungsvollen Stunden:

Vernehmet also, wie es mir ergangen ist, damit Ihr seht, daß ich keinem einzigen Menschen etwa aus Furcht vor dem Tode wider das Gebot der Gerechtigkeit nachgebe; auch dann nicht, wenn ich durch meine Unnachgiebigkeit wahrscheinlich ums Leben kommen müßte. Was ich Euch sagen will, wird sich wie Prahlerei und Advokatengeschwätz ausnehmen, ist aber wahr. Ich habe nämlich, Ihr Athener, kein Amt in der Stadt bekleidet, nur im Rate bin ich gesessen[17]*. So traf es sich, daß unsere Phyle Antiochis die Prytanie führte, als Ihr die zehn Feldherren, welche nach der Seeschlacht*[18] *die Schiffbrüchigen nicht gerettet hatten, alle auf einmal verurteilen wolltet – wider das Gesetz, wie Ihr alle es ja später eingesehen habt. Damals bin ich Euch als einziger unter den Prytanen entgegengetreten, damit Ihr Euch nicht am Gesetze verginget, und habe meine Stimme gegen [den Schuldspruch] abgegeben; und als die Sprecher mich unter Anklage stellen und abführen lassen wollten, und Ihr ihnen zuriefet und sie antriebet, so zu tun, glaubte ich, lieber für Gesetz und Gerechtigkeit die Gefahr bestehen, als mich vor Gefängnis und Tod ängstigen und, da Ihr Unrechtes im Sinne hattet, auf Eure Seite stellen zu sollen. Und dies geschah, als die Stadt noch eine demokratische Verfassung hatte. Als aber die Oligarchie aufkam, ließen hinwiederum die dreißig mich mit vier anderen in das Kuppelhaus kommen und erteilten uns den Auftrag, den Salaminier Leon von der Insel Salamis herbeizuholen, damit er sterbe – wie ja jene [Männer] auch vielen Anderen zahlreiche Aufträge dieser Art zu geben pflegten, um*

[17] Die Stadt ist in zehn Distrikte, Phylen, eingeteilt. Aus jeder werden fünfzig Männer ausgelost; zusammen bilden sie als Rat der Fünfhundert die Regierung des Staates. Jede darin vertretene Phyle führt als Prytanie für ein Zehntel des Jahres die Regierungsgeschäfte, und lost sich dafür täglich einen Vorsitzenden aus.

[18] bei den Arginusen 406.

so viele Menschen als möglich mit Schuld zu beladen. (32a–c) So darf er sagen:
Da bewies ich, wahrlich nicht mit Worten, sondern wiederum mit der Tat, daß mir der Tod – wenn es nicht zu derb klänge, [würde ich sagen], auch nicht die geringste, die Gefahr aber, eine ungerechte und gottlose Tat zu vollbringen, schlechthin alle Sorge macht. (32c–d)

Im Voraufgehenden ist schon ein anderes Stichwort gefallen: »Ich bin aber niemals irgend eines Menschen Lehrer gewesen.« Die Art seiner geistigen Tätigkeit hängt mit der Art und dem Ethos seines Wissens zusammen. Er, der immerfort wiederholt, er wisse nichts, kann keine Tätigkeit ausüben, die auf der Voraussetzung ruht, er verfüge über gesicherte, geordnete und lehrbare Einsichten, wie die Sophisten. Er kann nur vermitteln, was er selbst hat: das Wissen, wie echte Einsicht sein müßte; die Erkenntnis, sie noch nicht zu besitzen; den Willen, um jeden Preis zu ihr zu gelangen; die Sorgfalt des Forschens und des Sprechens. Er vermag das Wahrheitsgewissen zu wecken und das Wahrheitsverlangen an den Bereich des Eigentlichen heranzubringen. Doch ist das etwas anderes, als die von den Sophisten geprägte Vorstellung des Lehrens. Seine Tätigkeit ist aber auch anders, als die Platons in seinem Kreise sein wird. Dieser bildet eine Lehr- und Lerngemeinschaft, mit festem Ort im Hain des Akademos; sich sammelnd um den Kult Apollons und der Musen; hochentwickelt nach Gegenstand und Methodik und gipfelnd in einer sich immer klarer bestimmenden Metaphysik.
Wenn ich sprach und [so] meinem Berufe nachging, und einem, sei er nun jung oder alt gewesen, der Sinn danach stand, zuzuhören, habe ich es niemandem verwehrt. Auch rede ich nicht etwa nur dann mit ihm, wenn ich Geld bekomme, falls ich aber keines bekomme, nicht, sondern ich lasse mich in gleicher Weise von Reichen wie von Armen ausfragen; und ebenso dann, wenn einer anhören will, was ich zu sagen habe, um darauf zu entgegnen. Und ob nun einer von

diesen ein brauchbarer Mensch wird oder nicht, dafür kann ich gerechterweise keine Verantwortung tragen, da ich keinem von ihnen jemals eine Belehrung versprochen, noch ihn [wirklich] etwas gelehrt habe. (33a–b)
Auf den Einwand aber, der doch erhoben werden könnte, woher dann die Anziehung komme, die er auf die suchende Jugend ausübe; ob in seiner Wirksamkeit nicht doch etwas anderes mitgesprochen habe, etwas Aufreizendes, Verführerisches, Zerstörendes, gibt Sokrates die ruhige Antwort: Ich bin ein alter Mann. Schon seit langem wirke ich unter Euch. Viele von Euch haben mich als junge Menschen gehört, sind unterdes zu Männern herangereift und haben Zeit gehabt, an ihrer Erfahrung das, was sie bei mir gelernt haben, zu prüfen. Fraget sie!
Und er nennt auch eine lange Reihe von solchen, die ihn gehört haben und in der Versammlung anwesend sind. Unter ihnen sichert der Verfasser der Apologie sich selbst einen Platz, indem er »Adeimantos, des Ariston Sohn, den Bruder des Platon hier« in die Reihe aufnimmt. (33b–34a)

Sokrates fühlt genau, wie sehr seine Art, die Verteidigung zu führen, allem Üblichen widerspricht:
Nun könnte wohl leicht manch einer von Euch unwillig werden, wenn er an sich selbst zurückdenkt, wie er einen viel leichteren Prozeß durchzukämpfen hatte, als diesen [meinen] Prozeß hier, und doch die Richter unter vielen Tränen mit Bitten bestürmte, und sie anflehte, und seine Kinder mit vor Gericht brachte, damit er so viel Mitleid wie möglich errege, und [ebenso] viele andere Verwandte und Freunde; während ich offenbar nichts dergleichen tun will, obwohl ich doch, allem Anschein nach, das Schlimmste zu befürchten habe. Wer das bedenkt, könnte vielleicht...dadurch erbittert, im Zorne seine Stimme abgeben. (34b–c)
Die Gefahr ist groß, aber er kann kein Zugeständnis machen:
Nicht aus Anmaßung, Ihr Athener, oder weil ich Euch verachtete, nein – und ob ich dabei dem Tode tapfer entgegen-

gehe oder nicht, ist eine andere Frage – wohl aber mit Rücksicht auf den guten Namen, den meinen wie den Euren und den der ganzen Stadt, scheint es mir nicht angemessen, daß ich etwas dieser Art tue, ich, der ich so alt bin und, ob zu Recht oder Unrecht, einen so großen Namen habe. Jedenfalls steht aber nun einmal die Meinung fest, daß Sokrates sich von den meisten Menschen unterscheide. (34d–e)

Seine Sache so zu führen, verbietet ihm sein Selbstbewußtsein und – damit tut der Gedanke wieder den philosophischen Schritt ins Wesentliche – die Idee des Gerechten und der Gerechtigkeit selbst:

Denn nicht dazu sitzt der Richter da, um das Recht nach Gunst zu verschenken, sondern um zu unterscheiden, wie der Fall [in Wahrheit] liegt. Und er ist dabei an den Schwur gebunden, er werde sich nicht denen gefällig erweisen, bei denen es ihm mehr beliebt, sondern Recht sprechen nach den Gesetzen. (35c)

Zu erkennen, daß Recht und Gesetz im Göttlichen wurzeln, und danach zu handeln, ist die wahre Frömmigkeit:

Denn wollte ich Euch, die Ihr Euch durch den Schwur gebunden habt, nun bereden und durch Bitten zwingen, dann würde ich doch ebendadurch Euch lehren, nicht an Götter zu glauben; und durch eben meine Verteidigung würde ich mich selbst anklagen, daß [auch] ich nicht an Götter glaube. Doch damit verhält es sich ganz anders, denn ich glaube [an Götter], Ihr Männer von Athen, wie keiner meiner Ankläger und überlasse es Euch mit dem Gotte, das Urteil über mich so zu sprechen, wie es für mich das Beste ist und für Euch. (35d)

Die Frage, worin das Wesen der Frömmigkeit bestehe, ist im Euthyphron ohne Antwort geblieben. Sokrates hat sie aus seinem Partner nicht herauslocken können noch selbst gegeben. Immerhin sind in dem Gespräch einige Elemente des Begriffs aufgetaucht, die in der Apologie eine reichere Entfaltung finden, und sie haben – wie überhaupt die Bestimmungen der früheren Schriften Platons – einen eigenen Wert, weil in ihnen der Eindruck der sokratischen Persönlichkeit besonders lebendig ist.

Danach bedeutet Frömmigkeit vor allem, sich um die Erkenntnis des Göttlichen zu bemühen. Nicht in überlieferten Vorstellungen stecken zu bleiben, sondern nach seinem Wesen zu fragen und dieses Wesen so rein und würdig zu denken, als die besten Kräfte des Geistes es nur immer vermögen. Dabei können Gegensätze zum Herkommen und zur Umgebung entstehen; das Göttliche kann sich aus der Umgänglichkeit naturhafter Vorstellungen ins Entlegene heben, und dadurch kann eine Art religiöser Entleerung des unmittelbaren Daseins eintreten. Das alles muß aber dann um der Wahrheit willen bestanden werden.

Wenn nun das Göttliche so hoch steigt, daß es – um den Ausdruck des Euthyphron zu brauchen – in keinerlei »Handelsgeschäft« mehr gezogen werden kann, so bleibt es deswegen doch nicht ohne Forderung und Wirksamkeit für das tägliche Leben. Im Gegenteil, der Mensch soll seine Lebensaufgabe als göttliche Willensbekundung verstehen. Daß Sokrates sagt, er habe aus dem Orakel in Delphi den Auftrag abgeleitet, die Menschen zu prüfen, stellt sich zunächst als biographische Tatsache dar. Als solche enthält sie aber den tieferen Anspruch, was er tut, geschehe im Dienste des Apollon, welcher der Gott der Klarheit und schöpferischen Inspiration ist. So zu handeln, ist Frömmigkeit: Gehorsam gegen den göttlichen Befehl im Gang des Lebens. Ihre Bewährung aber erfährt diese Frömmigkeit, sobald der göttliche Auftrag mit den Forderungen der Umgebung in Widerspruch tritt und unter Schaden und Gefahr erfüllt werden muß.

In noch konkreterer Form tritt das Gehorsamsverhältnis dort hervor, wo Sokrates von der Stimme des Daimonion spricht. Diese ertönt ganz unvermittelt, ohne daß sie durch eigene Einsichten des Angerufenen vorbereitet würde; Frömmigkeit aber bedeutet, ihr zu gehorchen, selbst wenn ihre Mahnung nicht als richtig durchschaut wird, oder sie so plötzlich eingreift, daß der angefangene Satz abgebrochen werden muß. Auch dieses Erlebnis ist zunächst eine biographische Besonderheit des Sokrates; hinter ihr steht aber die Wachsamkeit gegenüber dem numinosen Gebot, das sich nicht durch rationale Erwägungen, sondern nur durch seine eigene Gültigkeit ausweist.

Ein weiteres Element für die Bestimmung der Frömmigkeit wird im Kriton auftauchen, und es soll um des Zusammenhangs willen hier vorweggenommen werden. Sokrates sagt da seinem Freunde, der ihn zur Flucht aus dem Gefängnis bewegen will, so zu tun, sei nicht erlaubt. Nachdem das Urteil des Gerichts gültig gefallen, verpflichte es den Verurteilten, und diese Pflicht bestehe durch alle menschlichen Bedingtheiten hindurch. Im Fortgang des Gesprächs gewinnt die sittliche Forderung einen ganz bildhaften Ausdruck: die Gesetze der Stadt erscheinen als die göttlichen Ordnungs- und Schutzmächte des Staates und halten dem Sokrates ihre Forderungen vor. Der Charakter dieser Forderung steigt über das bloß Ethische hinaus und nimmt einen religiösen, am Schluß einen geradezu dionysischen Charakter an.

Frömmigkeit bedeutet also, die Gültigkeit des Sittlich-Guten als etwas Göttliches verstehen und ihr auch um den Preis jedes zeitlichen Schadens genügen. Von hier aus läuft eine Linie zu den Erörterungen des Phaidon, in denen das gleiche mit dem Begriff des Wahren geschieht. Die Wahrheit wird da in einer solchen Weise erlebt, daß sie als ein Sich-Öffnen des Göttlichen erscheint. Diese Wahrheit ohne Rücksicht auf irgend etwas anderes, als ihre eigene Gültigkeit zu suchen, und dabei innerlich mit dem hinter der Wahrheit hervorleuchtenden Göttlichen im Einvernehmen zu stehen, ist Frömmigkeit. Ihren letzten Ausdruck findet diese Anschauung in der Politeia, wenn hinter den objektiven Gestalten der Wahrheit, den Ideen, das Geheimnis des Guten deutlich wird und sich mit dem Bild der Sonne verbindet.

Die zweite Rede

Der Eingang

Mit dem letztangeführten Satz hat die Verteidigungsrede geschlossen. Nun haben die Richter über Schuld oder Unschuld im Sinne der Anklage zu entscheiden, und ihr Urteil fällt gegen Sokrates aus. Allerdings mit geringer Mehrheit; von den fünfhundert Mitgliedern des Gerichtshofes haben nur zweihundertachtzig auf schuldig erkannt. Dreißig Stimmen mehr zu seinen Gunsten, dann wäre Stimmengleichheit eingetreten, und damit nach der Prozeßordnung Sokrates frei gewesen.
Für manches Verbrechen war die Strafe vom Gesetz vorgesehen, für andere mußte sie von den Richtern bestimmt werden. In diesem Falle stand dem Verurteilten frei, sich entweder mit der von der Anklage beantragten Strafe abzufinden oder selbst einen Antrag zu stellen. Sache des Gerichtshofes war es dann, zwischen beiden Anträgen zu entscheiden.
Sokrates hat also noch einmal Gelegenheit, sein Recht zur Geltung zu bringen und die in der Anklageschrift beantragte Todesstrafe abzuwenden.

Wiederum setzt seine Rede aber ganz anders ein, als die Klugheit geraten hätte:
Wenn ich, Ihr Männer von Athen, über das, was nun zur Wirklichkeit geworden ist – nämlich daß Ihr mich verurteilt habt – nicht empört bin, so hat das mancherlei Gründe, vor allem aber den, daß mir dieses Ergebnis gar nicht unerwartet gekommen ist. Ich wundere mich vielmehr über die Zahl der Stimmen, die für und gegen [meine Verurteilung] abgegeben worden sind, denn ich hätte gedacht, die Zahl der für die Verurteilung abgegebenen Stimmen würde nicht so gering, sondern groß sein. Nun aber sieht es so aus, als wäre ich

freigesprochen worden, wenn nur noch dreißig Stimmen anders gefallen wären. (35e–36a)
Es klingt, als wundere sich der vom Leben Belehrte, daß unter der Menge der Richter überhaupt so viel Einsicht vorhanden sei – oder aber, als fühle der Philosoph, an welchen Geringfügigkeiten das Schicksal hängt.

Der Gegenantrag

Darauf bringt er seinen eigenen Antrag vor:
Dieser Mann beantragt also gegen mich die Todesstrafe. Gut! Worauf aber soll ich demgegenüber nun selbst antragen, Ihr Männer von Athen? Offenbar doch auf das, was ich verdient habe! (36b)
Das Wort »was ich verdient habe« ist doppeldeutig. Die Klugheit würde raten, es bedeuten zu lassen: »wenn schon schuldig, dann keiner größeren Strafe, als wirklich meiner Schuld entspricht.« Dabei wäre Gelegenheit gewesen, durch demütiges Entgegenkommen das Strafgelüst der Richter zu entwaffnen. Sokrates aber faßt den Satz so, daß er wieder zum Vorstoß wird: Ich werde beantragen, daß mir wird, worauf ich ein Recht habe.

Der Gedanke beginnt mit starkem Anlauf:
Wie also? Was habe ich dafür zu leiden oder an Buße zu zahlen verdient, daß ich mir einfallen ließ, nicht ruhig für mich zu leben, sondern alles, worum sich die Meisten mühen, wie Gelderwerb und Hauswirtschaft und Feldherrnämter und Tätigkeit des Volksredners und was es sonst an Posten, Vereinen und Parteiungen in der Stadt gibt, zu vernachlässigen? Dafür, daß ich mich selbst für zu gut hielt, auf diesem Wege meine Sicherheit zu suchen, mich auch gar nicht mit dem abgab, was weder Euch noch mir selbst irgendwie hätte nützen können; statt dessen aber mich mühte, jedem einzelnen die Wohltat zu erweisen, die ich für die größte halte; dabei

jedem von Euch zuzureden suchte, er möge sich doch nicht um etwas kümmern, was ihm gehört, ehe er sich um das gekümmert habe, [was] er selbst ist, und daher so gut und verständig als möglich werden; sich auch nicht um das kümmern, was der Stadt gehört, bevor er sich um das gesorgt habe, was die Stadt selbst ist; und es ebenso auch mit seiner Sorge um die Dinge sonst halten – was habe ich dafür, daß ich ein solcher Mensch bin, zu erfahren verdient? Etwas Gutes, Ihr Männer von Athen, vorausgesetzt wenigstens, daß ein [Straf]antrag nach der Wahrheit dem Verdienst gemäß gestellt werden muß (36b–d).

Dann ein neuer Ansatz:

Und zwar etwas Gutes von der Art, wie es mir entspricht. Was entspricht nun einem Wohltäter, der ein armer Mann ist und Muße braucht, um Euch anreden zu können? Es gibt nichts, Ihr Männer von Athen, was einem solchen besser entspräche, als daß ein solcher Mann im Prytaneion gespeist werde; und viel richtiger [wäre es bei ihm], als wenn einer von Euch mit einem Rennpferde, einem Zweigespann oder Viergespann in Olympia als Sieger hervorgegangen wäre. Denn ein solcher bewirkt, daß Ihr glücklich zu sein scheint, ich aber, daß Ihr es wirklich seid. Und er bedarf der Speisung gar nicht, ich aber bedarf ihrer. Wenn ich mich also auf das einschätzen soll, was ich von rechtswegen verdient habe, so schätze ich mich auf dieses ein: die Speisung im Prytaneion. (36d–e)

Die Prytaneion war ein öffentliches Gebäude, in welchem der geschäftsführende Ausschuß des obersten Staatsrates, ferner die Ehrengäste der Stadt, besonders ausgezeichnete Bürger und die Sieger in den olympischen Spielen auf Staatskosten ihre Mahlzeiten einnahmen. Welch ein Anspruch also – um so herausfordernder, als die Begründung, die ihm gegeben wird, noch dazu einen Seitenhieb auf die Lieblinge des Volkes, nämlich die Sieger in Olympia enthält!

Die Zuhörer werden außer sich sein – vielleicht will Platon aber auch andeuten, daß sie vor Erstaunen verstummt sind, denn Sokrates braucht seine Mahnung, »die Männer möchten keinen Lärm machen«, nicht auszusprechen. Beim Leser aber meldet sich ein Bedenken.

Nicht darüber, daß Sokrates sich für unschuldig erklärt; das ist sein gutes Recht. In einem tragischen Sinne ist er ja »schuldig«; am Untergang nämlich all des Großen und Schönen, das nicht mehr bestehen kann, wenn jene geistige Haltung, die er durchsetzen will, siegt. In der Geschichte muß aber immer ein Wert weichen, damit der andere aufsteigen könne, und nur die glücklich – oder frevelhaft – Befangenen glauben an absolute Fortschritte. Doch Sokrates ist ein glücklich Befangener, wie jeder, der mit Leib und Seele in einer echten Sendung steht. Das Bedenken meldet sich auch nicht darüber, daß er glaubt, er sei ein Wohltäter des Staates und verdiene statt Strafe die höchste Ehrung. Er ist von seiner Aufgabe überzeugt und hat alles für sie eingesetzt, so darf er den Anspruch erheben. Die etwas gewaltsame Konsequenz aber, mit der er diesen Anspruch zur Geltung bringt, ist der Stil des heroischen Philosophen, wenn auch durch ein wenig Pedanterie beeinträchtigt – und vielleicht auch durch ein wenig Überheblichkeit, die aber nicht so sehr aus dem persönlichen Willen des Mannes, als vielmehr daraus kommt, daß »Philosophie« zum Charakter des Existierens wird. Denn das ist eine problematische Sache. Dem Gedanken als solchem wohnt eine eigentümliche Gefahr der Selbstüberschätzung inne, die mit dem Unbedingtheitscharakter der Wahrheit zusammenhängt, und welcher der Denker nur schwer entgeht – ähnlich wie der Macht; ja vielleicht ist es einfachhin die Gefahr der Macht in ihrer subtilsten Form.

Aber auch das ist hier nicht gemeint, sondern das Bedenkliche liegt in der Art, wie Sokrates die Richter herausfordert – vor allem, wenn man sich vergegenwärtigt, daß er nicht als junger Mensch und Stürmer des Geistes, sondern als alter Mann und Lehrer der strengsten Gewissenhaftigkeit spricht. Der Gerichtshof ist ja doch keine bloße Beamtenbehörde, sondern vertritt die athenische Allgemeinheit; und die Anklage drückt nicht nur den Groll einiger Übelwollender, sondern die Sorge des Volkes aus, sofern es am Alten und Bestehenden hängt. Sokrates aber benimmt sich nicht als Angeklagter, der die höchste Rechtsautorität vor sich hat, sondern tritt – der Haltung nach immerfort, in entscheidenden Augenblicken aber auch ausdrücklich – aus dieser Eigenschaft heraus und wird zum Lehrer, zum Mahner, ja selbst zum Richter. Doch auch das wäre noch aus seinem Sendungsbewußtsein zu verstehen – ganz abgesehen davon, daß das Richteramt einen wesentlichen Bestandteil des Bürgerrechts bildete, jeder Bürger also der Möglichkeit nach Richter war, und daher über die Gesetze zu wachen hatte. Sokrates aber tut mehr, er reizt das Gericht. Der Anspruch, im Prytaneion gespeist zu werden, muß einfach herausfordernd wirken. Entweder als Hohn, oder aber als eine derartige Unterstreichung alles dessen, wogegen sich die Anklage wendet, daß jene Mitglieder des Gerichtes, die nicht unbedingt für ihn sind, mit dem härtesten Spruch antworten müssen. Und es wäre eine falsche Stilisierung, wenn man sagen wollte, Sokrates könne nicht anders reden. Er könnte es durchaus und ohne sich das Geringste zu vergeben. Und die Sache würde dann auch anders gehen, denn der erste Gerichtsspruch hat gezeigt, daß ein großer Teil der Richter ihm günstig gesinnt ist. So könnte das Todesurteil abgewendet werden, wenn der Angeklagte Maß hielte und die Empfindungen seiner Zuhörer schonte.

In Sokrates scheint aber etwas zu sein, das zur äußersten Vollendung der eigenen Sinngestalt treibt; ein Drang, das theoretisch Vertretene durch Tat und Schicksal zu besiegeln. Er hat im Widerspruch zum Bestehenden gestanden. Dieser Widerspruch hat ihm wohl Mißtrauen, Anfeindung und Spott eingetragen, die Zustimmung und Liebe vieler der Besten aber hat ihn reichlich entschädigt. Doch in Sokrates scheint etwas zu sein, das urteilt, eine Sendung, wie die seinige, dürfe sich nicht friedlich erfüllen, sondern müsse durch den Untergang hindurch. Deswegen fordert er den eigenen Tod heraus. Die Motive, die hier wirksam sind, können sich nicht rational ausweisen. Unter einem bloß sittlichen Gesichtspunkt sind sie sogar angreifbar. Das Urteil, welches Sokrates herausfordert, bildet ja doch seiner eigenen Überzeugung nach einen Frevel und wird Unheil über Volk und Staat bringen – wie kann dann er, der aus dem letzten sittlichen Ernst und aus der ganzen Verantwortung der Wahrheit zu reden beansprucht, so handeln? Hier wirken wiederum Momente religiöser Art mit, über die noch Genaueres zu sagen sein wird.

Die nächsten Sätze zeigen denn auch, daß Sokrates wohl weiß, etwas Ungeheuerliches ausgesprochen zu haben:

Vielleicht kommen Euch diese meine Worte ganz ähnlich vor, wie die, welche ich über das Wehklagen und über das Um-Mitleid-Bitten gesagt habe, nämlich als Anmaßung. (37a)

Er würde ihnen seine Gedanken klarmachen können, wenn er den Dialog des Prozesses ausführlicher führen dürfte:

Ich bin überzeugt, daß ich keinem Menschen absichtlich Unrecht getan habe, aber Euch kann ich davon nicht überzeugen, denn wir stehen nur kurze Zeit mit einander in voller Unterredung. Ich glaube nämlich, wenn es bei Euch Brauch wäre, wie bei anderen Menschen, nicht an einem Tage über [Leben und] Tod zu entscheiden, sondern viele [Tage] darauf zu verwenden, so würdet Ihr überzeugt werden. Nun ist es aber nicht leicht, in so kurzer Zeit derart schwere Verleumdungen zu widerlegen. (37a–b)

Also muß er den Schein der Anmaßung stehen lassen.

Dann bricht aber wieder eine wunderbare philosophisch-religiöse Überlegenheit durch:

Was soll mich denn schrecken? Daß ich erleiden müßte, was Meletos gegen mich anträgt, [und] wovon ich erkläre, ich wisse nicht, ob es etwas Gutes oder Schlimmes sei? Soll ich wohl statt dessen etwas von dem wählen, das, wie ich sicher weiß, [unter allen Umständen] etwas Schlimmes ist? (37b)

Ob der Tod etwas Schlimmes sei steht dahin; vielleicht ist er sogar etwas sehr Gutes. Was hingegen als mildere Strafe in

Betracht kommen könnte, ist ganz gewiß sehr schlimm: *Worauf soll ich denn antragen? Etwa auf Gefängnis? Und wozu soll ich im Gefängnis leben, wie ein Knecht abhängig von der jeweils eingesetzten Aufsichtsbehörde, den Elfmännern? Aber vielleicht auf Geldstrafe und Schuldhaft, bis ich bezahlt habe? Das käme für mich, nach dem, was ich soeben gesagt habe, auf das Gleiche hinaus, denn ich habe kein Geld, von dem ich die Strafe bezahlen könnte. Aber soll ich vielleicht auf Verbannung beantragen? [Einem solchen Antrag] würdet Ihr ja wohl [zustimmen und auf diese Strafe] erkennen. Doch mich müßte eine wahrlich große Liebe zum Leben gefangen halten, wenn ich so unvernünftig wäre und mir nicht folgendes klarmachen könnte: Ihr, die Ihr doch meine Mitbürger seid, waret nicht im Stande, meinen Umgang und meine Reden zu ertragen; sie sind Euch vielmehr derart lästig und verhaßt geworden, daß Ihr sie jetzt loszuwerden sucht – werden da fremde Menschen sie für erträglich halten? Das kann doch in keiner Weise angenommen werden. Ihr Athener! Ein schönes Leben wäre das also für mich, wenn ich als so alter Mann auswandern wollte, und von Stadt zu Stadt ziehen und, aus jeder immer wieder vertrieben, so mein Leben führen müßte! Denn das weiß ich genau: wohin ich auch komme, werden die jungen Leute auf meine Worte hören, wie [sie es] hier [getan haben]. Weise ich sie aber ab, dann werden sie selbst mich vertreiben, indem sie die älteren Leute gegen mich aufbringen; weise ich sie aber nicht ab, dann werden ihre Väter und Verwandten [mich] um ihretwillen [fortjagen].* (37b–c)

Doch da nun einmal ein Gegenantrag gestellt werden muß, tut er es, und es klingt wie ein Zugeständnis, das ein Erwachsener Kindern macht, obwohl es keinen Sinn hat: *Vielleicht wäre ich im Stande, Euch eine Mine Silber zu bezahlen.*[19] *Auf so viel [könnte] ich also gegen mich beantragen. Platon aber hier, Ihr Männer von Athen, und Kriton und*

[19] Nicht ganz hundert Mark alten Wertes.

Apollodoros raten mir, ich sollte auf dreißig Minen gegen mich antragen und [sagen], sie wollten dafür Bürgschaft leisten. Diese Summe beantrage ich also, und die Männer hier werden Euch sichere Bürgen für das Geld sein. (38b)
Nach einer solchen Rede ist der Ausgang kaum mehr zweifelhaft. Daß aber Platon an dieser Stelle sich selbst als »Bürgen« nennt, könnte man fast als eine verhüllte Erklärung auffassen, er bürge auch in geistiger Beziehung für seinen Meister, nämlich für die Wahrheit der Darstellung, die er von dessen Wesen und Gesinnung gibt.

Die dritte Rede

Die Antwort auf das Urteil

Die Richter beraten abermals, und das Urteil erkennt auf die in der Klageschrift beantragte Strafe, den Tod durch den Schierlingsbecher.
Dann erhält der Verurteilte noch einmal das Wort.

Zuerst erwidert er auf den Urteilsspruch selbst, und die Rede erhebt sich wieder in mächtigem Anstieg:
Nicht viel Zeit [habt Ihr gewonnen], Ihr Männer von Athen, [und Ihr müßt sie damit bezahlen], daß alle, die unsere Stadt schmähen wollen, Euch nun die Nachrede und Beschuldigung anhängen werden, Ihr seiet die Mörder des Sokrates, der ein weiser Mann gewesen sei. Denn wenn sie Euch tadeln wollen, werden sie natürlich sagen, ich sei wirklich ein Weiser, auch wenn ich es nicht bin. Hättet Ihr also nur eine kleine Weile gewartet, so hättet Ihr das umsonst bekommen können, denn Ihr seht doch mein Alter, [und] wie vorgerückt, wie nahe dem Tode es bereits ist. Doch sage ich das nicht zu Euch allen,

sondern nur zu denen, die mich zum Tode verurteilt haben. (38c–d)

Und wieder:

Zwar bin ich verurteilt, weil mir etwas fehlte; [das waren] aber nicht Worte [und eine in klaren Worten aussprechbare Rechtfertigung], sondern Dreistigkeit und Unverschämtheit; und die Bereitschaft, so zu Euch zu reden, wie Ihr es am liebsten gehört hättet, und dabei zu jammern und zu klagen und noch vieles andere zu tun und zu sagen, das, wie ich glaube, meiner unwürdig wäre, was alles Ihr aber von anderen zu hören gewohnt seid. Doch wie ich es in der vergangenen Zeit nicht für erlaubt hielt, der Gefahr wegen irgend etwas zu tun, was eines freien Mannes unwürdig wäre, so bereue ich auch jetzt nicht, mich in der Weise verteidigt zu haben, [wie es geschehen ist]; halte es vielmehr für weitaus besser, mich in meiner Art verteidigt zu haben und dem Tode verfallen zu sein, als daß ich es auf jene andere Art getan hätte und am Leben bliebe. (38d–e)

Und noch einmal:

Aber das ist wohl nicht schwer, Ihr Männer, dem Tode zu entrinnen – [schwer ist vielmehr, und] viel schwerer, die Schlechtigkeit zu vermeiden, denn die läuft schneller als der Tod. Und so hat mich denn auch jetzt, da ich langsam und alt bin, der langsamere [Verfolger] eingeholt [nämlich der Tod]; meine Ankläger hingegen, die ja geschickt und rasch sind, der geschwindere, nämlich die Schlechtigkeit. Und so scheide ich von hinnen, nachdem ich von Euch der Todesstrafe schuldig befunden worden; sie aber [gehen hin], von der Wahrheit selbst für alle Zeiten als der Bosheit und Ungerechtigkeit schuldig gezeichnet. Und wie der Strafspruch für mich gültig bleibt, so bleibt er es auch für sie. Vielleicht mußte es auch sogar gerade so kommen, und ich glaube, daß es so recht ist! (39a–b)

Eine große Steigerung. Zuerst stellt der seltsame Angeklagte in ruhiger, fast nachdenklicher Weise fest, was eigentlich geschehen ist. Dann bestimmt er noch einmal seinen Standpunkt. Endlich aber tritt in seinen Worten plötzlich das Gericht über dem Gericht, das Gericht der Wahrheit und des Rechtes über dem der zufälligen Macht hervor, und jedes erhält seinen endgültigen Spruch. In dem »mußte« des letzten Satzes aber klingt jene innere, tragische Notwendigkeit durch, von welcher die Rede war.

Was die Richter getan haben, wird ihnen auch nichts helfen. Sie haben den Geist durch Gewalt unschädlich machen wollen; das wird ihnen aber nicht gelingen. Das geistige Ringen, welches Sokrates begonnen hat – darauf gerichtet, daß eine tiefe Verantwortung durchdringe, die Dinge des täglichen Daseins an eigentlicheren Maßstäben gemessen werden, und die Frömmigkeit neue Grundlagen in der Wahrheit bekomme – wird seinen Weg weitergehen. Die Jungen werden sein Werk fortführen.

Denn wenn Ihr glaubt, dadurch, daß Ihr Menschen tötet, könntet Ihr verhindern, daß man Euch Euren verkehrten Lebenswandel vorhalte, so denkt Ihr falsch. Dieses Mittel, sich [solchen Vorhaltungen] zu entziehen, ist weder überhaupt erfolgreich, noch gut. Das schönste und leichteste [Mittel] besteht darin, nicht die anderen zu unterdrücken, sondern sich selbst in den Stand zu setzen, daß man so gut als möglich werde.

Mit dieser Weissagung an Euch, die Ihr mich verurteilt habt, scheide ich. (39d)

Eine in ihrer Ruhe, Kürze und Sachlichkeit vernichtende Erledigung der ganzen Angelegenheit.

Die Antwort an die wahren Richter

Dann wendet er sich denen zu, die ihn freigesprochen haben, und es ist, als schließe sich ein enger Kreis zusammen, in welchem er, der alte, nun dem Tode entgegengehende Meister, mit denen allein bleibt, welche durch ihr Urteil in ein Einvernehmen nicht nur mit ihm, sondern auch mit der Wahrheit und Gerechtigkeit selbst getreten sind.

Mit denen aber, die mich freigesprochen haben, möchte ich mich gerne über die Begebenheit unterhalten, die sich hier zugetragen hat – solange die Archonten noch beschäftigt sind, und bis ich dahin gehe, wo ich sterben muß. Bleibet denn noch so lange bei mir, Ihr Männer. Es hindert uns nichts, mit einander eine Unterredung über geheime Dinge zu beginnen, [und darin zu verweilen,] solange es erlaubt ist. Denn da Ihr, wie ich glaube, meine Freunde seid, will ich Euch klar machen, was das jetzt mir Widerfahrene eigentlich bedeutet. (39e–40a)

Er will den Augenblick deuten – wahrhaft einen »Augenblick« im großen Sinn des Wortes; eine im Strom der Zeit vergehende kurze Stunde, in welcher aber eine ewigkeitshaltige Entscheidung gefallen ist – und tut es, indem er aus seinem persönlichen Leben heraus redet; Worte, die man sich gar nicht ruhig, den Angeredeten gar nicht nahe und den Übrigen nicht abgewendet genug denken kann.

Das aber ist ein διαμυθολογῆσαι »eine Unterredung über geheime Dinge«. Das Wort ist sehr tiefsinnig. Es spricht von einem »Mythen-Sagen«; einem Reden also über den Sinn des Daseins, sich ausdrückend in Bildern und symbolhaften Geschehnissen. Und das nicht in Hymnus oder Weisheitslehre, sondern im Gespräch; geführt im Einvernehmen heiliger Berührtheit und im Angesicht des entschiedenen Todes. Da wollen sie »einander wechselseitig« die tröstenden und weisenden »Mythen zusprechen«:

Es ist mir nämlich, Ihr Richter – denn Euch gebe ich den rechten Namen, wenn ich Euch ›Richter‹ nenne – etwas Seltsames begegnet. Denn die vertraute Weissagung, [die Weissagung] des Daimonion, ist mir in der ganzen früheren Zeit immer sehr lebhaft ertönt und hat sich mir auch bei den geringsten Anlässen widersetzt, so oft ich im Begriffe war,

etwas falsch zu machen.[20] *Jetzt aber ist mir, wie Ihr selbst seht, das widerfahren, von dem man ja glauben könnte, es sei das Allerschlimmste, wie es denn auch wirklich dafür gehalten wird. Mir ist aber weder heute morgen, als ich von Hause wegging, noch als ich hier den Gerichtssaal betrat, noch an irgend einer Stelle meiner Rede, wenn ich im Begriff stand, etwas zu sagen, das Zeichen des Gottes entgegengetreten, obwohl mir doch [die Stimme] bei anderen Reden so oft mitten im Sprechen Einhalt geboten hat. Jetzt aber, bei dieser Verhandlung, hat sie mir nirgends, bei keiner Tat und bei keinem Worte widersprochen. Was nehme ich also dafür als Grund an? Ich will es Euch sagen. Mir scheint, das, was mir widerfahren ist, muß sich als etwas Gutes ereignet haben; und wir alle haben wohl nicht die richtige Meinung, wenn wir annehmen, der Tod sei etwas Schlimmes. Dafür habe ich jetzt einen starken Beweis. Denn es ist unmöglich, daß mich das gewohnte Zeichen nicht gewarnt hätte, wenn ich nicht im Begriff gewesen wäre, etwas Gutes zu tun.* (40a–b)
Es ist wunderbar, wie hier Religiöses, Philosophisches und Menschliches in eine vollkommene Einheit zusammengehen: ein Reden aus der innersten Tiefe heraus.

Dann stellt er die Frage nach dem Charakter des Todes genauer, sorglich unterscheidend, so, wie er es machen würde, wenn er mit seinen Schülern zusammen säße. Zuerst die Alternative:
Laßt uns aber auch auf die folgende Art noch überlegen, ob wir nicht die sichere Zuversicht haben dürfen, daß [das Ergebnis der ganzen Angelegenheit] etwas Gutes sei. Denn das Sterben ist eins von zwei Dingen: Entweder steht es mit ihm so, daß der Tote überhaupt nicht mehr existiert und auch keine Empfindung von irgend etwas hat – oder es bedeutet der Überlieferung gemäß eine Veränderung, ein Auswandern der Seele von dem Orte hier nach einem anderen Orte. (40c)

[20] μὴ ὀρθῶς πράξειν: nicht im rationalen Sinne verkehrt, oder im ethischen unrecht, sondern im Sinne der Gottesführung verhängnisvoll handeln.

Die erste Möglichkeit:
Wenn es nun [im Tode] keinerlei Empfindung gibt, er vielmehr eine Art Schlaf ist, so wie wenn einer schläft, ohne auch nur einen Traum zu sehen, dann ist der Tod ja ein wunderbarer Gewinn. Ich glaube nämlich, wenn einer [aus all seinen Nächten] jene Nacht, in der er so fest schlief, daß er nicht einmal träumte, auswählen und mit dieser Nacht die anderen Nächte und Tage seines Lebens vergleichen und dann überlegen und sagen wollte, wie viele Tage und Nächte in seinem Leben bis zur Stunde er besser und angenehmer verbracht habe als jene eine Nacht – dann würde, glaube ich, nicht etwa nur ein Privatmann, sondern sogar der Großkönig selbst entdecken, daß diese, verglichen mit den übrigen Tagen und Nächten, leicht zu zählen wären. Wenn also der Tod etwas derartiges ist, dann nenne ich ihn einen Gewinn; denn dann scheint mir ja die ganze Zeit [nach dem Sterben] gar nicht länger zu währen, als eine einzige Nacht. (40c–e)
Man meint, man spüre in dem alten Manne, der sein Leben hindurch so unermüdlich gestritten hat, nun auf einmal die Müdigkeit durchbrechen: wunderbar wäre es, von Grund aus schlafen zu dürfen! Doch es bleibt nicht dabei, denn es gibt noch die andere Möglichkeit:
Wenn aber hinwiederum der Tod eine Art Auswanderung ist, von hier nach einem anderen Orte, und wenn wahr ist, was man sagt, daß sich dort alle Verstorbenen befinden: könnte es dann wohl ein größeres Glück geben als dieses, Ihr Richter? Wenn einer in den Hades kommt und, befreit von diesen Männern, die sich für Richter halten, dafür die wahren Richter findet – sie, von denen es nach der gleichen Überlieferung heißt, sie hielten dort Gericht, [nämlich] den Minos und den Rhadamanthys, den Aiakos und den Triptolemos und all die anderen Halbgötter, die sich in ihrem Leben als gerecht bewährten: wäre eine solche Reise so schlimm? Oder ferner dem Orpheus zu begegnen, dem Musaios und Hesiod und Homer: wieviel würde nicht mancher von Euch darum geben? Ich jedenfalls will gerne vielmals dem Tod verfallen

sein, wenn das wahr ist. Denn gerade ich hätte dann doch einen wunderbaren Umgang, wenn ich dem Palamedes begegnete, dem Aias, dem Sohne des Telamon und den übrigen von den Alten, welche durch ein ungerechtes Urteil den Tod gefunden haben. Und wenn ich dann meine Geschicke mit den ihren vergleichen könnte, so wäre das, glaube ich, gar nicht so unerfreulich. (40e–41b)

Hier wird jener andere Gerichtshof deutlich, von dem die Rede war, wo Sokrates vor dem Ewigen steht, damit seine Person und sein Werk an dessen Maßstäben gemessen werden. Vor ihnen fühlt er sich bewährt. Ja noch stärker ist dieses Bewußtsein. Er sagt nicht nur, daß er mit seinem Wollen und Tun im Ewigen Bestätigung finden, sondern daß er das, was er getan, dort fortsetzen werde:

Und nun [vollends] das Größte von allem: wenn ich meine Zeit damit zubringen könnte, die Menschen dort ebenso zu prüfen und auszuforschen, wie die Menschen hier: wer nämlich von ihnen weise ist, und wer nur denkt, er sei es und ist es doch nicht! Was gäbe einer wohl dafür, Ihr Richter, wenn er jenen prüfen dürfte, der das große Heer gegen Troja geführt hat, oder den Odysseus, oder den Sisyphos? Oder die tausend anderen, die man noch nennen könnte, Männer und Frauen, mit denen dort zu sprechen, mit denen zusammenzusein und die zu prüfen ein überwältigendes Glück wäre? Jedenfalls verurteilen sie einen dort, wie man annehmen darf, deswegen nicht zum Tode. Denn wie die Menschen dort in allem übrigen glücklicher sind, als die hier, so sind sie auch künftighin unsterblich, wenn anders das, was darüber gesagt wird, wahr ist. (41a–c)

Zuerst mag darauf hingewiesen werden, welch gewaltiges Selbstbewußtsein sich in den Worten ausdrückt. Einst wird Sokrates mit den Großen der Vergangenheit über das reden dürfen, was wichtig ist, und erst dieses Gespräch wird das eigentlich gemäße sein. Gemäß der Bedeutung des Gegenstandes, weil erst diese Partner die entsprechende Reinheit

und Kraft der Einsicht haben; gemäß aber auch den Ansprüchen des Sokrates selbst, der sich hier auf Erden immer mit der Unzulänglichkeit begnügen mußte. Letzteres sagt Sokrates zwar nicht ausdrücklich, aber es liegt im Sinnzusammenhang des Gedankens. Man wird an die Stelle der »Göttlichen Komödie« erinnert, wo Dante den Großen der alten Zeit begegnet, von den fünf Edelsten der Dichter in ihren Kreis aufgenommen und geheimer Gespräche gewürdigt wird, »davon zu schweigen schön ist«. (Inf. 4, 83–105)
Dann aber: Mit diesen Worten trägt Sokrates das, um dessentwillen er verurteilt worden ist, gleichsam in seine Idee hinüber. Der Gerichtshof, der ihn verurteilt hat, ist sozusagen metaphysisch ausgelöscht. Sein Tun ist zu Nichts geworden. Der Verurteilte wird des Sinnes seines Lebenstuns ganz inne und schließt sich mit seiner ewigen Gestalt zusammen.
Ja dieser Teil der dritten Rede darf geradezu als der Mythos der Apologie angesehen werden. Es gehört zur Form von Platons Denken, das, was er zuerst philosophisch untersucht und in begrifflichen Sätzen ausgesprochen hat, in eine mythologische Erzählung oder Schilderung ausklingen zu lassen, welche die gewonnenen Einsichten in einen Zusammenhang daseinsdeutender Bilder einfügt.[21] Eben das geschieht hier, wo Sokrates – halb ernst, halb ironisch und ebendamit so ganz aus seinem Wesen heraus – von seinen Jenseitserwartungen spricht. Hier geschieht das »einander Mythen zusprechen«, von welchem die Rede war, in einem ganz wörtlichen Sinn. Das philosophisch-existentiell Gemeinte ist vorher begrifflich gesagt worden; der »Mythos« hebt es nun in den religiösen Zusammenhang, welcher Einzelleben, Geschichte und Welt umfaßt.

Dann kehrt Sokrates wieder in die Gegenwart zurück:
Aber auch Ihr, meine Richter, müßt dem Tod zuversichtlich

[21] Siehe dazu unten S. 269ff.

entgegensehen und diese eine Wahrheit bedenken: daß es für einen guten Mann weder im Leben noch im Tode ein Übel gibt, [das ihm wirklich schaden könnte,] und daß die Götter seine Taten nicht unbeachtet lassen. Und so ist auch mir jetzt mein Los nicht aus dem Zufall entstanden, sondern es ist mir klar, daß es für mich besser war, dem Tode verfallen und von der Unrast des Lebens befreit zu sein [als weiterzuleben]. Und darum hat mich auch das Zeichen nirgendwo von etwas abgemahnt, [das ich tun wollte,] und ich trage denen, die mich verurteilt haben, und [auch] meinen Anklägern nichts nach. (41c–d)

Damit will er seine Ankläger ihrer Verantwortung nicht entlasten. Sie haben nichts Gutes gewollt:

Freilich haben sie mich nicht in dieser Absicht verurteilt und angeklagt, [damit ich des einstigen Heils teilhaftig würde,] sondern deshalb, weil sie glaubten, mir damit zu schaden, und darum verdienen sie Tadel. (41d)

Die Worte des Sokrates über seine Ankläger dürfen nicht falsch verstanden werden. Von einer »Vergebung« im christlichen Sinne – siehe etwa Mt 6,12–15 – ist in ihnen nicht die Rede. Sie sagen nur, daß er seinen Anklägern »nichts nachtrage«, weil sie ihm in Wahrheit nicht geschadet haben, da der Tod besser ist als das Leben. Was sich hier ausdrückt, ist eine philosophisch-religiöse Überwindung. Der Haß des unmittelbaren Lebenswillens gegen die Vernichter der eigenen zeitlichen Existenz wird durch die Überzeugung von der Absolutheit des bevorstehenden Wertgewinns entmächtigt.

Darauf ein seltsames, von Ironie erfülltes Testament:

Ich bitte aber [meine Ankläger und Verurteiler] nur um dieses: Wenn meine Söhne heranwachsen, dann übt Vergeltung an ihnen, Ihr Männer, indem Ihr sie auf die gleiche Weise ärgert, wie ich Euch immer geärgert habe. Wenn es Euch nämlich scheint, als läge ihnen am Gelde oder an irgend etwas anderem mehr als an der Tugend, und wenn sie meinen, sie wären etwas und doch nichts sind, dann tadelt sie genau so, wie ich Euch getadelt habe, [und haltet ihnen vor,] daß sie sich nicht um das kümmern, worum sie sich kümmern sollten und sich einbilden, sie wären etwas, während sie doch nichts taugen. Und wenn Ihr das tut, dann wird mir von Euch Gerechtigkeit widerfahren sein – mir und meinen Söhnen. (41e)

Endlich der Schluß, in welchem das Wesen des Sokrates groß und still herauskommt – und unwillkürlich denkt man daran, wie Platons Freunde diesen Satz gelesen haben werden: *Jetzt aber ist es Zeit, daß wir von hinnen gehen: ich, um zu sterben; Ihr, um zu leben. Aber wer von uns dem besseren Lose entgegengeht, das weiß keiner außer dem Gott.* (42a)

Dieses »zum Tode Gehen«, von Platon in diesem Augenblick von seinem Meister in den Mund gelegt, bedeutet mehr, als einfach die Tatsache, daß er sterben muß, während die anderen weiterleben dürfen. In ihm vollendet sich vielmehr das wesenhafte »auf den Tod zugehen« des echten Philosophen, von welchem der Phaidon sprechen wird, während die anderen weiter in der Zweideutigkeit des irdischen Lebens bleiben.

Doch auch dieser unendlich pathetische Satz wird vom darauffolgenden letzten in die ironische Schwebe gestellt, in welcher, die tiefinnere Eindeutigkeit verhüllend, alles Sokratische steht: »Aber wer von uns dem besseren Lose entgegengeht, das weiß keiner außer dem Gott«, Apollon. Das sind Worte, die im Geiste des Hörenden, sofern er Kraft des Gedenkens hat, nachklingen werden.

Unsere Untersuchung fragt, wie in den vier sie beschäftigenden Dialogen der Tod erscheine. Auf diese Frage hat die Apologie eine wichtige Antwort zu geben; besonders wichtig, weil in ihr die Persönlichkeit des Sokrates so charakteristisch hervortritt.

Was die erste Rede sagt, hebt sich auf dem Hintergrund der allgemeinen Ansicht ab, der Tod sei das größte Unheil.

Sokrates nimmt ihn nicht leicht, fürchtet ihn aber auch nicht. Er kennt Werte von unbedingter Gültigkeit und steht unter Forderungen von schlechthinniger Verpflichtungskraft; vor ihnen wird der Tod unwesentlich. Dazu gehört vor allem der göttliche Auftrag, wie er sich im Orakel ausgedrückt hat; aber auch das Gebot der Treue gegen sich selbst und die Verpflichtung durch die eigene Ehre. Das alles verbietet ihm, dem Machtgelüst seiner Richter Zugeständnisse zu machen.

Doch schon die erste Rede tut mehr, als nur den eigenen Standpunkt zu wahren. Niemand weiß, heißt es in ihr, ob der Tod wirklich etwas Schlimmes und nicht vielleicht doch etwas Gutes sei.

Daß aber, wie es in der dritten Rede heißt, das Daimonion nicht gewarnt hat, als Sokrates den Gerichtssaal betrat; daß er ihm nicht ins Wort gefallen ist, wenn er im Begriff war, bei der Verteidigung Dinge zu sagen, die seine Situation verschlimmerten, sind Anzeichen dafür, der Tod müsse etwas Gutes sein, denn von dorther, woher das Daimonion spricht, kann nur im letzten Sinne Gutes kommen.

Es wurde bereits bemerkt, in der Art der sokratischen Verteidigung sei ein Motiv am Werk, welches den Tod will. Bei einem Menschen von so starker Lebenskraft und so klarer geistiger Positivität kann es sich nicht um irgendeine krankhafte Todessehnsucht handeln. Sokrates will nicht den Untergang als solchen, sondern weiß, das Letzte seiner Sendung und seiner Existenz vollendet sich nur durch den Untergang hindurch. So erscheint dieser als Türe zum Eigentlichen. Das kommt ganz klar in der dritten Rede zum Ausdruck, wenn er den Richtern, die ihn freigesprochen haben, deutet, was im soeben Geschehenen vor sich gegangen sei. Da erscheint der Tod als Schritt ins eigentliche Leben.

Dessen Bild stammt nicht aus der Tradition, sondern aus innerstem Wesens- und Sendungsbewußtsein. Was Sokrates auf Erden getan hat und weswegen er sterben muß, wird er dort in vollendeter und endgültiger Weise tun. Nicht im

Sinne primitiver Vorstellungen, wonach das einstige Leben eine von allen Mängeln befreite Fortsetzung des jetzigen bildet, sondern in geistig gereinigter Weise: was auf Erden, vom Widerspruch der Umgebung überdeckt und vom Widerstand der Zeitlichkeit in Frage gestellt, im Wagnis persönlicher Entscheidung geschehen mußte, empfängt dort seinen endgültigen Sinn. Wenn nämlich Sokrates mit den Heroen der Vorzeit sprechen, nach ihrem Schicksal fragen und das seine mit dem ihrigen vergleichen darf, so bedeutet das für seine konkrete Existenz etwas Ähnliches, wie wenn ein Ding in das Licht seiner Idee tritt: sein irdisches Sein und Tun wird in die Norm endgültiger Wahrheit gehoben und vermag darin zu bestehen. Der Tod aber erscheint als Durchgang dorthin und wird als solcher erkannt und angenommen.

Der Eingang

Ordnet man – wie das schon in der antiken Überlieferung durch die Tetraden des Thrasyll geschehen ist – die vier um den Tod des Sokrates kreisenden Dialoge nach ihrer sinngemäßen Reihenfolge, dann vollzieht sich jeweils zwischen dem einen und dem anderen ein charakteristischer Wechsel des Ortes, der Personen und der Stimmung.
Der »Euthyphron« spielt auf der Straße, und das Gespräch entsteht auf Grund einer zufälligen Begegnung zweier des Weges daherkommenden Menschen, von denen einer Sokrates ist, der andere eine Persönlichkeit ziemlich fragwürdiger Art. Das Gespräch selbst aber hat eine Form, die ganz seinem Inhalt entspricht: es gleicht – das Bild kam uns bereits – einem jener Staubwirbel, die ein plötzlicher Windstoß auf der Straße aufrührt, läuft im Kreis herum und bleibt plötzlich ergebnislos liegen.
Die »Apologie« entfaltet sich an offiziellster Stätte, vor dem großen Staatsgerichtshof. Der eine Partner des »Gespräches« ist Sokrates, diesmal als Angeklagter, und vom Ausgang hängt sein Leben ab. Der andere sind die Richter. Hinter ihnen aber das athenische Volk mit all den Gegensätzen, die es beherrschen; unstet, von verworrenen Instinkten getrieben und gefährlich, sobald es Macht hat; heute zerstörend, morgen beklagend, was nicht mehr gut zu machen ist. Die Form ist groß und streng: drei Reden, wie die Prozeßordnung sie vorsieht. Die erste wendet sich an den ganzen Gerichtshof, »die Männer von Athen«, zwischenhinein

immer wieder in den Dialog mit dem Wortführer der Anklage übergehend; die zweite tut ebenso; die dritte zu Beginn desgleichen, um aber dann »die wahren Richter«, welche für die Freisprechung gestimmt haben, anzureden. Nach der ersten und zweiten Rede fällt je eine Entscheidung von steigender Tragik; nach der dritten muß Sokrates in den Kerker gehen, um dort auf die Hinrichtung zu warten.

Im »Kriton« ziehen sich Szene und Handlung ganz in die Stille zurück. Sokrates befindet sich im Gefängnis. Es ist früher Morgen, fast noch Nacht; Kriton kommt und macht in einsamem Gespräch einen, wie sich zeigt, letzten Versuch nach mehreren vorausgehenden, den Verurteilten zur Flucht zu bewegen. Wieder sind es nur zwei, die mit einander sprechen: der dem Tode entgegengehende Sokrates und sein alter Freund, voll Sorge und menschlicher Wärme, aber geistig ihm nicht ebenbürtig. So wenig, daß er im Bau des inneren Geschehens fast ausfällt und Sokrates im Grunde mit sich selbst und seinem Gewissen allein ist. In dieser Einsamkeit prüft er noch einmal das ganze Geschehen und gibt seinem Verhalten die endgültige Bestätigung.

Der »Phaidon« endlich handelt am gleichen Orte; aber nun ist um den Meister der Kreis seiner Jünger versammelt. Er ist von den Fesseln gelöst, die er bis dahin getragen hat und spricht mit den Freunden über den Sinn von Leben und Sterben. Es ist ein richtiges philosophisches Gespräch, wie er es so oft im Lykeion oder sonstwo geführt hat; jetzt aber vollzieht es sich im Angesicht des Todes. Ja es führt unmittelbar in ihn hinein; Sprechen und Handeln, Erkenntnis und Sein sind vollkommen ganz eins.

Der erste Text gibt eine Art Exposition zum Ganzen. Er zeigt den Mann und läßt die Bedingungen fühlen, unter welchen er den ihm bevorstehenden Kampf wird austragen müssen. Der zweite bringt die Auseinandersetzung selbst, und der Leser erlebt die Entscheidungen mit. Im dritten zeigt sich noch einmal die Möglichkeit, dem Tode zu entgehen; so wird die Stellungnahme noch einmal geprüft und in den tiefsten Willen hineingenommen. Der vierte endlich stellt das Ganze in das Licht der Ewigkeit und zeigt den Ausgang selbst.

Die Gerichtssitzung liegt schon weit zurück. An jenem Tage hatte der Priester des Apollon das Staatsschiff bekränzt, das, altem Brauch gemäß, jedes Jahr nach Delos zu segeln pflegte, um dort dem Gotte für die Befreiung der Minotaurosopfer zu danken, welche einst mit Theseus nach Kreta gefahren waren. Von der Bekränzung bis zur Rückkehr des Schiffes hatte ein Gottesfriede in der Stadt geherrscht, und kein Verurteilter hingerichtet werden dürfen. Ungünstige Winde hatten dann die Fahrt verzögert, so daß Sokrates eine lange Frist vergönnt gewesen war. Doch nun sind Reisende gekommen und haben berichtet, das Schiff sei am Kap Sunion eingetroffen und werde bald in Athen sein.
Unterdessen ist in der Stadt manches vor sich gegangen. Viele haben von vornherein zu Sokrates gestanden. Andere, die gegen ihn gestimmt, mögen unterdes das Unrecht des Urteils eingesehen haben. Auf jeden Fall gibt es eine starke Meinung, welche erwartet, die mächtigen Freunde des Sokrates werden ihm zur Flucht verhelfen. Diese würde sicher gelingen, so der Mann gerettet, und die schlimme Sache gewendet sein.
Die Freunde haben denn auch nach dieser Richtung hin gearbeitet und den Gefangenen gedrängt, er aber hat sich immer geweigert. Nun ist es höchste Zeit.

SOKRATES: *Was kommst Du zu dieser Stunde, Kriton? Oder ist es nicht mehr früh am Tage?*
KRITON: *Doch, noch sehr [früh].*
SOKRATES: *Wie früh ist es eigentlich?*
KRITON: *Noch tiefe Dämmerung.*
SOKRATES: *Ich wundere mich, daß der Wächter des Gefängnisses sich bereit gefunden hat, Dir den Gefallen zu tun [und Dich hereinzulassen].*
KRITON: *Er kennt mich schon, weil ich so oft hierher komme; auch hat er mir einiges Gute zu danken.*

SOKRATES: *Bist Du jetzt erst gekommen, oder schon lange hier?*

KRITON: *Schon ziemlich lange.* (43a)

Eine ganz lebendige, menschlich nahe Stimmung. Sokrates schläft ruhig, obwohl er weiß, daß ihn jeden Morgen beim Erwachen die Nachricht erwarten kann, das Schiff sei von der Fahrt zurück. Zur Seite des Lagers sitzt Kriton, in gleichen Jahren wie Sokrates und sein treuer Freund; ein schlichter, warmherziger Charakter. Da wacht Sokrates auf, und nachdem die angeführten Worte ausgetauscht sind, fragt er:

Warum hast Du mich dann nicht gleich geweckt, sondern sitzest schweigend neben mir?

KRITON: *Davor soll Zeus mich bewahren! Wollte ich selbst doch nicht in solcher Schlaflosigkeit und Bedrückung sein. Aber ich wundere mich schon lange über Dich, da ich sehe, wie sanft Du schläfst; und so wollte ich Dich absichtlich nicht wecken, damit Du so freundlich als möglich Deine Zeit verbringst. Sehr oft habe ich Dich auch früher schon, während Deines ganzen Lebens, Deiner Gemütsverfassung wegen glücklich gepriesen; ganz besonders aber bei dem Mißgeschick, das Dich jetzt getroffen hat, [als ich sah,] wie leicht und geduldig Du es trägst.*

SOKRATES: *Es wäre doch sinnlos, Kriton, wollte ich in meinem Alter unwillig sein, daß ich endlich sterben soll!*

KRITON: *Auch andere, Sokrates, kommen in diesem Alter in solches Mißgeschick, aber ihr Alter hält sie durchaus nicht ab, sich, wenn das Schicksal da ist, dagegen aufzulehnen.* (43b–c)

Kriton versteht nicht; so veranlaßt ihn Sokrates zunächst, zu sagen, was ihn hergeführt hat:

Also warum bist Du so früh gekommen?

KRITON: *Eine böse Nachricht zu bringen, Sokrates; schmerzlich und grausam zwar, wie mich dünkt, nicht für Dich, wohl aber für alle Deine Freunde. Und ich werde wohl, scheint mir, am schwersten daran zu tragen haben.*

SOKRATES: *Welche Nachricht? Ist etwa das Schiff, nach*

dessen Ankunft ich zu den Toten gehören soll, aus Delos zurückgekommen?
KRITON: *Noch ist es nicht zurückgekommen, wird aber, glaube ich, heute einlaufen – nach dem zu urteilen, was Leute sagen, die von Sunion eingetroffen sind und es dort zurückgelassen haben. Nach diesen Berichten muß es heute einlaufen, und dann wird es notwendig morgen so weit sein, Sokrates, daß Du Dein Leben beschließen mußt.*
SOKRATES: *Also gut, Kriton. Möge es Segen bringen!* (43c–d)

Sokrates ist aber der Meinung, das Schiff werde heute noch nicht in Athen anlangen. Diese Gewißheit gibt ihm ein Traum, den er in der Nacht gehabt hat.
Doch ich glaube nicht, daß es am heutigen Tage kommt. Ich schließe das aus einem Traum, den ich in dieser Nacht schaute, kurz bevor [Du kamst]. Und mir scheint, es hat sich gut gefügt, daß Du mich nicht wecktest.
KRITON: *Und was war das für ein Traum?*
SOKRATES: *Es schien mir, als komme ein schönes, wohlgestaltetes Weib in weißem Gewande, und rufe mich und spreche: ›Sokrates, in drei Tagen bist Du in Pythias fetten Gefilden.‹*[22]
KRITON: *Ein merkwürdiger Traum, Sokrates!*
SOKRATES: *Jedenfalls ein klarer, denke ich, Kriton.*
KRITON: *Wie es scheint, nur allzu klar.* (44a–b)

Es ist also höchste Zeit. So versucht Kriton noch einmal mit all seiner Beredsamkeit, den Freund zur Flucht zu veranlassen. Die Gründe dafür sind zahlreich. Stirbt Sokrates, dann ist ihm der Freund verloren. Man wird aber auch sagen, es sei nichts zu dessen Rettung geschehen. Und dabei wäre alles so leicht. Geld und Leute stehen bereit; die Gefahr von seiten der Behörden ist nicht allzu groß; im Auslande aber wird er überall Helfer finden, besonders in Thessalien, wo Kriton

[22] Ilias IX 363.

treue Gastfreunde hat. Auch seinen Kindern wird geholfen sein, denn sie behalten immerhin den Vater, und für eine gute Ausbildung soll gesorgt werden.

Darum sieh zu, Sokrates, daß nicht alles Dir und uns außer zum Schaden auch noch zur Schande werde! Entschließe Dich also – doch es ist schon gar keine Zeit mehr, Entschlüsse zu fassen, sondern nur noch, entschlossen zu sein. Es gibt aber nur einen einzigen Entschluß: in der kommenden Nacht muß alles vollbracht werden. Wenn wir noch warten, wird es unmöglich und nicht mehr auszuführen. (46a)

Was Kriton vorbringt, ist eine lange, von drängender Sorge erfüllte Rede; ganz unphilosophisch, ganz aufs Praktische gerichtet, Ausdruck eines warmen, wenn auch das Letzte nicht verstehenden Freundesherzens. Sie zwingt Sokrates zur letzten Prüfung seines Standpunktes.

Vor dem Gericht des Staates ist die Sache entschieden. Nun wird sie durch die Gunst der Umstände und die Tatkraft der Freunde noch einmal vor dem inneren Gerichtshof, dem Gewissen, zur Diskussion gestellt. Eine eigentümliche Einsamkeit liegt über dem Gespräch. Sokrates führt es mit Kriton – in Wahrheit führt er es mit sich selbst.

Die Frage und ihre Erörterung

Das Thema

Sofort die ersten Sätze führen in den Mittelpunkt des Problems:

Lieber Kriton, Deine Bereitwilligkeit ist viel wert, wenn sie nur auch mit so etwas wie Rechtlichkeit im Bunde steht; tut sie das aber nicht, dann schmerzt sie mich um so mehr, je größer

sie ist. Wir müssen also erwägen, ob wir das, [was Du vorschlägst], tun dürfen oder nicht. (46b)
Zwei Bereiche scheiden sich von einander: die unmittelbare Wirklichkeit mit ihrer physischen Gefahr, und die sittliche Norm mit ihrer das Gewissen bindenden geistigen Gültigkeit. Die Entscheidung muß aber im zweiten Bereich fallen; und das muß um so reiner geschehen, als Sokrates ja doch sein ganzes Leben hindurch die Absolutheit des sittlichen Sollens verkündet hat:
Denn nicht erst jetzt, sondern schon von jeher bin ich so gesinnt, daß ich von allen Sätzen[23]*, [die sich] mir [darbieten], keinem anderen folge als jenem, der mir bei der Überlegung als der beste erscheint. Die Sätze, die ich früher jeweils vertrat, kann ich jetzt, nachdem dieses Schicksal über mich gekommen, nicht verwerfen; und sie scheinen mir [immer noch] so ziemlich die gleichen zu sein, und [noch immer] ehre und achte ich sie genau so wie früher. Wenn wir also jetzt keine besseren vorzubringen haben, als sie, dann sollst Du wissen, daß ich Dir unter keinen Umständen nachgebe; auch dann nicht, wenn noch mehr als im jetzigen Augenblick die Macht der Menge uns – so wie man Kindern mit einem Popanz tut – erschreckt, indem sie Fesseln, Hinrichtung und Gütereinziehung über uns verhängt.* (46b–c)

Die Erörterung soll von dem ausgehen, was Kriton selbst gesagt hat; und zwar hat er von der Meinung der Menschen gesprochen, die ihm Vorwürfe machen werden, wenn er dem Freunde nicht geholfen hat. Dieser Meinung der Vielen mit ihrer Triebhaftigkeit, ihrer Gewaltsamkeit und ihrem Wankelmut, einer δόξα also minderwertigster Art, soll die Besinnung auf das Gültige, die verantwortete νόησις entgegengestellt werden.

[23] Λόγος meint das Gefüge der gesprochenen Worte, die »Rede« oder den »Satz«; zugleich aber auch das darin ausgedrückte Gefüge der Gedanken, die entwickelte geistige Bedeutung.

Wie sollen wir das nun am angemessensten betrachten? Vielleicht, indem wir jenen Satz wieder aufgreifen, den Du [soeben] über die Meinungen [der Leute] aufstelltest, und erwägen, ob [von uns] immer das Richtige gesagt wurde, oder nicht, [wenn wir behaupteten,] man dürfe nur auf einige der [sich darbietenden] Meinungen achten, auf die anderen aber nicht – oder ob dieser Satz einst, als ich noch nicht sterben mußte, richtig war, jetzt aber sich herausgestellt hat, er sei nur so [leichthin], um einer [unverbindlichen] Überlegung willen, ausgesprochen worden, in Wahrheit aber nur Spielerei und Geschwätz gewesen? (46c–d)

Der Begriff der Noësis wird also weiter vertieft: Es geht nicht nur um eine richtig begründete theoretische, sondern um eine von personaler Entscheidung getragene, das heißt existentielle Erkenntnis. Die Frage ist sehr eindringlich gestellt, und Sokrates formuliert sie sofort noch einmal und dann ein drittes Mal:

Sieh also zu: Scheint Dir die Behauptung nicht richtig, daß man nicht alle Meinungen der Menschen beachten dürfe, vielmehr nur die einen, die anderen aber nicht? Und nicht die aller Menschen, vielmehr nur die der einen, die der anderen aber nicht? Was sagst Du dazu? Ist diese Behauptung nicht richtig?

KRITON: *Sie ist richtig.*

SOKRATES: *Man soll also die brauchbaren [Meinungen] achten, die wertlosen dagegen nicht?*

KRITON: *Ja.*

SOKRATES: *Sind aber nicht die der Vernünftigen brauchbar, die der Unvernünftigen hingegen wertlos?*

KRITON: *Wie könnte es anders sein?* (47a)

Die Meinungen der Menschen

So führt denn nun Sokrates den Gedanken weiter aus. Will ein Mensch die Pflege und Übung seines Körpers richtig betreiben, dann wird er nicht »auf jedes Mannes Lob und Tadel und Meinung achten«, sondern nur auf die »eines Einzigen, [dessen nämlich,] der sein Arzt oder Lehrer für Leibesübung ist«. Tut er das nicht, dann nimmt er Schaden an eben dem, worum es sich handelt, der Gesundheit und Tüchtigkeit des Leibes. Ebenso muß man es aber auch halten, wenn es sich »um das Gerechte und Ungerechte handelt, um das Schimpfliche und Schöne, um das Gute und Böse, um alles das, womit unsere Unterredung sich jetzt beschäftigt«. Auch hier dürfen wir nicht »der Meinung der Menge folgen und sie fürchten«, sondern »nur der des Einzigen, wenn es einen gibt, der sich darauf versteht, und vor dem wir uns mehr scheuen und in acht nehmen müssen, als vor allen anderen zusammen«. Tun wir das nicht, dann leiden wir Schaden an jenem in uns, was »durch das Gerechte gefördert, durch das Ungerechte aber verdorben wird«, nämlich der Seele, die ebenso vom Guten her lebt, wie der Leib von den Bedingungen seines Wachstums.

Mit aller Eindringlichkeit wird herausgehoben, daß es sich dabei um Leben und Tod, freilich geistiges Leben und geistigen Tod handelt. (47a–d)

Wohlan denn: Wenn wir jenes, das durch das Gesunde gefördert, durch das Ungesunde aber verdorben wird, zu Grunde gerichtet haben, indem wir die Meinung derer, die sich darauf verstehen, nicht befolgten – können wir dann, wenn es zu Grunde gerichtet ist, noch weiter leben? [Offenbar nicht.] Das, [von dem das Gesagte gilt,] ist aber doch wohl der Leib? Oder nicht?

KRITON: *Gewiß.*

SOKRATES: *Können wir also mit einem elenden und zu Grunde gerichteten Leibe noch leben?*

KRITON: *Sicher nicht.*

SOKRATES: *Können wir aber mit jenem Anderen, dem das Ungerechte schadet, das Gerechte aber nützt, (d. h. der Seele), noch weiter leben, wenn es verdorben ist?* (47d–e)

»Nein«, lautet die zu ergänzende Antwort. Und sie ist ebenso ernst wie beim Leibe:

SOKRATES: *Oder halten wir jenes, worauf sich die Ungerechtigkeit und die Gerechtigkeit beziehen – es mag im Ganzen dessen, was unser ist, sein, was es will – für wertloser als den Leib?*

KRITON: *Sicher nicht.*

SOKRATES: *Sondern für etwas Wertvolleres?*

KRITON: *Für viel wertvoller.*

SOKRATES: *So dürfen wir uns also, mein Bester, ganz und gar nicht um das bekümmern, was die Menge von uns sagen wird, sondern nur um das, was jener sagt, der sich auf das Gerechte und Ungerechte versteht – er, der Eine, und [mit ihm] die Wahrheit selbst...*

KRITON: *So scheint es wohl, Sokrates.* (47e–48a)

Kriton steht unter dem Eindruck dessen, was »die Leute« sagen; Sokrates bringt ihm zu Bewußtsein, daß die Entscheidung nur von der Wahrheit, der Gerechtigkeit, dem Guten und Edlen her fallen darf. Damit werden wieder die beiden Ordnungen deutlich: die des Machthaften auf der einen, die des Gültigen auf der anderen Seite.

Um aber ihr Wesen scharf zu unterscheiden, stellt er als Träger der ersten die Vielen auf, welche zwingen und vernichten können, die Masse mit ihrer vernunftlosen Dynamik: als Träger der zweiten aber die Wenigen, ja, »den Einzigen«, den Grenzfall der Existenz, wo sie physisch wehrlos, geistig aber ganz sie selbst wird, und es entsteht die herrliche Formulierung: »er, der Eine, und [mit ihm] die Wahrheit selbst.« Weder die Masse in ihrer Unpersönlichkeit, noch die suggestiv oder gewaltmäßig arbeitende »Führung«, welche nur die andere Seite der Masse darstellt, vermögen in jene innere Offenheit, in jenes Gegenüber zur Wahrheit und zur Norm zu gelangen, aus welchem Erkenntnis und sittliches Handeln hervorgehen. Nur der Einzelne vermag es; unersetzbar und unverdrängbar jeweils der, auf den es ankommt.

Das Folgende führt den Gedanken weiter:
Also scheint mir, Du wunderlicher Mensch, dieser Satz, den wir soeben erörtert haben, noch immer der nämliche zu sein wie früher. Betrachte nun auch noch einmal den folgenden anderen [Satz], ob er für uns [ebenfalls] noch feststeht oder nicht, man dürfe nämlich nicht über alles stellen, daß man [überhaupt] lebe, sondern daß man gut lebe.
KRITON: *Er bleibt bestehen.*
SOKRATES: *Daß aber gut zu leben und schön und gerecht zu leben ein und dasselbe sei – bleibt das bestehen oder bleibt es nicht?*
KRITON: *Gewiß bleibt es.* (48b)
Daraus ergibt sich die Folgerung für des Sokrates eigene Angelegenheit:
Sind wir soweit einig, dann müssen wir doch wohl [auch noch] dieses erwägen; ob es gerecht sei, wenn ich ohne Erlaubnis der Athener von hier zu entfliehen versuche, oder nicht gerecht. Falls es sich dann als gerecht erweist, wollen wir es versuchen, falls aber nicht, wollen wir es sein lassen. (48b–c)
Das wird durch die stolzen Sätze unterstrichen:
Was Du aber bezüglich der Geldaufwendung, der Meinung der Menschen und der Erziehung der Kinder an Überlegungen vorbringst, Kriton, das dürften doch wohl in Wahrheit nur Überlegungen von solchen sein, die leichtfertig töten und auch, wenn sie dazu fähig wären [ebenso leichtfertig] wieder zum Leben erwecken würden, [beidemal] ohne jeden Sinn – nämlich [Leute aus] eben jener Menge, [von welcher die Rede war]. Für uns aber gibt es, da die Erwägung nun einmal dazu nötigt, nichts anderes zu überlegen als das, wovon wir soeben sprachen: ob wir gerecht handeln, wenn wir denen, die mich von hier entführen sollen, Geld und Dank geben, selbst entführen oder uns entführen lassen – oder ob es in Wahrheit [so steht, daß] wir Unrecht begehen, wenn wir das alles tun. Zeigt es sich aber, daß wir damit Unrecht tun, so dürfen wir uns wohl angesichts der Frage, ob wir Unrecht tun, weiter keine Gedanken darüber machen, ob wir, wenn wir hier

bleiben und nichts unternehmen, sterben oder sonst etwas erdulden müssen. (48c–d)

Die Absolutheit der Forderung

Und nun wird die Unbedingtheit der Forderungen des Wahren, Gerechten, Guten, Schönen, mit einem Worte des nicht physisch Mächtigen, sondern sinnhaft Gültigen herausgearbeitet. Der Satz, daß kein Unrecht getan werden dürfe, gilt, unter welchen Umständen der Mensch auch handeln und welche Konsequenzen sich für ihn ergeben mögen.
SOKRATES: *Sagen wir, daß man in keinem Falle freiwillig Unrecht tun dürfe, oder daß man in dem einen Unrecht tun dürfe, in dem anderen aber nicht? Oder ist das Unrechttun niemals gut oder schön, wie es auch früher oft von uns festgestellt wurde? Oder sind uns alle jene früheren Feststellungen in diesen wenigen Tagen zerronnen, und wir hochbetagten Männer, Kriton, führen seit langem ernsthafte Gespräche miteinander und haben gar nicht gemerkt, daß wir uns in nichts von Kindern unterscheiden? Oder verhält es sich vielmehr so, wie es damals von uns behauptet wurde, daß nämlich – ob die Menge nun zustimmt oder nicht, ob wir ein härteres Los als das jetzige werden erdulden müssen oder ein milderes – dennoch das Unrechttun dem, der es vollbringt, unter allen Umständen zu Schaden und Schande gerät? Sagen wir es so oder nicht?*
KRITON: *Wir sagen's.* (49a–b)
Der Satz erleidet auch dann keine Einschränkung, wenn der Andere, mit dem man es zu tun hat, ihn selbst nicht anerkennt:
SOKRATES: *Also darf – da man ja niemals ein Unrecht tun darf – auch nicht der, dem ein Unrecht geschieht, Unrecht mit Unrecht vergelten, wie die Vielen glauben?*
KRITON: *Offenbar nicht.* (49b–c)

Der Satz hat nichts mit christlicher Vergebung oder gar Feindesliebe zu tun, sondern trägt rein philosophischen Charakter. Er sagt: Die Gültigkeit und Verpflichtungskraft des Guten hängt nicht davon ab, wie der Andere – wir dürfen weiter folgern: wie überhaupt ein Mensch sich praktisch verhalten möge; selbst dann nicht, wenn dieses Verhalten uns persönlich in der empfindlichsten Weise nahekommen sollte. Sie stammt überhaupt nicht aus dem, was es konkret gibt und was geschieht, sondern aus dem Wesen des Guten selbst, ohne Rücksicht darauf, was irgendwo getan oder unterlassen wird. Eine gewaltige Erkenntnis, und man fühlt die Erregung, die ihren Weg begleitet.

Sie ist aber gefährlich. Der Mensch, der so denkt, verläßt den Schutz, der im Berücksichtigen von Umständen und Folgen liegt. Er anerkennt das Geltende an sich, dessen Ordnung mit der des konkreten Geschehens weithin nicht übereinstimmt. Er stellt sich unter den Anspruch des Absoluten, während er weiter im Bereich des bloß Tatsächlichen und Bedingten lebt, das sich nicht notwendig nach jenem Anspruch richten muß, ja es sehr oft ausdrücklich nicht tut. Damit setzt er sich den Folgen aus, die aus dem Widerspruch kommen, und Sokrates warnt denn auch den Freund:

Man darf also keinem der Menschen weder mit Unrecht noch mit Übel vergelten, was man auch von ihnen zu erdulden habe. Und nimm Dich in acht, Kriton, daß, wenn Du dieses zugibst, das Zugeständnis nicht Deiner eigentlichen Meinung widerspreche! (49c–d)

Hier scheiden sich die Wege:

Denn ich weiß, daß nur einige wenige diese Überzeugung haben, und auch [in Zukunft nur wenige sie] haben werden. Zwischen denen aber, die so denken und denen, die es nicht tun, gibt es kein gemeinsames Wollen, sondern sie müssen notwendig einander verachten, wenn sie gegenseitig ihre Entschlüsse anschauen. (49d)

Es geht also um eine folgenschwere Entscheidung:

Darum überlege Dir sehr genau, ob Du Dich [mir] anschließen und die gleiche Meinung annehmen willst; und ob wir in unserer [weiteren] Betrachtung davon ausgehen sollen, daß es niemals erlaubt sei, Unrecht zu tun, oder Unrecht mit Unrecht zu vergelten, oder, wenn man Übles erfahren hat, sich dadurch zu wehren, daß man Übles mit Üblem beantwortet – oder aber ob Du Dich von [dieser Meinung] abwendest und diesen Ausgangssatz ablehnst. Ich nämlich bin von jeher und auch heute noch davon überzeugt; wenn Du aber in irgendeinem Punkte eine andere Überzeugung hast, dann sage es und belehre mich. Bleibst Du aber bei unseren früheren Ansichten, dann höre die Folgerung. (49d–e)

Die letzte Phase des Gesprächs ist für die Frage unserer Untersuchung wichtig.

In ihr dringt einmal das philosophische Ur-Erlebnis der Gültigkeit durch, wonach diese – hier als ethische, anderwärts als noëtische oder ästhetische Norm genommen – aus sich heraus, unabhängig von allen empirischen Bedingungen besteht und als solche erkannt werden kann. Die schärfste Gegenstellung also zum Relativismus der Sophistik, welche das einzig Erhebliche in der empirischen Wirklichkeit sieht. Und zwar wird diese Gültigkeit in ihrer Grenzposition erfahren, dort, wo sie das Leben des Erfahrenden gefährdet, und er mit ihrer Anerkennung allein steht.

Dann aber liegt in den Sätzen noch etwas anderes. Die Weise, wie Sokrates die Unbedingtheit dieses Geltens deutlich macht, ist mehr als nur ein Aufzeigen und Lehren, vielmehr ein Eindringen, Sich-Einklammern, Stand- und Wurzelfassen in dieser Gültigkeit. Es ist ein existentieller Vorgang, der zu den wesenhaftesten Geschehnissen der sokratisch-platonischen Welt gehört, und den man verstehen muß, wenn man der geistigen Haltung Platons gerecht werden will. Der Geist vergewissert sich darin des in der Wahrheit erscheinenden Absoluten. Und nicht nur, um zu urteilen: »so und so ist es«, sondern um zu erfahren: »indem ich erkenne und sage, daß es so ist, geschieht etwas mit mir selbst. Darin, daß ich erkenne: es ist nicht nur so, sondern kann nicht anders sein, werde ich selbst, wird mein geistiges Sein dem Wandelbar-Bedingten enthoben und im Endgültigen geborgen.« Das Absolute zu erkennen und zu bejahen, bedeutet nicht nur, den würdigsten Gegenstand in den Blick zu bekommen, sondern selbst, seiend, an der Absolutheit dieses Gegenstandes teilzuhaben.

Damit ist die Untersuchung dem Folgenden voraufgeeilt. Denn wie genau Platon so denkt, wird erst bei der Interpretation des Phaidon deutlich werden; bildet es doch den Kern der ganzen Aufweisung der Unsterblichkeit, wie sie dort unternommen wird. Dem Ansatz nach ist sie aber schon hier gegeben. Sokrates weiß, wenn er die Absolutheit der sittlichen Norm bejaht, muß er sterben. Die Inbrunst aber, mit welcher er die Bejahung vollzieht, und die am Schluß des Dialogs in den Sätzen vom Ton der Flöten und der Ekstase der Korybanten durchbricht, zeigt, wie eng in ihm die Bejahung des Absoluten und die Bereitschaft zum Sterben zusammengehören – und zwar so, daß in eben dieser Bejahung der eigentliche Tod, das Anheimfallen an die Vergänglichkeit, überwunden wird.

Die Folgerung

Der Lesende fühlt das Gewicht der Frage, die Sokrates an seinen Freund stellt. Durch sie wird die Bedeutung des vorher Gesagten herausgehoben, damit es, voll anerkannt, die Grundlage für die kommenden Gedankenschritte bilden könne:

KRITON: *Ich bleibe bei ihnen und bin einverstanden. Sprich also weiter!*

SOKRATES: *So spreche ich denn aus, was daraus folgt, vielmehr ich frage danach: Wenn jemand einem Menschen*

etwas der Gerechtigkeit Gemäßes zusichert – muß er es dann auch tun, oder darf er ihn darum betrügen?
KRITON: *Er muß es tun.* (49e)
Das Gute, das unter allen Umständen getan werden soll, wird hier unter einem besonderen Gesichtspunkt, nämlich als Erfüllung einer übernommenen Vertragspflicht gefaßt. Damit leitet das Gespräch zum Folgenden über, worin das Verhältnis des Menschen zum Staate dargestellt wird – welcher πόλις, Stadt, den Maßen nach begrenztes, daher lebendig im Bewußtsein zu tragendes Gemeinwesen ist – zur Geschichte von der Begegnung mit den Gesetzen.
»Die Gesetze« sind die Weise, wie die Gerechtigkeit im Staate verwirklicht wird. Was »Gerechtigkeit« im platonischen Sinne bedeutet, wird ihrer ganzen Fülle nach erst die »Politeia« entwickeln: sie ist die Ordnung des Lebens, wie sie sich aus dem Wesen der Dinge, aus den Ideen ergibt. Die konkrete Formel aber dafür, wie der einzelne Staat zur Idee steht, bilden seine Gesetze. Je besser die Gesetze sind, desto reiner dringt die Idee im Gemeinwesen durch. Sobald eine Bestimmung Gesetzescharakter erlangt hat, ist sie gültig, auch wenn an ihr noch viel getadelt werden kann, und tritt dem einzelnen als Sachwalterin der rechten Ordnung, als Repräsentantin der Idee entgegen. Sokrates sagt nun:
Betrachte es also folgendermaßen: Wenn wir von hier gerade weglaufen wollten – oder wie man [ein solches Tun] sonst benennen mag – und die Gesetze und das Gemeinwesen[24] *der Stadt kämen herbei und träten vor uns hin und fragten: ›Sag uns doch, Sokrates, was hast du im Sinn, zu tun?‹* (50a)
Die Szene ist mehr als eine bloße Allegorie, denn diese Gesetzeswesen haben eine unmittelbare Lebendigkeit. Ein mythischer Hauch geht durch die Worte; ja man kann in dem Sinne, wie es oben mit Bezug auf die dritte Rede der Apologie geschah, sagen, die Szene sei der Mythos des Kriton, der sich aus den theoretisch-philosophischen Überlegungen erhebt.

[24] Τὸ κοινόν, das Gemeinsame, vielleicht sogar das Ganzheitliche.

Darin offenbart sich das Verhältnis des Einzelnen zur heimatlichen Polis; das gefühlsmäßige sowohl wie das »kategoriale« Element, die darin enthalten sind. Die Gesetze treten ihm in dem Augenblick entgegen, da er die Stadt verlassen will; im kritischen Augenblick der letzten Entscheidung also, da die Möglichkeit des Neinsagens die ganze Größe der Forderung zu Bewußtsein bringt – eine den Sinn heraustreibende Grenzsituation wie die vom Einzelnen und der Wahrheit. Sie erscheinen als objektive Wesen, gleichsam als die Hüter-Gottheiten des Staates, und die Tiefe des Gewissens antwortet ihnen.

Diese Gesetze fragen:
Hast du eigentlich mit der Tat, die du unternimmst, anderes vor, als uns, die Gesetze und die ganze Stadt, soviel an dir liegt, zu Grunde zu richten? Oder hältst du es für möglich, daß eine Stadt bestehe und nicht dem Umsturz entgegengehe, wenn in ihr die einmal gefällten richterlichen Entscheidungen keine Geltung haben, sondern von Privatleuten außer Kraft gesetzt und zunichte gemacht werden? (50a–b)
Was wird Sokrates antworten können?
...werden wir ihnen erwidern: ›die Stadt hat uns Unrecht getan und den Prozeß nicht recht entschieden?‹ Werden wir so antworten oder anders?
KRITON: *Beim Zeus, so, Sokrates!* (50b–c)
Die Sätze charakterisieren die beiden mit einander sprechenden Menschen. Auch der ganz aus dem unmittelbaren Gefühl lebende Kriton hat ein Verhältnis zu Staat und Gesetz; er nimmt sie aber alltäglich-praktisch nach dem Gesichtspunkt: »wie Du mir, so ich Dir.« Kurz vorher hat er zugegeben, man dürfe keinem Menschen Unrecht tun, auch dann nicht, wenn man selbst von ihm Unrecht erfahren hat; das hat er aber schon wieder vergessen, weil es ihm überhaupt nicht zu echtem Verständnis gelangt ist. Jetzt redet er aus seinem wirklichen Empfinden und nimmt Staat und Gesetz als Mächte, denen der individuelle Lebenswille ebenbürtig

gegenübersteht, und deren er sich erwehren muß, wenn sie seinen Interessen gefährlich werden. Sokrates empfindet anders. Die Gesetze sind nicht nur, sondern gelten; sie haben nicht nur Macht, weil etwas passiert, wenn sie nicht beobachtet werden, sondern Hoheit; der, der sie verletzt, hebt den Sinn seines Verhältnisses zum Staat auf. So stehen sie in einer anderen Ordnung als der individuelle Wille. Sie sagen, das Urteil, welches rechtskräftig geworden ist, müsse erfüllt werden. Daß das geschehe, ist »Gerechtigkeit«.

Allerdings besteht auch die Möglichkeit, daß das Gesetz selbst versagen könne und seinerseits am zuständigen Maßstab, nämlich an der Idee des Gesetzes geprüft werden müsse. Von dorther steht dem Einzelnen ein echtes Recht der Kritik und, unter bestimmten Umständen, der Notwehr zu. In dieser Möglichkeit liegt ja die Vorbedingung für die Freiheit der Menschen wie für den Fortschritt der Gesetzesordnung selbst. Sie wird aber überhaupt nicht in Betracht gezogen, und darin liegt denn auch die Schwäche der ganzen Behandlung des Problems, die der Leser bald fühlt. Denn daß Kriton dieses mit dem Wesen der Person gegebene Recht nicht sieht, sondern nur aus Gesichtspunkten unmittelbarer Selbsterhaltung heraus denkt, gibt Sokrates im geistigen Kampf des Dialogs ein zu leichtes Spiel. Insofern ist der Ansatz des Problems bzw. der Dialogsituation – ähnlich wie im Euthyphron – nicht in Ordnung. Gewiß kommt das Gesetz aus der Autorität des Staates. Damit ist klar, daß der einzelne Mensch eine Strafe, die sich aus der ordnungsgemäßen Durchführung des Gesetzes ergibt, nicht aus eigener Machtvollkommenheit aufheben kann. Hier handelt es sich aber darum, ob er sich den Folgen eines ungerechten, ja sinnwidrigen Urteils entziehen dürfe; und es ist für den Sinn des sokratischen Schicksals wie auch für seine Darstellung durch Platon bezeichnend, daß er diese Frage gar nicht aufnimmt, obwohl es ihm von seinem Standpunkt her durchaus möglich wäre. Wir treffen wieder auf jene eigentümliche Tendenz zur Radikalisierung, wie sie schon in der Apologie zu Tage trat. Etwas in Sokrates treibt in den Tod, gleichgültig, ob er damit dem Staate, den er doch so tief bejaht, die Last des Unrechts aufbürdet. Wenn man das nicht sieht, nimmt man das Ganze nur ästhetisch und stellt den Reiz der tragischen Konsequenz über die Wahrheit. Damit tritt man aber zu Platon selbst und vielleicht noch mehr zu Sokrates in Widerspruch; denn für diese geht es nicht um die Entfaltung eines großen Charakters oder einer heroischen Situation, sondern um die Frage: »Was ist recht, und was soll man tun?«

Dann beginnt das eigentliche Gespräch zwischen den »Gesetzen« und dem Menschen, der da im Begriff ist, sich ihrem Anspruch zu entziehen.[25] Sie sagen:
›Sokrates, wundere dich nicht über das Gesagte, sondern antworte darauf – du bist ja gewohnt, Frage und Antwort zu handhaben. Wohlan also: Was hast du uns und der Stadt vorzuwerfen, daß du uns zu Grunde richten willst? Verdankst du uns nicht zunächst einmal dein Leben? Und haben nicht durch unsere Vermittlung dein Vater und deine Mutter gefreit und dich gezeugt? Sage uns also, ob du gegen jene unter uns Gesetzen, die sich auf die Ehe beziehen, irgendeinen Einwand hast, als seien sie nicht in Ordnung?‹
›Ich habe keinen Einwand‹, würde ich sagen.
›Und gegen die anderen, welche sich auf die Pflege und Erziehung der Kinder beziehen, wie sie auch dir zuteil geworden ist? Oder haben nicht die hierfür verordneten

[25] Nebenher mag darauf aufmerksam gemacht werden, wie lebendig die dramatische Kunst Platons ist: Sokrates steht im Gespräche mit Kriton. Darin schildert er die Begegnung mit den Gesetzen und läßt sein Gespräch mit diesen erstehen. In anderen Dialogen sind es nicht nur zwei, sondern noch mehr dramatisch-dialogische Schichten, auf denen sich das geistige Geschehen entfaltet: Phaidon erzählt Echekrates die letzten Ereignisse von Sokrates' Leben. Im Bericht erscheint letzterer im Gespräch mit den verschiedenen Personen seiner Umgebung. In diesen Unterredungen tauchen hinter oder neben ihnen herlaufende andere Begegnungen, wie die zwischen Simmias und Euenos, oder Kriton und dem Gefängniswärter auf usw.

Gesetze unter uns eine gute Weisung erlassen, als sie deinem Vater vorschrieben, er solle dich in Musenkunst und Leibesübung unterrichten?‹
›Eine gute [Weisung]‹, würde ich sagen. (50c–e)
Zwischen den Gesetzen und dem einzelnen Menschen besteht eine enge Beziehung. Diese Beziehung hat er an vielen für sein Leben entscheidenden Stellen bejaht. Er hat sie als die Ordnungen des Lebensganzen, in dem er steht und also auch als die Garanten der eigenen Wohlfahrt erkannt; daraus ergeben sich aber Konsequenzen, und »die Gesetze« melden sie an:
›Gut. Nachdem du aber [in unserer Hut] geboren, aufgezogen und unterrichtet worden bist – kannst du da noch leugnen, daß du sowohl unser Abkömmling wie auch unser Knecht warst, sowohl du selbst, wie auch deine Vorfahren?‹ (50e)
Indem Sokrates so getan, ist er zu ihnen in ein Verhältnis der Abhängigkeit und Untergebenheit getreten und steht ihnen fortan nicht als gleichgestellten, sondern als überlegenen und übergeordneten Mächten gegenüber. Er kann also nicht, wie zwischen Gleich und Gleich, sein Urteil wider sie aufrichten, sondern muß sich unterordnen, auch wenn er glaubt, ihm geschehe Unrecht.
›Und wenn es sich so verhält – glaubst du dann, dir stehe das gleiche Recht zu wie uns? Und wenn du das, was wir dir etwa antun wollen, wiederum uns antun willst – glaubst du, das sei für dich gerecht? Es stand dir doch auch gegen deinen Vater nicht das gleiche Recht zu, und auch nicht gegen deinen Herrn, wenn du einen hattest; und was du von ihm erlittest, durftest du ihm nicht vergelten; und wenn du von ihm geschmäht wurdest, durftest du ihm nicht gleiche Worte zurückgeben; und wenn du von ihm geschlagen wurdest, ihn nicht wieder schlagen, noch vieles anderes dieser Art tun. Gegen deine Vaterstadt aber und gegen die Gesetze soll dir das erlaubt sein? Wenn wir dich vernichten wollen, weil wir es so für recht halten – wirst du dich dann unterfangen, soweit es an dir liegt, zur Vergeltung auch uns Gesetze und deine

Vaterstadt zu vernichten und obendrein behaupten, damit ein gerechtes Werk zu vollbringen – du, der du dich in Wahrheit um die Tugend mühst?‹ (50e–51a)

Ja die Autorität des Staates ist noch größer als jene von Vater und Mutter:

›Oder ist dir bei deiner Klugheit entgangen, daß das Vaterland der Ehrung noch würdiger ist als Mutter und Vater und alle anderen Vorfahren zusammen, erhabener und heiliger und höher geachtet bei Göttern und verständigen Menschen; und daß man das Vaterland mehr verehren und ihm, wenn es zürnt, mehr zu Willen und gefällig sein muß, als seinem Vater? Daß man es entweder zum Besseren überreden oder aber tun muß, was es befiehlt, und in Gelassenheit dulden, wenn es einem ein Leid auferlegt, ob es einen nun schlage oder binde oder in den Krieg sende zu Verwundung und Tod? Daß man das tun muß, und es so gerecht ist, und man nicht ausweichen und sich zurückziehen und seinen Platz verlassen darf, sondern im Kriege und vor Gericht und überall sonst tun muß, was Stadt und Vaterland gebieten, oder aber es überzeugen, wo das wahre Recht liege – es hingegen gottlos ist, gegen Vater und Mutter Gewalt zu gebrauchen und noch viel mehr gegen das Vaterland?‹[26] (51a–b)

Nachdem auf die Kritik am Gesetz selbst verzichtet worden ist, kann das Ergebnis nicht anders ausfallen, als es lautet:

Was werden wir darauf sagen, Kriton? Daß die Gesetze wahr sprechen oder nicht?

KRITON: *Daß sie wahr sprechen, glaube ich.* (51c)

Er stimmt zu. Wie weit überzeugt, und nicht nur in seinem Verstande, der sicher schon lang gewöhnt ist, der überlegenen Dialektik seines Freundes recht zu geben, sondern im

[26] Wie Euthyphron im Eingang des Gesprächs erzählt, er wolle seinen Vater zur Rechenschaft ziehen, ist Sokrates entsetzt und sieht darin einen Frevel am Göttlichen. Die Worte der »Gesetze« machen die Vorstellungen deutlich, aus denen jene Stellungnahme hervorgeht. Die Gesetze sind Vater-Mächte; Verkörperungen des zeugenden Ursprungs und der ordnenden Höhe; Träger der Majestät dessen, was von Anfang her war, und Repräsentanten des in der Autorität zusammengeschlossenen Ganzen.

Wirklichkeits- und Vernünftigkeitsgefühl seines redlichen Herzens, steht dahin.
Wir unsererseits können nicht anders, als denken, die Frage nach dem Verhältnis von Gesetz und Einzelnem, Autorität und Gewissen werde hier nicht bis zur ganzen Tiefe des Problems vorgetrieben. Im Dialog geht es aber – ebenso wie in der Apologie – nicht um dieses Problem selbst, sondern um den Existenzsinn des großen Menschen Sokrates. Der hat in einem schließlich nur ihm selbst durchsichtigen Einvernehmen mit der Gottheit die Gesetze Athens als die Vollstreckungsmächte seines Schicksals erkannt. Ihm geht es also um mehr, als nur um sittliche Verpflichtung. Er steht für ein Neues, welches das Hergebrachte gefährdet; so ist er in einer Art sühnender und zugleich sich selbst vor Willkür bewahrender Gerechtigkeit allem, was gilt, um so tiefer verpflichtet. Es kann ihm nicht verbieten, die Wahrheit zu sagen; darin muß er, wie seine Verteidigungsrede ausdrücklich erklärt, der göttlichen Stimme gehorchen, auch wenn er damit gegen die Gesetze handelt. In allem aber, was nicht dieses Letzte betrifft, binden sie ihn, eben weil er der Vollstrecker einer solchen Umwälzung ist, stärker als die Übrigen. Und vielleicht klingt auch noch die Ahnung jenes anderen »Gesetzes« herein, wonach der Durchbruch des Höheren von dem, der ihn bringt, bezahlt werden muß, und dieses Höhere soviel in die Geschichte eintritt, als der Preis auch wirklich erlegt wird.

Ja die Gesetze könnten noch mehr anführen. Sokrates fährt fort:
›Erwäge nun, Sokrates‹, würden die Gesetze vielleicht noch sagen, ›ob wir mit Recht behaupten, daß es kein gerechtes Unternehmen ist, was du jetzt gegen uns beginnst. Wir, die wir dich erzeugt, ernährt und unterrichtet, die wir dir und allen anderen Bürgern an allem Schönen, worüber wir verfügen, Anteil gegeben haben – wir haben gleichwohl jedem Athener, der es will, nachdem er Bürger geworden und sich die Politik der Stadt und uns Gesetze angesehen hat, die

Erlaubnis gegeben, falls er nicht mit uns einverstanden ist, seinen Besitz zu nehmen und wegzugehen, wohin er will. Und keines von uns Gesetzen steht im Wege und hindert einen von euch, falls wir oder die Stadt ihm nicht zusagen, sich in eine neue Kolonie zu begeben oder anderswohin überzusiedeln [und] mit seinem ganzen Besitz zu gehen, wohin er will.‹ (51c–d)

Das ist die einzige Kritik bzw. Selbstverteidigung, die dem Einzelnen zugestanden wird: er darf sich darüber klar werden, ob die Ordnung des Gemeinwesens ihm gut scheint oder nicht, und es verlassen, wenn das nicht der Fall ist.

›Wenn aber einer von euch hierbleibt, obgleich er sieht, auf welche Weise wir Recht sprechen, und wie wir sonst die Stadt verwalten – von dem meinen wir allerdings, er habe sich durch die Tat uns gegenüber einverstanden erklärt, alles zu tun, was immer wir ihm befehlen; und von dem, der uns dann nicht gehorcht, sagen wir, er tue dreifaches Unrecht, weil er ungehorsam ist gegen uns, die ihn gezeugt und ernährt haben, und schließlich, weil er trotz seiner Zusage, zu gehorchen, uns nicht gehorcht, aber uns auch nicht zu überzeugen sucht, wenn wir etwas tun, was nicht schön ist.‹ (51e)

Dann spielt eine lächelnde Selbstironisierung über all den Ernst, wenn Sokrates meint, die Gesetze würden wohl gerade ihn am meisten mit diesen Argumenten fassen können. Sie würden nämlich sagen, daß er doch noch viel mehr als andere sich mit ihnen einverstanden erklärt habe.

Sie würden nämlich sagen: ›Sokrates, wir haben sichere Beweise dafür, daß du mit uns und der Stadt einverstanden warst; denn du wärest wohl nicht so viel lieber als alle anderen Athener in ihr geblieben, wenn sie dir nicht ganz besonders gefallen hätte. Hast du ja doch auch nie die Stadt verlassen, um [anderswo] an einem Feste teilzunehmen, höchstens einmal auf dem Isthmus; [bist auch nie] sonstwohin gegangen, es sei denn gelegentlich ins Feld. Auch hast du niemals eine Reise unternommen, wie die anderen Menschen, noch hat dich je das Verlangen erfaßt, eine andere Stadt und andere Gesetze kennenzulernen, sondern wir und unsere Stadt waren dir genug – so entschieden hieltest du immer zu uns und gelobtest, als Bürger nach unseren [Geboten] zu leben. Auch hast du Kinder in ihr gezeugt, weil dir offenbar die Stadt gefiel.‹ (52a–c)

Man meint ihn leibhaftig vor sich zu sehen, wie er in der Stadt lebt, im Geiste über dem Irdischen, und doch so genau mit ihm vertraut. Wie er dem Höchsten verpflichtet ist, aber auch Bescheid weiß in allen Winkeln und sich für die täglichsten Sachen des Lebens interessiert; sicher über alles unterrichtet ist, was in Land und Stadt und Gasse vor sich geht und wahrscheinlich sogar einigem Klatsch nicht abgeneigt – dieser »wahrhaft von Dionysos Berührte«, in dessen Herzen das Daimonion spricht und der doch zugleich einen so sonderbar kleinbürgerlichen, pedantisch-rationalistischen Zug an sich hat, daß man sich manchmal fragt, wie denn sein Schüler Platon, der Aristokrat und große Künstler, es immer bei ihm habe aushalten können?

›Du hattest siebzig Jahre Zeit, während derer es dir freistand, fortzugehen, wenn wir dir nicht gefielen und die Abmachungen [mit uns] dir nicht gerecht erschienen. Du hast aber weder Sparta vorgezogen noch Kreta, von denen du doch immer behauptetest, sie hätten eine gute Verfassung, noch irgend eine andere Stadt der Griechen oder Barbaren, sondern hast dich seltener von hier entfernt, als Lahme und Blinde und andere Krüppel. So ausnehmend vor jedem anderen Athener hat dir offenbar die Stadt gefallen und auch wir Gesetze. Denn wem gefiele eine Stadt, aber ihre Gesetze nicht?‹ (52e–53a)

Ginge aber Sokrates wirklich fort, dann würde er in eine unmögliche Situation geraten:

›Und sobald du dich nun wirklich in eine der nächsten Städte begibst – nach Theben oder nach Megara, die beide eine gute Verfassung haben – dann kommst du als ein Feind für ihre Verfassung, und alle, die um ihre eigene Stadt besorgt sind, werden dich scheel ansehen, weil sie dich für einen Zerstörer

der Gesetze halten; und du wirst den Richtern [hier] nur ihren Ruf bestätigen, [so daß man von ihnen glauben kann,] sie haben dich zu Recht verurteilt. Denn wer ein Verderber der Gesetze ist, den kann man wohl entschieden für einen Verderber junger und unverständiger Menschen halten. Wirst du also die gut verwalteten Städte und die ehrenhaftesten Männer meiden? Wird aber, wenn du das tust, das Leben noch einen Wert für dich haben? Oder wirst du dich ihnen doch nähern und unverschämt genug sein, dich mit ihnen zu unterreden – und mit was für Reden, Sokrates? Etwa den gleichen wie hier, daß die Tugend und die Gerechtigkeit und das Gesetzliche und die Gesetze für die Menschen das Höchste seien? Und glaubst du nicht, daß die Sache des Sokrates dann sehr kläglich aussehen wird?‹ (53b–e)

Daraus ergibt sich die Folgerung:
›Darum, Sokrates, folge uns, deinen Erziehern, und achte weder deine Kinder, noch das Leben, noch irgend etwas anderes mehr als das Gerechte, damit du, wenn du in den Hades kommst, vor denen, die dort herrschen, das alles zu deiner Verteidigung vorbringen kannst.‹ (54b)
Und dazu die feierliche letzte Begründung:
›Jetzt aber wirst du – wenn du denn scheidest – als einer von hinnen gehen, dem Unrecht geschehen ist, [zwar] nicht von uns Gesetzen, doch von Menschen.‹ (54b–c)
Man sieht, wie sorgsam Sokrates – und in Sokrates Platon – darauf bedacht ist, in einer Atmosphäre verantwortungsloser Kritik, wie die Sophistik sie hervorgebracht hat, den Staat als solchen hochzuhalten. Nicht von Seiten »der Gesetze«, sondern von Seiten der sie handhabenden Menschen ist Unrecht geschehen. Daß ein Gesetz selbst zum Unrecht werden kann, wird, noch einmal gesagt, nicht in Betracht gezogen. Doch ist das hier, im Zusammenhang von Sokrates' tragisch-großem Schicksal, vielleicht nicht unerläßlich.
›Entweichst du aber so schmählich und vergiltst Unrecht mit Unrecht, Übeltat mit Übeltat, brichst deine Versprechungen

und Vereinbarungen mit uns und tust denen Unrecht, denen du es am wenigsten antun darfst, nämlich dir und deinen Freunden, deinem Vaterlande und uns – dann werden wir dir zürnen, so lange du auf Erden lebst und auch dort drüben. Unsere Brüder, die Gesetze im Hades, werden dich nicht freundlich empfangen, weil sie wissen, daß du, soviel an dir lag, auch uns zu verderben suchtest. Darum laß dich nicht von Kriton überreden, zu tun, was er sagt, sondern lieber von uns.‹ (54c)

Schon die Apologie hat ein irdisches Tun mit einem jenseitigen hinterbaut – dort, wo Sokrates sagt, das Glück des Lebens jenseits des Todes werde mit darin bestehen, das, was er hier getan, in seinen ewigen Sinn heben zu dürfen. Hier geschieht etwas Ähnliches: die Gesetze, denen auf Erden gehorcht werden soll, werden zu denen des Jenseits in Parallele gestellt. Gültiges Tun ist ewiges Tun. Und ewig nicht nur im Sinn, sondern auch im Sein: in ihm begründet sich eine der Vergänglichkeit enthobene Existenz.

Der Schluß

Das Ganze endet in einem kurzen, erhabenen Ausklang: *Diese Reden, das sollst Du wissen, mein lieber Freund Kriton, glaube ich [immerfort] zu hören, so wie die korybantisch Verzückten*[27] *den Ton der Flöten zu hören glauben [auch wenn sie längst verstummt sind]. Und der Widerhall dieser Worte schallt in mir nach und macht, daß ich auf keine*

[27] Tänzer im Kult der Kybele.

anderen mehr zu hören vermag. Darum wisse: wie ich jetzt von dieser Überzeugung erfüllt bin, wirst Du, wenn Du etwas dagegen sagst, vergebens reden. Meinst Du aber gleichwohl, etwas dagegen ausrichten zu können, so sprich!
KRITON: *Nein, Sokrates, ich habe nichts mehr zu sagen.*
SOKRATES: *So laß es, Kriton. Wir aber wollen denn so handeln [,wie wir es als recht festgestellt haben]. Auf diesem Wege führt uns [unbemerkt] der Gott.* (54d–e)

Die Entscheidung, die in den großen Reden vor dem Gerichtshof zum Ausdruck gekommen war, ist nun, angesichts der Möglichkeit, ihr zu entgehen, im stillen Gespräch mit dem alten Jugendfreund noch einmal geprüft worden. Außer zu Beginn, wo Kriton die Nachrichten vom Nahen des Schiffes bringt und zur Flucht drängt, steht er aber kaum in wirklichem Austausch mit Sokrates, sondern sagt sein »Ja« und »Allerdings« zu dem Monolog, den dieser mit sich selbst führt – richtiger zu jenem Dialog, der sich zwischen dem unerbittlichen Prüfer menschlicher Stellungnahmen und »den Gesetzen« vollzieht.
Die Fahrt des Festschiffes hat sich hinausgezogen; so hat Sokrates im Gefängnis eine lange Zeit verbracht. Die Haft ist nicht streng gewesen, Schüler und Freunde haben leichten Zutritt gehabt, und die Tage sind wohl meistens im gewohnten Gespräch vergangen. Sokrates ist aber nicht nur der Philosoph der absoluten Forderung des Wahren und Guten, sondern auch ein Mensch von starker und bis in sein Alter ungebrochener Lebenskraft. So werden auch Stunden gekommen sein, in denen das Leben sehr fordernd seine Stimme erhob, und er ihr Stand halten mußte. Von da aus erscheint das Zwiegespräch des Kriton wie ein Lautwerden voraufgehender stiller Erwägungen.
Die Forderung des Guten hat die Unwidersprechlichkeit rationaler Evidenz gewonnen, und der Wille hat ihr in freier Entscheidung zugestimmt. Damit hat sich jenes Zarte und zugleich Unzerbrechbare zusammengefügt, worin deutlich

wird, was Person ist. Hinzu kommt die Sinn-Macht der religiösen Erfahrung. Die Göttlichkeitsgestalt, welche über dem sokratischen Dasein steht, ist, wie die Apologie gezeigt hat und der Phaidon weiter zeigen wird, Apollon. Er ist es, der im Spruch der Pythia und wohl auch in den Warnungen des Daimonion geredet hat. Mit den Worten vom Klang der Flöten und der Ekstasis der Korybanten aber geht die Erfahrung einen Atemzug lang aus dem Raum seiner Helligkeit in den der dionysischen Begeistung hinüber – wobei freilich nicht vergessen werden darf, daß Apollon und Dionysos einander viel näher stehen, als die übliche Antithese voraussetzt.

Wie die Apologie, so zeigt auch der Kriton den Zusammenhang, der zwischen dem Problem des Todes und dem des Gewissens besteht. Das Gewissen kann den Menschen in den physischen Tod führen, wenn sein Gebot einen unlösbaren Konflikt mit dem Bestehenden verursacht. Es überwindet aber auch den Tod, indem es einen Sinnzusammenhang verwirklicht, der den zeitlichen Untergang überdauert. Dieser Zusammenhang liegt, trotz der letzten Sätze des Gesprächs, nicht im Dionysischen. Das wäre der Fall, wenn der Tod als ein Ausfluten der Lebenswelle verstanden würde, dem ein neuer Anstieg folgte; oder als Kulmination des Einzellebens, in welcher, die Sondergestalt zerbrechend, sieghaft das Ganze durchdränge. Der Tod wird vielmehr dadurch überwunden, daß der geistig erwachsene Mensch eines Unbedingten inne wird, das jenseits des Lebensstromes und seiner Rhythmen, jenseits auch der Geburt und des Todes steht: des Gerechten, des Wahren, des Heilig-Guten, welches ihn in einer einzigartigen Weise anruft und bindet. Ebendamit wird er nämlich inne, in ihm selbst sei etwas, das auf jene Gültigkeit zu antworten und von ihr gebunden zu werden vermag, der Geist. Er ist dem Gültigen artverwandt und wird es um so mehr, je reiner er dessen Anruf gehorcht.

Durch diese Erfahrung wird alles Vergehende entmächtigt und eine nicht mehr zu erschütternde Sicherheit gewonnen.

Im ersten der vier Dialoge ist sie noch verhüllt. Sie zeigt sich mehr in dem, was mißlingt und fehlt, als in dem, was positiv gewonnen wird. Euthyphron ist ganz ins Vergängliche eingewoben und versagt vor allen Anforderungen des Sokrates; ebendarin wird aber deutlich, daß dessen Existenz anders begründet ist, auch wenn dieses Andere selbst nicht zur Aussage gelangt...In der Apologie bricht das sokratische Bewußtsein, im Gültigen gebunden und zugleich bewahrt zu sein, mächtig durch. Nicht als Überflutung durch irgendeine geheimnisvolle Macht, die ja auch gesteigerte Vitalität sein könnte, sondern als Verpflichtung durch die sittliche und religiöse Norm, in Einsicht und Freiheit. Was darin erfaßt wird, ist das Gewissen, und im Gewissen der geistige Mensch...Das gleiche Gewissenserlebnis kehrt, nur innerlicher und stiller, im Kriton wieder. Da ist Sokrates mit dem Jugendfreunde allein, richtiger gesagt, mit sich selbst. Das Gespräch vollzieht sich zwischen dem Lebenswillen seiner starken Natur und der sittlichen Pflicht; und es ist erschütternd, mit welcher Lauterkeit jenes Innerste und zugleich Fernste im Menschen, welches mitten im Strom des Lebens sich über dessen Andrang zu erheben vermag, das Gewissen, auf ihre Forderung antwortet...Der Phaidon endlich hebt das ganze Verhältnis zur letzten Klarheit. Er versteht das Gewissen als Organ für den Sinn und die Hoheit des Gültigen überhaupt; nicht nur für das Sittlich-Gute, sondern auch für das Wahre. Das Sittlich-Gute ist mit dem Wahren eins, und beides zusammen ist im Heilig-Guten verankert; das Gewissen aber bildet die Antwort des geistigen Menschen auf die ewige Forderung. Mit diesen Gedanken steigt der Phaidon über die voraufgehenden Dialoge hinaus. Doch fügt er ihnen nichts Fremdes zu, sondern bringt ihren Grundansatz zur letzten Erfüllung.

Phaidon

Die Gliederung des Dialogs

Der Phaidon ist von den vier Dialogen, die uns beschäftigen, der umfangreichste und schwierigste; so soll zuerst sein Aufbau vor Augen gebracht werden.
Dem eigentlichen Dialog geht eine Eingangsszene voraus. Echekrates aus Phlius trifft Phaidon, einen Schüler des Sokrates, bittet ihn, von den letzten Stunden seines Meisters zu erzählen, und Phaidon ist gern bereit.
Er berichtet also, wie infolge der späten Heimkehr des Festschiffes das Urteil nicht vollstreckt werden konnte, und was am letzten Tage selbst im Gefängnis geschah – zunächst bis zu dem Augenblick, da die Gattin des Sokrates, Xanthippe, zusammen mit dem jüngsten Söhnchen von ihrem Gatten Abschied nimmt und hinausgeführt wird. (57a–60c)
Soweit das Vorspiel.

Darauf folgt der eigentliche Dialog im Kreis der Schüler, die sich ebenfalls eingefunden haben. (60c–115a)
In ihm lassen sich eine Einleitung und drei Hauptteile unterscheiden.
Die Einleitung entwickelt sich aus einer Botschaft, die Sokrates einem der Anwesenden an den Dichter Euenos aufträgt, dieser möge ihm so rasch als möglich im Tode folgen; und zwar begründet er sie mit dem Satz, das ganze philosophische Dasein sei nichts anderes, als eine Vorbereitung auf den Tod, bzw. selbst schon ein beständiges Sterben.

Daraus ergibt sich das Thema des Hauptgesprächs; denn eine solche Auffassung der Philosophie hat nur dann einen Sinn, wenn etwas im Philosophen den Tod überlebt. Ist das der Fall? Ist – wenn wir diesem Etwas vorläufig den Namen geben wollen – die Seele unsterblich? (60c–70c)

Den Beweis, daß dem so sei, führt Sokrates im Gespräch mit Kebes und Simmias, Zweien aus dem Kreise.
In einem ersten Gedankengang so, daß er das Sterben als dialektisches Gegengeschehen zum Geborenwerden nimmt und beides zusammen auf ein zu Grunde liegendes Eigentliches, nämlich die unzerstörbare Seele bezieht. Dadurch erscheint der Tod als etwas, das nicht abgeschlossen in sich steht, sondern wird zu einem Teilvorgang in einem übergreifenden Ganzen.
Das gleiche Ergebnis gewinnt Sokrates, indem er das Erkennen als Wiedererinnerung deutet, denn daraus kann er folgern, das Sich-Erinnernde, die Seele, müsse schon vor der Geburt existiert haben. Ist das aber der Fall – und damit knüpft der Gedanke an den voraufgehenden an – dann muß sie auch über den Tod hinaus bestehen. (70c–77a) Damit schließt der erste Hauptteil.

Nun wird der Zweifel ausgesprochen, ob letzteres wirklich zutreffe; das aber führt zu einem kurzen Zwischenspiel, in welchem Sokrates den Freunden Mut macht, auch, nachdem er gestorben, die Wahrheit zu suchen. (77a–78b)
Dann beginnt der zweite Teil des Dialogs: Sterben kann nur das Zusammengesetzte, das heißt Körperliche; das Einfache hingegen, will sagen Geistige, ist unauflösbar. Unauflösbar schlechthin ist die Idee; es zeigt sich aber, daß die Menschenseele der Idee verwandt ist und daher ebenfalls unzerstörbar sein muß. Sie ist es, wie gesagt, von vornherein, ihres geistigen Wesens wegen, das keine Zusammensetzung und daher auch keine Auflösung zuläßt. Sie ist es aber auch auf Grund ihrer Lebensführung; und zwar in dem Maße, als sie

zu reiner Erkenntnis aufsteigt, sich dadurch vom Körperlichen löst und der Idee anähnlicht. (78b–84b) So schließt der zweite Teil.

Auf ihn folgt ein tiefer Einschnitt und ein zweites Zwischenspiel. Die Darlegungen des Sokrates haben auf alle großen Eindruck gemacht; Kebes und Simmias aber, seine eigentlichen Gesprächspartner, sind noch nicht überzeugt, und Sokrates ermutigt sie zum Reden. Der erstere knüpft an den Gedanken der Wiederverkörperung an und meint, mit dem Vorausgegangenen werde nur bewiesen, daß die Seele einen einzelnen Leib überdauere, nicht aber, daß sie im Laufe ihrer Wiederverkörperungen alle Leiber überstehen müsse. Der zweite, Simmias, vermutet, die Seele sei vielleicht gar nichts anderes als die Harmonie des Leibes und müsse daher zugleich mit dessen Teilen vergehen.

Auch diese Einwände machen starken Eindruck und verwandeln die Ergriffenheit des Kreises in Verstörung. Sie springt auf den Hörer des Berichts, Echekrates, über, wodurch Ort und Gesamtsituation, das Gefängnis und die nahende Todesstunde wieder scharf zu Bewußtsein gebracht werden. Für die Figur des Dialogs bedeutet das eine tiefe Senkung der geistigen Linie, von welcher aus ein um so mächtigerer Anstieg zum eigentlichen Höhepunkt des Ganzen erfolgen kann. Er wird durch die Erzählung vorbereitet, wie Sokrates die Seinen ermutigt und wieder an das Problem heranführt. (84c–91c)

Nach diesem zweiten Zwischenspiel setzt der Dialog mit seinem dritten, wichtigsten Teil ein.

Sokrates widerlegt zuerst den Einwand des Simmias, und zwar durch die Analyse des Verhältnisses, in welchem die Seele zum Leibe steht; vor allem ihres Kampfes gegen dessen Triebe, aus welchem folgt, daß sie nicht nur seine Harmonie, also eine Funktion, von ihm sein kann.

Seine Anwort an Kebes aber findet das Wesen der Seele darin, daß sie zur Idee des Lebens in einem notwendigen, den Tod ausschließenden Verhältnis stehe und daher nicht sterben könne. Mit diesen Ausführungen gipfelt der ganze Dialog. (91c–107b)

Sie klingen in ein praktisches Ergebnis aus: Wenn die Seele solchen Wesens und Ranges ist, muß sie auch die entsprechende Pflege erfahren – eine Pflicht, welche durch die mythologische Schilderung der Stätten des Jenseits unterbaut wird. (107b–115a)

Der Schluß von Phaidons Bericht knüpft an den Eingang an und erzählt den Tod des Meisters. (115a–118a)

Der Eingang

Zeit und Ort, Personen und seelische Stimmung

Zeit und Ort des Werkes sind eigentümlich geschichtet. Es ist ein Bericht aus der Erinnerung, der zu einem nicht genauer angegebenen Zeitpunkt nach den Ereignissen erstattet wird. Der Ort, wo das geschieht, ist Phlius im nordöstlichen Peloponnes; der Schauplatz der berichteten Ereignisse selbst das Gefängnis in Athen.

Die Rahmenerzählung besteht aus einem Gespräch zwischen Phaidon und Echekrates. Der erstere – von welchem das Buch seinen Namen hat – ist ein junger, schöner Mensch, aus Elis gebürtig, der einst als Kriegsgefangener nach Athen gebracht und dort auf dem Sklavenmarkt verkauft worden ist. Sokrates hat ihn freigemacht und so vor einem schimpflichen Schicksal bewahrt. Sein Bericht zeigt, daß er zum engsten Kreise des Meisters gehört und diesem besonders nahegestanden hat; er ist daher wohlgeeignet, von dessen Tod zu sprechen. Was aber Echekrates betrifft, dem Phaidon den Bericht erstattet, so gehört er zur Schule der Pythagoreer und ist Sokrates verehrend ergeben.

Im Bericht selbst gehen Handlung und Gespräch lebendig ineinander. Letzteres entfaltet sich zwischen Sokrates und verschiedenen Leuten. Die Hauptunterredner sind Kebes und Simmias, zwei offenbar noch junge Schüler und Freunde des Philosophen Philolaos in Theben. Auch dieser ist Pythagoreer, seine jungen Freunde mithin ebenfalls. Dadurch werden die geistigen Voraussetzungen des Ganzen bestimmt. Platon ist in Sizilien durch die pythagoreische Lehre stark beeinflußt worden. Aus ihr kommt der Gedanke der Seelenwanderung und, darüber hinaus, eine Atmosphäre der Vertrautheit mit Dingen des Jenseits in das Gespräch. Außer den beiden Genannten treten noch andere Personen hervor. Des Sokrates Freund Kriton sagt gelegentlich ein besorgtes Wort; seine Gattin Xanthippe mit ihrem jüngsten Söhnchen nimmt Abschied; Apollodoros, der schon in der Apologie genannt worden ist und Berichterstatter des Symposion sein wird, erschüttert den Kreis durch seine leidenschaftliche Trauer, und es wird von Gerichtsbeamten und vom Gefängniswärter gesprochen.

Die drei anderen Schriften beginnen sofort mit dem eigentlichen Dialog und nehmen so den Leser unmittelbar in die Situation hinein; hier erscheint er in ein Gespräch eingebettet, das zwei Männer miteinander führen, nachdem schon alles vorüber ist. Das bringt zunächst einen schriftstellerischen Vorteil: der Verfasser kann den Leser nicht nur Gespräche, sondern auch Vorgänge miterleben und die Situation deutlicher hervortreten lassen, als es im bloßen Dialog möglich wäre.

Dazu kommt aber noch etwas anderes: dem Willen des Verfassers nach soll der Leser die Einleitungsszene nicht vergessen, sondern durch das Ganze hin festhalten. Platon erinnert ausdrücklich an sie, wenn er vor dem Beginn der entscheidenden Gedankengänge des dritten Teils von der Verstörung erzählen läßt, die nach den Einwänden des Kebes und Simmias den Kreis ergriffen hat und zeigt, wie sie auf den Hörer des Berichtes, Echekrates, überspringt; desgleichen, wie dieser der Antwort des Sokrates auf diese Einwände zustimmt. Geht der Leser auf Platons Absicht ein, dann fühlt er, wieviel ehrfürchtiger es ist, den Inhalt gerade dieses Dialogs aus der Erinnerung wiederzugeben, als ihn unmittelbar miterleben zu lassen.

Endlich ein Letztes. Indem das Ereignis dieses Todes und das Bild des ihn bestehenden Menschen sich aus der Erinnerung erheben, empfängt Sokrates die Stellung, die er im platonischen Denken überhaupt hat. Phaidon sagt: »Ich will versuchen, es euch zu erzählen. Denn die Erinnerung an Sokrates, ob ich nun selbst von ihm rede, oder einem anderen zuhöre, ist mir immer das Schönste von allem...« »Fürwahr«, erwidert Echekrates, »Deine Zuhörer denken wie Du!« (58d) Auch wurde bereits darauf hingewiesen, daß das berichtete Geschehen nicht nur in der zeitlichen Ferne des Vergangenseins, sondern auch in der räumlichen liegt, denn es hat sich ja in Athen zugetragen, während der Bericht in Phlius im nordöstlichen Peloponnes erstattet wird. Damit werden Gestalt und Schicksal des Sokrates aus der unmittelbaren Gegenwart herausgenommen und dem Zeitlosen zugehoben. Sehr feierlich ist alles. Das Gespräch vollzieht sich nicht im Geheimen, wie im Kriton, wo zwischen dem Versucher-Freund und Sokrates die letzte Entscheidung fällt, sondern im großen Kreise und zu gleichsam offizieller Zeit, dem Tag der Urteilsvollstreckung. Aber nicht in fremder, unfreundlicher Öffentlichkeit, wie in der Apologie vor dem Gericht, sondern unter Freunden und Schülern, dem Meister enger verbunden als Weib und Kind. Beamte gehen durch den Raum, die Beauftragten der Elf-Männer, welche dem Gefangenen am letzten Tage die Fesseln lösen, damit er freie Bewegung habe, wenn er den Schritt in den Tod tut. Das große Kultgeschehen, mit welchem der Staat nach alter Überlieferung die Taten des Theseus und die Huld Apollons feiert, dringt durch die Türe des Gefängnisses. Das Staatsschiff, das alljährlich dem Gott zum Dank nach Delos gesandt wird, ist zurückgekommen. Nun muß Sokrates sterben, nachdem er während dessen Fahrt, die durch ungünstige Winde verlängert worden, Frist des Lebens genossen hat. So öffnet sich um den Kerker die Weite des ägäischen Meeres und die Herrlichkeit des Lichtes von Hellas.

ECHEKRATES: *Warst Du selbst bei Sokrates, Phaidon, an dem Tage, als er im Gefängnis das Gift trank, oder hast Du [das Geschehene] von einem anderen gehört?*
PHAIDON: *[Ich war] selbst [dabei], Echekrates.*
ECHEKRATES: *Und was war's denn, von dem der Mann vor seinem Tode sprach? Und wie endete er? Denn gern würde ich davon hören...*(57a)
Man weiß also in Phlius noch nichts Genaues von den letzten Vorgängen in Athen.
PHAIDON: *Habt Ihr auch vom Prozeß nichts erfahren, welche Wendung er genommen hat?*
ECHEKRATES: *Doch, das hat uns einer erzählt, und wir wunderten uns, daß er, wie sich zeigt, erst lange nach der Entscheidung des Prozesses gestorben ist. Wie kam denn das, Phaidon?*
PHAIDON: *Durch einen Zufall ergab es sich für ihn so, Echekrates; denn es traf sich, daß man am Tage, bevor das Urteil hätte vollstreckt werden sollen, das Heck des Schiffes bekränzte, welches die Athener nach Delos senden.*
ECHEKRATES: *Was hat es denn damit für eine Bewandtnis?*
PHAIDON: *Es ist das Schiff, mit welchem, wie die Athener sagen, einst Theseus fuhr, um jene zweimal Sieben [als Opfer für den Minotauros] nach Kreta zu bringen, die er dann rettete und wobei auch er selbst gerettet wurde.* (57b–58a)
Nach der Sage führten die Athener mit König Minos von

Kreta Krieg, unterlagen und mußten sich verpflichten, alle neun Jahre je sieben Knaben und Mädchen nach Kreta zu schicken, welche dort dem Ungeheuer Minotauros preisgegeben wurden. Bei einem solchen Opferzug fuhr Theseus mit, tötete das Untier und brachte die Jugend unversehrt in die Heimat.

Damals hatten sie, wie man sagt, dem Apollon gelobt, wenn jene gerettet würden, wollten sie in jedem Jahre einen Opferzug nach Delos senden, wie sie ihn denn auch seit jener Zeit noch jedes Jahr schicken. Wenn aber der Opferzug begonnen hat, gilt bei ihnen der Brauch, während der Zeit [der Fahrt] die Stadt rein zu halten und niemanden von Staatswegen hinzurichten, ehe das Schiff in Delos angekommen und wieder zurückgekehrt ist. Und das dauert zuweilen lange, wenn [ungünstige] Winde sie hindern. Der Opferzug gilt aber als begonnen, sobald der Priester des Apollon das Heck des Schiffes bekränzt hat; und dies war, wie ich sagte, gerade am Tage vor der Vollstreckung des Urteils geschehen. Darum hatte Sokrates im Gefängnis zwischen dem Urteilsspruch und dem Tode so viel Zeit. (58b–c)

Und welche Stimmung erfüllt den Raum! Sie ist so mächtig, daß sie noch im Gefühl des Berichtenden durchdringt:

Fürwahr, wunderbar wurde mir zu Mute, als ich dort eintraf! Denn mich überkam kein Mitleid, wie einen, der beim Tode eines Freundes zugegen ist; denn glücklich erschien mir der Mann in seiner Haltung und seinen Reden, und furchtlos und edel war sein Ende, so daß mir war, als ginge er auch in den Hades nicht ohne göttliche Fügung, sondern wenn irgend einem sonst, dann werde es ihm auch dort wohlergehen. Darum kam auch durchaus kein Mitleid über mich, wie das doch eigentlich, wenn man bei einem so traurigen Geschehnis zugegen ist, als angemessen erscheinen müßte. Andererseits aber auch keine Freudigkeit, wie gewöhnlich sonst, wenn wir uns mit der Philosophie befaßten[28] *– von dieser Art waren*

[28] »wenn wir in Philosophie waren«, sagt der Text sehr schön.

nämlich unsere Reden – sondern ich befand mich in einem einfach ganz wunderbaren Zustande und einer ungewohnten Mischung aus Lust und Trauer, wenn ich daran dachte, daß dieser Mann nun gleich sterben sollte. Und alle Anwesenden waren fast in der gleichen Stimmung, bald lachend, bald weinend, vor allem aber einer von uns, Apollodoros – Du kennst ja den Mann und seine Weise! (58d–59b)

Die einleitenden Begebnisse

Echekrates fragt, wer dabei gewesen sei. Phaidon zählt eine Reihe von Namen auf, und man fühlt das Gewicht des Satzes, der sie unterbricht: »Platon aber, glaube ich, war krank.« (59c) In der Apologie hat Sokrates, nachdem er gesagt hat, wieviel er als Strafe zahlen könne, hinzugefügt: »Platon aber hier, ihr Athener, und Kriton und Kritobulos und Apollodoros fordern mich auf, dreißig Minen zu beantragen, und wollen selbst dafür Bürgen sein.«

Dann heißt es weiter:
Wir pflegten nämlich schon an den vorhergehenden Tagen immer zu Sokrates zu gehen, ich und die anderen; und zwar versammelten wir uns morgens am Gerichtshaus, wo auch das Urteil gefällt worden war, da es nah am Gefängnis lag. So warteten wir jedesmal, bis das Gefängnis geöffnet wurde und sprachen unterdes mit einander über dies und jenes, denn es wurde nicht gerade früh geöffnet. Sobald es aber geöffnet war, gingen wir zu Sokrates hinein und blieben meistens den ganzen Tag bei ihm. (59d)
Der Bericht zeigt, in welcher Weise Sokrates in der Zeit zwischen seiner Verurteilung und seinem Tode die Tage verbracht hat. Dann fährt Phaidon fort:
So hatten wir uns auch an diesem Tage dort versammelt, und zwar noch früher als sonst, denn als wir am Tage vorher aus

dem Gefängnis kamen, erfuhren wir, das Schiff sei aus Delos angelangt. Da verabredeten wir uns, wir wollten so früh als möglich an der gewohnten Stätte zusammenkommen. Wir kamen [also] hin, und der Pförtner, der uns aufzumachen pflegte, kam heraus und sagte, wir sollten warten und nicht früher hineingehen, als bis er selbst uns rufen würde. ›Denn soeben‹, sprach er, ›lösen die Elf-Männer[29] *dem Sokrates die Fesseln und verkünden ihm, er werde am heutigen Tage sterben müssen.‹ Nicht lange danach kam er zurück und ließ uns eintreten.* (59d–e)

Vor ihnen ist die Gattin des Sokrates mit ihrem Söhnchen angekommen:

Und als wir eintraten, fanden wir den Sokrates eben entfesselt, und Xanthippe – Du kennst sie doch? – wie sie, sein Söhnchen auf dem Arme, neben ihm saß. Als nun Xanthippe uns erblickte, erhob sie ein Jammergeschrei und redete allerlei, wie Frauen zu tun pflegen, etwa: ›Sokrates, so sprechen Deine Freunde zum letzten Male mit Dir, und Du mit ihnen!‹ Da sah Sokrates den Kriton an und sprach: ›Kriton, laß doch einen sie nach Hause bringen!‹ Da führten einige von Kritons Dienern sie weg, während sie schrie und sich [auf die Brust] schlug. (60a)

Es weht frostig aus den Sätzen her; antike Gebundenheit des Herzens. Am Abend wird die Frau wiederkommen und – in einem Nebenraum, für den Leser unsichtbar – von ihrem Gatten Abschied nehmen.

Dann ein kleiner Zug, charakteristisch dafür, wie dieser Meister der Erkenntnis tiefgreifende Reflexionen an ein beliebiges Geschehnis zu knüpfen weiß:

Sokrates aber setzte sich auf das Bett, zog den Schenkel hoch und rieb ihn und sagte, während er rieb: ›Welch ein seltsames Ding, Ihr Männer, ist doch das, was die Menschen angenehm nennen, und wie wunderlich verhält es sich zu dem, was sein

[29] Genauer gesagt, die Unterbeamten dieser über die Gefängnisse gesetzten Behörde.

Gegenteil zu sein scheint, dem Unangenehmen – darin nämlich, daß beide nie zugleich in einem Menschen sein wollen, und dennoch jeder, der dem einen nachjagt und es erlangt, fast immer gezwungen ist, auch das andere in Kauf zu nehmen, als ob sie beide am einen Ende zusammenhingen!‹ (60b)
Dem Gefangenen sind die Fesseln abgenommen worden, und er reibt sich die bis dahin behinderten Glieder; so stellen seine Worte eine gut an die Situation geknüpfte psychologische Bemerkung dar. Sieht man aber genauer zu, dann läuft der Gedanke einem späteren und wichtigeren voraus. Wenn er nämlich Lust und Unlust im Gesamtzuge des Lebens aufgehen läßt, so bereitet er damit auf die Relativierung der Geburt und des Todes gegenüber dem durch mehrere Verkörperungen gehenden Gesamtdasein vor, von der nachher die Rede sein wird.

Lust und Unlust sind sonderbare Erscheinungen. Sie können nicht zusammen da sein; wenn eine kommt, muß die andere gehen, und dennoch sind sie aneinander gebunden. Aesop, meint Sokrates, hätte eine Fabel daraus gemacht. Der Name fällt nicht zufällig. Sokrates hat in der letzten Zeit mit ihm zu tun gehabt. Denn wie Kebes, einer aus dem Kreise, den Namen nennen hört, sagt er, Euenos, ein ihnen allen bekannter Sophist und Dichter, lasse fragen, was an dem Gerücht sei, das er vernommen, Sokrates habe im Gefängnis Dichtungen verfaßt? Darauf erwidert Sokrates:
›Sage ihm also die Wahrheit, Kebes...nämlich, daß ich sie durchaus nicht deshalb gedichtet habe, um mich mit ihm und seinen Gedichten zu messen – wußte ich doch, das würde nicht leicht sein – sondern um den Sinn gewisser Träume zu erforschen und einer heiligen Pflicht zu genügen, vorausgesetzt, dieses möchte etwa jene musische Kunst sein, [welche zu üben der Traum] mir auftrug.‹ (60d–e)
Und dann erzählt er den letzteren:
›Damit ging es nämlich ungefähr folgendermaßen: In meinem vergangenen Leben erschien mir oft das nämliche Traumbild

immer wieder in anderer Gestalt und [doch] stets mit der gleichen Aufforderung. »Sokrates«, sprach es, »mühe dich und übe musische Kunst!«[30] *Nun dachte ich früher immer, es mahne und treibe mich eben zu dem, was ich schon tat; und wie man die Laufenden antreibt [daß sie noch besser laufen], so treibe der Traum auch mich zu dem, was ich ohnehin tat, nämlich musische Kunst zu üben, weil doch Philosophie die schönste musische Kunst ist, und ich mich ja mit dieser abgab. Nachdem aber das Urteil ausgesprochen war und nur das Fest des Gottes meinen Tod verschob, kam ich zur Ansicht, falls mir der Traum wirklich befehlen sollte, mich mit der gewöhnlichen Art musischer Kunst zu beschäftigen, dürfe ich ihm den Gehorsam nicht verweigern, sondern müsse es tun.‹* (60e–61a)

Wieder ein Zug, der die Gestalt des Sokrates ins Religiöse hinüberbindet. Er gehört ebenso wesentlich in sein Bild, wie die etwas pedantische Genauigkeit und rationalistische Art, mit welcher er die Mahnung zu erfüllen sucht: Zuerst habe er einen Hymnus auf Apollon verfaßt; dann aber bedacht, daß ein Dichter nicht aus vernunftgemäßen Gedankengängen, sondern aus freier Phantasie schaffen müsse. Da er sich aber nicht dazu im Stande gefühlt, habe er »von Werken, die aus Phantasie entsprungen« seien, solche genommen, die er zur Hand gehabt, nämlich einige Fabeln des Aesop. Diese – die in Prosa geschrieben waren – habe er in Verse gebracht und damit nach Kräften die Weisung des Traums erfüllt.

[30] Ihr Gegenstück ist die gymnastische.

Einleitung zum Hauptgespräch

Die Botschaft an Euenos und das Sterben

Dann klingt das große Motiv auf:
›Dieses also, Kebes, sage dem Euenos, und dazu Lebewohl. Und wenn er klug sei, solle er mir so bald als möglich folgen. Ich aber gehe, wie es scheint, noch heute von hinnen, denn so befehlen es die Athener.‹
Da sprach Simmias: ›Wozu forderst Du da den Euenos auf, Sokrates? Ich bin doch dem Mann so oft begegnet [und kenne ihn] also [gut]; nach dem aber, was ich bemerkt habe, getraue ich mich zu behaupten, daß er nicht im geringsten gewillt sein wird, Dir zu folgen.‹
›Wieso denn?‹ fragte [Sokrates], ›ist denn Euenos kein Philosoph?‹
›Ich glaube schon‹, sprach Simmias.
›Dann wird auch Euenos es wollen, und jeder, der an dieser Bemühung würdigen Anteil hat. Allerdings darf er sich keine Gewalt antun, denn das, sagt man, ist nicht erlaubt.‹
Während er das sagte, stellte er seine Beine vom Bett auf die Erde hinunter, setzte sich auf und führte [von nun an in dieser Haltung] das weitere Gespräch. (61b–d)
Das berichtete kleine Geschehnis zeigt stärker als mancher schöne Satz Platons Künstlerschaft: Sokrates sitzt mit angezogenen Beinen auf seinem Lager und sucht sich den Schmerz, den die Fesseln hinterlassen haben, wegzureiben. Im Augenblick, da der Gedankengang ernster wird, hört er damit auf und setzt die Füße auf den Boden.

Dann fragte ihn Kebes:
›Wie meinst Du das, Sokrates: es sei zwar nicht erlaubt, sich selbst Gewalt anzutun, und dennoch verlange der Philosoph danach, dem Sterbenden zu folgen?‹

›Wie, Kebes, habt Ihr über diese Dinge nichts gehört, Du und Simmias, als Ihr mit Philolaos zusammen waret?‹
›Nichts Sicheres, Sokrates.‹ (61d)
Der Pythagoreer Philolaos sollte seinen Schülern gesagt haben, der Tod sei zwar an sich etwas Gutes, da er den Menschen in die Freiheit des Geistes führe, aber dieser dürfe ihn nicht sich selbst geben.
›Nun ja, auch ich kann nur vom Hörensagen darüber reden; was ich aber gehört habe, will ich Euch gerne sagen. Denn für den, der im Begriffe ist, dorthin auszuwandern, ziemt es sich vielleicht ganz besonders, nachzusinnen und in Bildern von der Wanderung dorthin zu sprechen, [um zu verstehen], was man wohl von ihr halten solle. Was könnte denn einer während der Zeit bis zum Untergang der Sonne auch anderes tun?‹ (61d–e)
Der Verurteilte darf erst nach Sonnenuntergang hingerichtet werden. Bis dahin sind noch viele Stunden. Den Meisten wäre diese Zeit nur ein unerträgliches Warten auf den immer näher heranrückenden Tod; Sokrates will sie mit philosophischem Gespräch ausfüllen – und wir dürfen aus der Ankündigung heraushören, er habe das letzte Gespräch mit der gleichen Gelassenheit und Genauigkeit geführt, wie all die unzähligen in den Häusern und auf den Straßen und in den Gymnasien vorher.

Kebes leitet es mit der Frage ein, warum man sich nicht selbst töten dürfe? Sokrates erwidert, der Satz »es ist besser zu sterben, als zu leben« gelte zwar »allein von allen anderen unbedingt und ausnahmslos«; er meine aber nicht den Selbstmord, sondern – wie bald dargelegt werden soll – den beständigen Hinübergang aus dem Unmittelbar-Vitalen und -Psychologischen in das Geistige. Daß der Satz keinen Pessimismus ausdrückt, weder Haß noch Entmutigung dem Leben gegenüber, ist angesichts einer Persönlichkeit wie Sokrates selbstverständlich.
›Denn was in den Geheimlehren [der Orphiker und Pythago-

reer] als Begründung für [dieses Verbot] angegeben wird – daß wir Menschen nämlich in einer Wachtstellung[31] *stehen, und man sich aus dieser nicht selbst freimachen und weglaufen dürfe – scheint mir doch eine sehr tiefe und nicht leicht zu durchschauende Lehre zu sein.‹* (62b)
Wenn aber das Freisein vom Leibe ein so hohes Gut ist – warum sollte man es sich nicht verschaffen dürfen?
›Doch scheint mir [zu dieser schwierigen Frage] folgendes treffend gesagt, Kebes: daß Götter unsere Hüter, und [wir] Menschen ein Teil der Herde der Götter sind.‹ (62b)
Der Mensch gehört sich nicht selbst. Existieren ist etwas Zugewiesenes; so darf ihm auch nur vom zuweisenden Willen her ein Ende gesetzt werden:
›Also ist in dieser Sache [der Satz] wohl gar nicht so unvernünftig, man dürfe sich nicht eher töten, als bis der Gott einem dazu eine Notwendigkeit sende – wie diese es ist, die sich jetzt für uns ergeben hat.‹ (62c)
Tatsächlich wird Sokrates sich ja auch »töten«, denn er wird den Becher selbst trinken... Kebes, ein scharfsinniger junger Mann, macht einen Einwand: die »Herde der Götter« befinde sich doch hier auf Erden; hier seien die Götter die Hirten, und zwar gute Hirten – warum dann überhaupt die Forderung, der Philosoph solle sterben und ihnen so entfliehen? Sokrates antwortet:
›Wenn ich nicht glaubte, Simmias und Kebes, zunächst einmal zu anderen [,aber ebenfalls] weisen und guten Göttern und außerdem auch zu verstorbenen Menschen zu kommen, welche besser sind als die hier, dann würde ich Unrecht tun, mich wider meinen Tod nicht aufzulehnen. Nun sollt Ihr aber wissen, daß ich zu guten Männern zu kommen hoffe. Diesen Satz freilich wage ich nicht so ganz sicher zu behaupten; daß ich aber zu Göttern kommen werde, welche ganz vortreffliche Herren sind – die Hoffnung, dessen könnt ihr sicher sein,

[31] Das Wort φρουρά ist doppelsinnig; es bedeutet sowohl das aktive Wachen wie das passive Bewacht- und Umgebensein.

spreche ich, wenn überhaupt etwas von solcher Art, mit Gewißheit aus. Und eben das ist der Grund, warum ich mich nicht so [wider den Tod] auflehne [,wie ich es tun würde, wenn ich jene Gewißheit nicht hätte]. Ich habe vielmehr die freudige Hoffnung, daß es ein Weiterleben für die Verstorbenen gibt; und zwar, wie man von Alters her sagt, für die Guten ein viel besseres als für die Schlechten.‹ (63b–c)
Das unwillkürliche Gefühl meint, durch den Tod gehe es ins Ortlose, ja Negative. Die homerische Auffassung hat im Totendasein etwas Schattenhaftes gesehen. Sokrates hingegen betont, der Mensch sei überall in göttlicher Hut, und das jenseitige Leben sei überhaupt erst das eigentliche – freilich in seinem Sinn vom ethischen Verhalten des diesseitigen bestimmt.
Simmias, der jüngere Freund des Kebes, möchte Näheres wissen:
›Wie steht es nun damit, Sokrates? Hast Du im Sinn, diese Einsicht für Dich zu behalten und so von uns zu gehen, oder willst Du sie auch uns mitteilen? Denn mir scheint, sie ist ein Gut, an dem auch wir Anteil haben müßten. Und wenn Du uns von dem überzeugst, was Du sagst, wird das zugleich die Rechtfertigung Deiner [Zuversicht] sein.‹ (63c–d)
Es geht um die Frage, ob das Existenzbewußtsein beim Tode haltmachen muß und darüber hinaus nur ein Nichts steht, auf das die Angst antwortet, oder ob ein positives Lebensbewußtsein über den Tod hinausgehen darf und soll.

Nun schiebt sich aber ein ganz kurzes Zwischenspiel ein. Es vergrößert die Spannung; und nicht nur das, es rückt die Gestalt Sokrates wieder in ein wunderbar nahes Licht.
›So will ich es denn versuchen‹, sprach er. ›Zuerst wollen wir aber sehen, was mir der Kriton da offenbar schon lange sagen will.‹
›Was denn sonst, Sokrates‹, sprach Kriton, ›als daß mir der [Mann], der Dir das Gift reichen soll, schon lange zuredet, man solle Dir sagen, daß Du so wenig als möglich sprechen

mögest. Denn er sagt, durch das Reden erhitze man sich zu sehr, und solche Einflüsse müsse man von dem Gift fernhalten. Andernfalls müßten diejenigen, die solches tun, zuweilen zweimal, ja selbst dreimal trinken.‹
Da sprach Sokrates: ›Laß ihn doch reden! Soll er nur seine Pflicht tun, und mir zweimal, und wenn es nötig ist, dreimal das Gift reichen.‹
›Ich hätte mir ja ungefähr denken können, [daß Du so antworten würdest]‹, sprach Kriton, ›aber er hat mir immer wieder zugesetzt.‹
›Laß ihn!‹ sprach er. (63d–e)
Das ist keine stoische Geste; der da redet, ist ganz voll Leben. Es ist wirkliche Überlegenheit und, sie glaubhaft machend, die leidenschaftliche Beteiligung des großen Philosophen, der sich vom Problem erfaßt fühlt und nun alles, selbst die Frage, ob er leicht oder schwer sterben werde, als lästigen Aufenthalt zur Seite schiebt. Um so größer sind der Ernst und die Konzentration, die sich nun dem Gegenstande – diesem Gegenstande! – zuwenden.

Das Thema

›Doch Euch Richtern will ich jetzt natürlich Rechenschaft darüber ablegen, daß ich mit gutem Grund glaube, ein Mann, der sein Leben wahrhaft als Philosoph verbracht hat, müsse, wenn er sterben soll, zuversichtlich und von der freudigen Hoffnung erfüllt sein, er werde dort, nachdem er gestorben, die höchsten Güter erlangen. Wie dieses sich nun so verhalte, Simmias und Kebes, will ich Euch zu erklären versuchen.
Denn es sieht doch wohl so aus, als ob diejenigen, die sich auf die rechte Weise mit der Philosophie befassen, nichts anderes betrieben, als – ohne daß die anderen es gewahr werden – zu sterben und tot zu sein. Wenn das nun wahr ist, so wäre es doch wohl sonderbar, falls sie in ihrem ganzen Leben nichts

anderes als eben dieses begehrten, sobald es aber käme, sich gerade wider das empörten, wonach sie sich so lange gesehnt und worum sie sich bemüht haben.‹ (63e–64a)
Bei den Worten muß Simmias lachen, obwohl »ihm gar nicht nach Lachen zu Mute ist«, denn er denkt daran, was die Leute sagen würden, wenn sie das hörten.
Darin äußert sich einmal die platonische – nicht nur sokratische – Ironie: eine feine Selbstverspottung im Augenblick des höchsten Pathos. Zugleich schafft der Hinweis auf die Anschauungen der Allgemeinheit aber auch den Hintergrund, von dem sich die Frage abhebt, »in welcher Weise denn die wahren Philosophen den Tod wünschen und den Tod verdienen«. Was aber ihre Erörterung angeht, so muß sie sich unter solchen vollziehen, die ihr existentiell zugeordnet sind: »Darüber wollen wir unter uns allein sprechen und jene [,die nicht dazugehören,] verabschieden.« (64c)

Der Tod ist die Trennung vom Leibe; das Totsein der Zustand, worin »die Seele, vom Leibe getrennt, für sich allein lebt«. Der echte Philosoph aber löst sich durch den Sinn des Philosophierens selbst während seines ganzen Lebens vom Leiblichen ab. Worum es sich jeweils handeln möge, immer wird er »sich so viel als möglich [vom leiblichen Leben] abkehren und der Seele zuwenden« und »darin seinen Vorzug vor den übrigen Menschen haben«. (64e–65a) Denn – und damit gelangt der Gedanke in den Kernbereich der platonischen Philosophie, nämlich zur Lehre vom echten Sein und echten Erkennen – die körperliche Welt, welcher die sinnliche Erfahrung zugeordnet ist, enthält keine echte Wahrheit, sondern nur einen schwankenden, durch ungewisses Meinen auffaßbaren Bedeutungsgehalt. Erkenntnis wirklicher Wahrheit ist nur möglich, wenn die geistige Seele sich über die Sinneneindrücke erhebt. Wird das nicht erst dann der Fall sein,
›...wenn nichts von diesem [ganzen Sinnenwesen] sie [mehr] stört, weder Gehör noch Gesicht, noch Schmerz noch auch

Lust, sondern sie so weit als nur möglich für sich ist, den Leib beiseite läßt und, soweit sie vermag, ohne Gemeinschaft und Umgang mit ihm nach dem Seienden greift?‹

›So ist es.‹

›Verachtet also nicht auch in dieser Beziehung die Seele des Philosophen am meisten den Leib, und flieht vor ihm, und sucht für sich allein zu sein?‹

›So scheint es.‹ (65c–d)

»Das Seiende« aber ist die über den Erscheinungen wesende Sinngestalt, die Idee, die zugleich die eigentliche und unvergängliche Wirklichkeit ist. Das wird an einem Beispiel klargemacht:

›Wie ist es nun mit Folgendem, Simmias: Sagen wir, daß das Gerechte an sich etwas ist – oder nicht?‹

›Das sagen wir fürwahr, beim Zeus.‹

›Und zwar etwas Schönes und Gutes?‹

›Wie auch nicht?‹

›Hast Du schon jemals etwas derartiges mit den Augen erblickt?‹

›Keineswegs‹, sprach [Simmias].

›Oder hast Du es mit einer anderen Wahrnehmung erfaßt, die durch den Leib vermittelt würde? [Und zwar] meine ich die Wesenheit [nicht nur des Gerechten, sondern auch die] von allem [sonst], wie der Größe, der Gesundheit, der Stärke, eben mit einem Wort von allem überhaupt; das, was jedes Ding in Wirklichkeit ist – wird hier das eigentlich Wahre mit Hilfe des Leibes erkannt? Oder verhält es sich nicht so, daß nur jener von uns, der am meisten und am genauesten bestrebt ist, den jeweiligen Gegenstand seiner Untersuchung in seinem Ansich-Sein zu durchdenken, der Erkenntnis eines jeden Dinges am nächsten kommt?‹

›Durchaus.‹

›Und am reinsten könnte das doch wohl jener vollbringen, der sich, soviel als möglich, jedem Ding nur mit dem Verstande nähert, ohne bei seinem Denken die [körperliche] Sehkraft zu benutzen, noch bei seiner Überlegung irgend einen anderen

Sinn heranzuziehen – sich vielmehr nur des bloßen Verstandes bedient und jegliches Seiende rein in seinem An-sich-Sein zu erfassen trachtet, so viel als möglich von Augen und Ohren und sozusagen von seinem ganzen Leibe geschieden; überzeugt, daß dieser die Seele verwirrt und sie, wenn er bei ihr ist, die Wahrheit und Weisheit nicht erlangen läßt. Wird nicht, wenn überhaupt einer, ein solcher Mann, das Seiende erfassen?‹ (65d–66a)

Die Rede vom philosophischen Sterben wird erst von der platonischen Erkenntnislehre her verständlich. Obwohl dadurch später zu Erörterndes vorweggenommen wird, sollen wenigstens ihre Grundzüge angedeutet sein.

Das geschieht wohl am besten durch einen Vergleich mit den Anschauungen von Platons großem Schüler Aristoteles. Wirklichkeit ist für diesen der Zusammenhang der Dinge, die sinnlich erfahrbare Welt. In jedem Ding finden sich aber Unterschiede der Erheblichkeit. Einmal das Wesen, das Gefüge rational feststellbarer Bestimmtheiten, welche machen, daß das betreffende Seiende es selbst, also z. B. dieser Eichbaum weder eine Tanne, noch ein Bergkristall, noch ein Adler, noch sonst etwas, sondern eben eine Eiche ist. Ferner das Unwesentliche, Zufällige, das sein und auch nicht sein kann, ohne daß dadurch die Eigentlichkeit des Dinges aufgehoben wird, also in unserem Falle das Alter des Baumes, sein Standort, die Zahl seiner Blätter, die Dicke dieses oder jenes Astes usw. Die Erkenntnis geht von den Sinnen aus. Sie nehmen die verschiedenen Momente des Dinges wahr und bringen sie als Empfindung zu Bewußtsein. Die Empfindungen werden vom passiven Verstand zu einer Einheit, der Vorstellung, verbunden; der aktive arbeitet die Vorstellungen durch, holt aus ihnen das für alle Dinge der gleichen Art Gültige, das Wesen, heraus und faßt es in den geistigen Begriff. Wahrheit aber besteht darin, daß der Begriff dem wirklichen Wesensgehalt des Dinges entspricht.

Platon sieht den Sachverhalt ganz anders. Für ihn ist das

Wesen des Dinges nur uneigentlicherweise in diesem selbst gegeben; eigentlicherweise besteht es als objektive Sinngestalt, als Idee, in sich und für sich. Die Idee ist gültig und ewig, und bildet zusammen mit den anderen Ideen eine geistige, vom Wandel des Irdischen unberührte Welt. In ihr gibt es die Eiche an sich, die Tanne an sich, den Kristall und den Adler an sich, und so die Urgestalt jedes Seienden. Im konkreten Ding findet sie sich nur in der Form eines Nachbildes, einer Teilhabe. Von ihr stammt, was es an Wesen und Wert besitzt; doch bleibt alles unzulänglich, veränderlich und schwankend. Auf dieses Uneigentliche und Unzulängliche richten sich die Wahrnehmungen der Sinne; ihr Ergebnis ist die δόξα, die Meinung, das Unbestimmt-Schwankende, aus welchem die Menschen des Alltags leben. Soll wesentliche Erkenntnis zu Stande kommen, dann muß der Geist in Tätigkeit treten. Er bemerkt das Nachbildhafte, Idee-Ähnliche des Dinges, betrachtet es, erforscht sein Was, Wie, Warum, und auf einmal leuchtet ihm die Wesensgestalt selbst, das Gültige, Bleibend-Notwendige, aus sich Einsichtige auf. Quelle dieser Erkenntnis ist nicht das Ding; dessen Betrachtung hat nur gleichsam den Kontakt mit der Wesensgestalt, der Idee hergestellt. Was diese selbst erfaßt, sind nicht die Sinne, sondern die Anschauungskraft des reinen Geistes. Daraus entsteht die eigentliche Erkenntnis, die νόησις. In ihr vollzieht sich jenes Ins-Offene-Treten des Gegenstandes, und ebendamit, jenes Eintreten des Erkennenden in das Licht des Sinnes, welches ἀλήθεια, Un-Verborgenheit, Wahrheit heißt. Die Ideen sind nicht, wie die Wesensbegriffe des Aristoteles, bloß gedacht, sondern wirklich. Sie sind geistige, ewige, ja göttliche Wirklichkeit. Im Unterschied zu den Dingen, die immerfort werden und vergehen, sind sie das eigentlich und wesenhaft Seiende. Durch das Licht ihrer Sinnmacht ziehen sie den Geist an sich. Irgendwie empfindet er diese Anziehung stets. Sie bricht aber elementar durch, wenn der Empfängliche vor das Schöne gelangt und von Liebe zu ihm entzündet wird. Diese Liebe richtet sich zunächst auf den begegnenden Menschen; bildet aber bereits da einen Zustand, der für Höheres empfänglich ist: für das Leuchten der Idee – letztlich des noch hinter oder über der Idee stehenden Ewig-Guten. Daraufhin erwacht der eigentliche Eros, welcher das ganze Leben in jene Bewegung des Aufstiegs bringt, von welcher die Sokratesrede des »Symposion« spricht. Nun zeigt sich, was der platonische Todesgedanke bedeutet: das Verlangen des Menschengeistes, sich vom Vergänglichen zu lösen und durch Eros und Noësis in die Welt der ewigen Sinngestalten aufzusteigen; das Verlangen nach der Freiheit des reinen Geistes, vielleicht vermessen, sicher gefährlich, ganz gewiß aber nicht dekadent.

Dieses Bild vom Wesen der Erkenntnis und des Erkennenden darf nicht leicht genommen werden; es ist eins der vier oder fünf, welche die Geschichte der Philosophie bestimmen. Es ist großartig, kühn und gewalttätig. In gewissem Sinne kann man sogar sagen, es sei unmenschlich, weil es jenen Bereich, der in einem besonderen Sinne das Menschliche gewährleistet, nämlich den Leib und die Geschichte, auszuscheiden droht – andererseits aber auch wieder sehr menschlich, da nur der Mensch sich so über alle sichernden Grenzen hinaus in Gefahr und Zerstörungsmöglichkeit zu wagen vermag, wie es hier geschieht.

Das Folgende erörtert die verschiedenen Behinderungen, welche sich aus dem Leben im Körper unter den Dingen und zeitlichen Geschehnissen ergeben, und nennt als letzte Wahl: »entweder niemals in den Besitz der Erkenntnis zu gelangen, oder erst, wenn wir gestorben sind; denn dann wird die Seele für sich allein sein, vom Leibe getrennt, vorher nicht«. (66e) Daraus ist die Folgerung für die gegenwärtige Stunde:

›Wenn das also wahr ist, mein Freund‹, sprach da Sokrates, ›so bestünde ja die große Hoffnung, daß einer, der an jenem Orte anlangt, wohin ich jetzt gehe, wenn irgendwo, dann dort in hinreichendem Maße [des Gutes] teilhaftig wird, um das wir uns während unseres vergangenen Lebens so sehr bemüht

haben; und so könnte auch jeder andere Mann, der seine Denkkraft so vorbereitet zu haben glaubt, daß sie gleichsam gereinigt ist, mit guter Hoffnung die mir jetzt auferlegte Wanderung auf sich nehmen.‹ (67b–c)

Und wieder:

›So trachten also, Simmias, die wahrhaften Philosophen wirklich danach, zu sterben, und der Tod ist ihnen unter allen Menschen am wenigsten schrecklich.‹ (67e)

Der Gedanke wird dann noch einmal aufgenommen und gezeigt, daß wohl auch sonst sich jemand freiwillig – etwa aus Trauer um einen geliebten Menschen, oder aus dem Gefühl bedrohter Ehre zum Tode entschließt. Das tut er aber nicht um des Todes selbst willen, denn diesen versteht er nur als Übel. Wählt er ihn trotzdem, dann nur deshalb, weil er der einzige Weg ist, ein größeres Übel – etwa das einsame Weiterleben oder den Verlust der Ehre – zu vermeiden. Er ist also tapfer aus Furcht. Echte Tapferkeit würde sich nicht auf so widerspruchsvolle Beweggründe stützen, sondern den Tod wählen, weil er in den wesenhaften Lebenszustand, nämlich in das echte Verhältnis zur Idee führt.

Darauf klingt das Ganze in einen religiösen Gedanken aus.

›...das Wahre aber soll uns in Wirklichkeit eine Art Reinigung von allen diesen [Leidenschaften], und Besonnenheit und Gerechtigkeit und Tapferkeit und Verständigkeit selbst sollen uns eine Art Reinigungsbad sein. Und es scheint, als seien die bekannten Stifter der Weihen gar keine so üblen Leute und wiesen uns schon seit langem darauf hin, daß jener, der ungeweiht und ungeheiligt zum Hades kommt, im Schlamme liegen, der Gereinigte und Geweihte aber, der dorthin kommt, bei den Göttern wohnen werde.‹ (69b–c)

Die Worte spielen auf die orphischen Mysterien an, in welchen der Fromme sich von Schuld und irdischer Verstrikkung zu läutern und für ein jenseitiges Leben mit den Göttern zu befähigen glaubte.

›Denn, wie jene sagen, welche mit den Weihen zu tun haben, »der Thyrsosträger gibt es viele, der dionysisch Begeisteten aber nur wenige«.[32] *Diese [letzteren] aber sind nach meiner Meinung keine anderen, als jene, welche auf die rechte Art nach Weisheit gestrebt haben. Um einer von ihnen zu sein, [war] auch ich im Leben nach Kräften [darauf bedacht], nichts zu versäumen, habe mich vielmehr in jeder Weise bemüht. Ob ich mich nun auf die rechte Weise bemüht, und ob wir etwas zu Stande gebracht haben, das werden wir sicher erfahren, wenn wir dort ankommen – so der Gott will, bald, wie mir scheint.‹* (69c–d)

Dem Heutigen kommt der ganze Gedankengang vielleicht befremdlich vor. Er neigt zur Ansicht, wenn jemand philosophisch begabt und interessiert ist, denke er eben über die Probleme nach, lese die darüber handelnden Schriften und komme so schließlich zu seinen Ergebnissen. Platon hingegen würde, falls er in die Lage käme, die Frage zu erörtern, wohl so sagen: Jeder Gegenstand bedarf, um wirklich erkannt werden zu können, einer Haltung, welche ihm zugeordnet ist, die entsprechenden Erfahrungen ermöglicht, den gemäßen Standpunkt gibt und die richtige Sehweise aktuiert. Das gilt um so strenger, je höher der Gegenstand steht, um den es sich handelt. Man kann das Lebendige nicht aus der Haltung heraus betrachten, der sich das Mechanische öffnet, denn dann sieht man nur Mechanisches. Man kann die menschlichen Dinge nicht aus der Haltung und mit der Sehweise erforschen, welche für die Lebewesen sonst richtig sind, denn dann bekommt man den Menschen nicht zu Gesicht. Wissenschaft bedeutet nicht, das Seiende aus einer Normalhaltung und mit einer Normalmethode zu erfassen – die aber in Wahrheit aus irgend einem als normativ angesehenen Teilge-

[32] Ein orphischer Spruch, der besagt: Solcher, die den Weihestab tragen und in den heiligen Begehungen mittun, gibt es viele, aber nur wenige, welche die wirkliche Ekstasis, die reinigende Erhebung ins Göttliche erfahren.

biet, etwa der Naturwissenschaft oder der Geschichte genommen sind – sondern so, wie es seinem Wesen nach erfaßt sein will; in der noëtischen Haltung und mit der Methode, die ihm entsprechen. Daher stellt Platon die Frage nach der besonderen Methode des philosophischen Forschens – zugleich aber auch die nach dem Wesen des Philosophen selbst: Wie muß der Mensch sich halten, in welcher Verfassung muß er sein, damit er den philosophischen Gegenstand überhaupt zu Gesicht bekommen bzw. sich auf ihn zu bewegen könne? Die Antwort aber lautet, dieses Sich-Halten und Sein setze die Entscheidung für ein Leben aus dem Geiste, und damit Entsagung und Überwindung anderem gegenüber voraus.

Ob es ein rein geistiges Erkennen und Leben im platonischen Sinne gebe, und welche Gefahren in einem darauf ausgerichteten Streben liegen, ist eine Frage für sich; daß aber echtes Philosophieren eine entsprechende Lebenshaltung und -führung voraussetzt, kann nicht bezweifelt werden, und Platon hat in seinem Hauptwerke, der Politeia, das Bild der philosophischen Existenz und ihrer Entwicklung gezeichnet. Wenn weiter gesagt wird, der Mensch, der sich um der Erkenntnis willen vom Sinnenleben löst und auf den Geist konzentriert, tut das gleiche, wie der Myste, der sich durch innere Sammlung und kultisch-symbolische Begehungen reinigt und für sein Leben mit den Göttern befähigt, so wird daraus klar, daß »Geist« und »Erkenntnis« hier etwas anderes bedeuten, als das neuzeitliche Verstandeswesen, vielmehr von religiöser Bedeutung durchströmt und von numinosen Kräften getragen sind. Nach philosophischer Erkenntnis zu streben, bedeutet für Platon, um das Heil zu ringen.

›Dies nun, Simmias und Kebes‹, fuhr er fort, ›ist meine Rechtfertigung dafür, daß ich einen guten Grund habe, wenn ich es nicht schwer nehme, Euch und die [göttlichen] Herren hier zu verlassen und nicht darüber zürne; denn ich glaube, auch dort werde ich nicht minder vortrefflichen Herren und Freunden begegnen. Den Meisten kommt dies freilich

unglaublich vor; wenn ich aber mit meiner Rechtfertigung für Euch überzeugender bin, als für die Richter der Athener, so wollte ich wohl zufrieden sein.‹ (69d–e)

Platon hat mit dem, was man gemeinhin Platonismus nennt, nicht viel zu schaffen. Er ist weder der Prophet eines weltfremden Spiritualismus, noch der Verkünder eines ästhetischen Daseins; seine Gedanken ruhen vielmehr auf der soeben genannten spezifischen Erfahrung von der Wirklichkeit des Geistes und von der Eigentlichkeit des »Seienden«. Danach ist der Geist kein abstrakter Verstand im rationalistischen Sinne, sondern die eigentliche Substanz des Menschen und die Grundkraft persönlichen Daseins. Er ist auf das Wesen der Dinge bezogen, das als Wahrheit aufgefaßt wird; auf die Welt der Werte, die im Guten begründet sind; auf die rechte Form und Ordnung des Lebens, die als Schönheit erscheint – das alles aber in seiner ewigen Gestalt, als Idee. Was die platonische Idee bedeutet, ist nicht leicht zu sagen, da die Neuzeit andere Wege gegangen ist, als ihr Philosoph. Sie ist kein Begriff, kein abstraktes Gültigkeitsschema, sondern das Eigentlich-Wirkliche, die Selbigkeit von Geltung und Realität, vor welcher die empirischen Dinge ebenso uneigentlich sind, wie der Leib vor der Seele. Nur von dieser Erfahrung her haben die Gedanken Platons ihren Sinn; sobald sie fehlt, werden sie »idealistisch«.
Und ihnen liegt, wie bereits gesagt, eine spezifische Entscheidung zu Grunde: der Entschluß, die Existenz auf dem Bezug von Geist und Idee aufzubauen. So wird das Denken in dem Maße ernst, als der Denkende durch Verzicht und Übung in diesen Bezug einzutreten sucht. Platon kann gar nicht »unakademisch« genug gedacht werden. In seiner Lehre ertönt wirklich der »Ruf der Todesgöttin«. Von hier aus fällt auch ein neues Licht auf das Verhalten des Sokrates vor seinen Richtern. Soweit er platonisch dachte – und er muß es in einem erheblichen Maße getan haben, sonst wäre es seinem Schüler, der zehn Jahre mit ihm gelebt hat, unmöglich

gewesen, seine geistige Gestalt so zu zeichnen, wie er es im Phaidon getan hat – drängte in ihm wirklich ein innerster »Wille zum Tode«, freilich anderer Art, als Nietzsche ihn sieht. Es war der Wille, nach der philosophischen »Einübung in den Tod«, wie sie durch sein ganzes Leben gegangen war, durch den eigentlichen Tod in die Freiheit des reinen Bezuges von Geist und Idee zu gelangen. Im Letzten also nichts Ethisches mehr – auch kein philosophisches Einstehen für die eigene Überzeugung – sondern etwas Metaphysisch-Religiöses, welches alle Maße des Sollens und Dürfens sprengt; eine Dionysik des Geistes, wie sie sich im Worte von den wahren Thyrsosträgern anzeigt.

So gehen gleich zu Beginn des Gesprächs die Motive ineinander. Der bevorstehende Tod des Sokrates erscheint als Ausdruck jenes Sterbens, das platonischer Überzeugung nach im Wesen des Philosophierens selbst liegt. Sokrates ist Philosoph nicht nur im Willen und Bemühen, sondern in Sein und Schicksal – darum werden die folgenden Reden nicht Worte der Tröstung, sondern welche der Verkündung sein. Sie werden offenbaren, was Philosophie als Existenz bedeutet: welcher Sinn sie rechtfertigt, welche Wirklichkeit sie trägt, und durch welche Kraft sie sich behauptet.
Dieser Wille zum Geist ist, noch einmal gesagt, alles andere als dekadent, wozu Nietzsche ihn erklärt hat. Daß er es oft geworden ist – dann, wenn der religiös-ethische Grundwille nachließ, und das Spekulative oder Ästhetische die Oberhand gewann – geht Platon nichts an. Was er meint, bedeutet weder Schwäche des Blutes, noch Haß gegen die Dinge der Welt. Der gleiche Philosoph, der als Denker zur Sphäre des reinen Geistes strebt, kehrt ja als Gesetzgeber und Bildner zu der des Leibes und der Dinge zurück. Der »Haß«, der hier herrscht, ist ein liebender. Er setzt Leib und Ding voraus, um in ihrer Überwindung des Geistes mächtig zu werden; ja er sorgt selbst, möchte man sagen, für das Höchstmaß kraftvoll-schöner Leiblichkeit und Dinggestalt, damit jene Überwin-

dung sich ganz erfüllen könne.[33] Der Geistwille Platons setzt jenen vollen Menschen voraus, von welchem seine Erziehungslehre redet, und seine Todesforderung wird richtig nur von jener Lebensintensität vernommen, deren Ausdruck seine Theorie des Staates bildet. Sobald sich dieser Zusammenhang lockert, wird aus Platon »der Platonismus«. Der ist dann allerdings Dekadenz, ein »Abfall« aber auch von der ursprünglichen Anschauung selbst.

Als Sokrates das gesagt hatte, ergriff Kebes das Wort und sprach: ›Sokrates, alles übrige scheint mir schön gesagt, aber das, was sich auf die Seele bezieht, findet bei den Menschen großen Unglauben. [Sie meinen nämlich], sobald diese vom Leibe getrennt werde, existiere sie nirgends mehr, sondern gehe an jenem Tage, an dem der Mensch stirbt, zu Grunde und komme um; und sobald sie vom Leibe getrennt werde und ausfahre, löse sie sich wie ein Hauch oder Rauch und verfliege und bestehe nirgends mehr. [Das ist sehr beunruhigend;] denn wenn sie noch irgendwo da wäre, für sich [bestehend] und zusammengefaßt und von diesen Übeln, die Du soeben aufgezählt hast, erlöst, dann gäbe es ja die große und schöne Hoffnung, Sokrates, das, was Du sagst, möchte wahr sein. Aber vielleicht bedarf eben dieses einer nicht geringen Überredungskunst und Beweiskraft [,zu zeigen], daß die Seele des verstorbenen Menschen noch besteht und irgend eine Kraft und Einsicht hat.‹ (69e–70b)

Damit ist das eigentliche Problem des Dialogs gestellt: Jener

[33] Die Vorstellung Platons vom Menschen ist also nicht statisch in der Form eines Bildes, sondern dynamisch, in der Form eines Geschehens wiederzugeben. Der Mensch ist jenes Wesen, das den tödlichen Aufstieg in den reinen Geist vollzieht, um dort, durch die Anschauung der Idee, bzw. des Guten, ganz rein und wirklich gut, schön und heil zu werden; dann aber zur Erde zurückkehrt, um das menschliche Dasein zu bilden, die wahre Polis zu bauen, in welcher die Gesetze ganz »gerecht« sind, und die Menschen ganz in der Aretē stehen – damit sie ihrerseits aufs vollkommenste den Aufstieg ins reine Geist-Sein vollziehen können.

Begriff der Philosophie und jenes Bild vom echten Philosophen haben nur dann einen Sinn, wenn im Menschen etwas ist, was über das unmittelbare Leben hinausdauert, die Seele.

Und zwar ist mit dem Worte etwas anderes gemeint, als das kraftlose εἴδωλον der homerischen Welt. Dieses könnte eine Existenz, wie jene, um die es für Platon geht, niemals tragen. Es ist ein entwirklichter Mensch, dem die Dichte des Körpers, die Wärme des Blutes, das Licht des Bewußtseins, die Kraft des Wollens und die Fülle der Empfindungen fehlen; vorgestellt nach dem Schatten, den ein Ding wirft, oder nach der Gestalt, die im Traum erscheint. Die Seele hingegen, welche Platon meint, ist Wirklichkeit, höher als alles das, dessen Fehlen den »Schatten« ausmacht; daher fähig, den Verlust des Lebens zu überstehen – ja so geartet, daß sie erst durch ihn zur vollen Freiheit ihres Wesens gelangt... Ebensowenig aber ist Platons Seele mit dem Toten der primitiven Religion zu verwechseln. Dieser ist wirklich, gehört aber einem Bereiche an, der dem unmittelbaren Weltdasein fremd gegenübersteht; ein von hier aus nicht zu verstehendes, anderswohin gerichtetes, Grauen erregendes Wesen. Er ist voll Energie; aber einer furchtbaren, das Erdenleben zerstörenden, die durch ängstliche Ehrfurcht, vielfältige Opferleistung und sorgfältige kultisch-magische Vorkehrungen ferngehalten werden muß... Die Seele hingegen, die Platon meint, ist dem Licht zugeordnet, fähig, jede Art und Stufe des Guten zu verwirklichen. Sie ist über das unmittelbare Dasein hinausgerichtet und bestimmt, es zu transzendieren; aber so, daß sie dabei dessen Sinngehalt mitnimmt, ja ihn erst eigentlich verwirklicht. Der ihr wesensverwandte Bereich ist die Höhe, und ihre eigentliche Bewegung der Aufstieg.

Es handelt sich also um die Entdeckung des lebendigen Geistes, der von der Wahrheit und dem Guten her bestimmt wird, Träger des gültigkeitshaltigen Aktes und ebendarin nicht nur wirklich, sondern wirklicher als das Körperliche, im platonischen Sinne sogar allein wirklich ist. Die Entdekkung der geistigen Seele ist mit jener der in sich gültigen Wahrheit verbunden und ohne diese nicht möglich.

Kebes hat zwei Fragen gestellt. Die erste: ob die Seele des verstorbenen Menschen wirklich noch bestehe; die zweite: ob sie noch Bewußtsein und Lebenskraft habe. Sie müssen beantwortet werden, wenn die sokratisch-platonische Deutung der Existenz sinnvoll sein soll.

›Du redest wahr, Kebes‹, sprach Sokrates. ›Was sollen wir jetzt beginnen? Willst Du, daß wir über diese Dinge mit einander reden? Ob es wahrscheinlich ist, daß es sich so verhält oder nicht?‹

›Ich wenigstens‹, sprach Kebes, ›würde gern hören, welches Deine Meinung darüber ist.‹

[›Man könnte fragen, ob ich dafür zuständig sei‹] sprach Sokrates, ›[aber] ich glaube doch nicht, daß jemand, der mich jetzt hörte, und wäre es auch ein Komödiendichter, sagen könnte, ich schwatze Unsinn und halte Reden über Dinge, für die ich nicht zuständig bin.‹ (70b–c)

Sublime Ironie des Mannes, der in einigen Stunden die Wahrheit seiner Reden durch den Tod bezeugen wird – einem Aristophanes gegenüber, dem das Theaterpublikum zujubelt, wenn er in seinen »Wolken« den Philosophen als einen Narren hinstellt, der mit einer Stange im Dunst herumfährt!

›Seid Ihr also der Meinung, dann tun wir recht, wenn wir jetzt darüber nachdenken. So laßt uns betrachten, ob denn wirklich die Seelen der verstorbenen Menschen [weiterlebend] in der Unterwelt sind oder nicht.‹ (70c)

Erster Teil des Hauptgesprächs

Die Relativierung von Geburt und Tod

Mit den Worten: »so laßt uns denn betrachten, ob die Seelen der verstorbenen Menschen wirklich [weiterlebend] in der Unterwelt sind oder nicht«, beginnt die Erörterung. Und zwar schlägt sie sofort einen besonderen Weg ein, indem sie die Fähigkeiten der Seele, das vergehende Erdenleben zu überdauern, durch einen orphischen Spruch ausdrückt:

›*Nun gibt es aber ein altes Wort, dessen ich mich entsinne, wonach sie dort weilen, nachdem sie von hier gekommen sind, und abermals hierher zurückkehren und aus den Toten wiedergeboren werden. Und wenn sich das so verhält, daß die Lebenden aus den Toten wiedergeboren werden, dann müssen doch wohl unsere Seelen dort ihr Dasein führen?*‹ (70c–d)

Das »alte Wort« enthält die orphisch-pythagoreische Lehre, wonach die Existenz eines Menschen sich nicht nur über einen, sondern über mehrere Lebensläufe erstreckt; näherhin die Seele sich so oft wieder verkörpern muß, bis sie lauter genug ist, »mit den Göttern zu leben«. Wenn also Geburt bedeutet, daß eine Seele aus dem Zustand des Totseins, genauer gesagt, der Jenseitigkeit, in den des irdischen Lebens eintritt, dann muß sie schon dort bestanden haben. Dann kann aber auch der künftige Tod des Menschen, der nun zu leben beginnt, nicht bedeuten, daß er zu Nichts wird, sondern daß seine Seele in den Zustand des »Totseins«, d. h. zum Leben im reinen Geiste zurückkehrt. Durch diesen Gedanken wird das menschliche Dasein als ein Ganzes aufgefaßt, das sich im Durchgang durch verschiedene Bereiche, Jenseits und Diesseits, und im Nacheinander verschiedener Zustände, einer rein geistigen und einer irdischen Existenzform, verwirklicht. Geborenwerden und Sterben sind dann die jeweiligen Übertritte aus dem einen Bereich und Zustand in den anderen, und weisen auf ein zu Grunde liegendes Drittes zurück, das durch sie hin besteht – das heißt aber, daß sie keinen jeweils in sich begründeten und durch sich verständlichen, sondern einen episodischen bzw. dialektischen Charakter haben.

Das wird dann genauer entwickelt und gezeigt, daß es sich nicht nur beim Menschen, sondern auch bei den Dingen der Natur so verhält, indem Geschehnisse und Zustände am gleichen Seienden verschwinden und wiederkehren.
›*Betrachte es aber*‹, *fuhr er fort*, ›*wenn Du es leichter begreifen willst, nicht nur bei den Menschen, sondern auch bei allen Tieren und Pflanzen und überhaupt bei allem, was eine Entstehung hat. Laß uns bei allem sehen, ob alles so entstehe, [wie eben gesagt wurde,] nämlich nicht anders als jeweils ein Gegenteil aus dem anderen, soweit es ein solches hat.*‹ (70d–e)
Darauf eine Reihe von Beispielen: Das Größere entsteht aus dem Kleineren, das Stärkere aus dem Schwächeren, das Schnellere aus dem Langsameren, das Schlechtere aus dem Besseren, das Gerechtere aus dem Ungerechteren, das Getrennte aus dem Vermischten, das Wärmere aus dem Kühleren und jeweils umgekehrt. Der Sinn der Beispiele ist klar: es werden Zustände genannt, die zwar verschiedenen – »entgegengesetzten«, sagt das unbestimmt gebrauchte Wort – Charakter haben, sich aber auf einen gleichen Maßstab und eine gleiche zu Grunde liegende Wirklichkeit beziehen. Obwohl sie also einander wechselseitig ausschließen, gehen sie doch »aus einander« hervor, und so vollzieht sich jenes Phaenomen, das den griechischen Geist von Anfang an zum Fragen veranlaßt hat: das Werden und sein Verhältnis zum Sein.
Die aufgezählten Verhältnisse stellen aber nur scheinbar Gegensätze dar; in Wahrheit handelt es sich um bloße Gradunterschiede. Anders das folgende, das wirklich dialektisch gebaut ist und an das Ziel der Überlegung heranführt,

nämlich das Verhältnis von Schlafen und Wachen mit seinen jeweiligen Überschritten:
›*Ich will Dir nun die eine Verknüpfung der Dinge, von denen eben die Rede war, nennen, sie selbst sowohl wie auch das [auf sie bezogene] Werden*‹, *sprach Sokrates,* ›*Du aber [sollst] mir die andere Verknüpfung [sagen]. Ich nenne einerseits das Schlafen, andererseits das Wachen, und [sage], aus dem Schlafen entstehe das Wachen, und aus dem Wachen das Schlafen, und das Werden dieser beiden sei das Einschlafen und das Aufwachen.*‹ (71c–d)
Nach diesem Schema soll Kebes weiterdenken:
›*Nun sage auch Du mir auf die gleiche Weise*‹, *sprach er,* ›*[Deine Meinung] über Leben und Tod. Sagst Du nicht, dem Leben sei der Tod entgegengesetzt?*‹
›*Ja.*‹
›*Und sie entstünden aus einander?*‹
›*Ja.*‹
›*Was entsteht also aus dem Lebenden?*‹
›*Das Gestorbene*‹, *sagte [Kebes].*
›*Und was*‹, *fragte [Sokrates, entsteht]* ›*aus dem Gestorbenen?*‹
›*Man kann nicht anders sagen, als das Lebende*‹, *sprach [Kebes].*
›*Aus dem Gestorbenen also, Kebes, entstehen das Lebende und die Lebenden?*‹
›*Offenbar*‹, *sprach [Kebes].*
›*Unsere Seelen sind also [vor der Geburt] im Hades?*‹ *fragte [Sokrates].*
›*So scheint es.*‹ (71d–e)
Nun wird die andere Seite des Verhältnisses ins Auge gefaßt.
›*Ist also nicht von den beiden Arten des Werdens, die [zu diesem Gesamtvorgang] gehören, die eine klar geworden? Denn das Sterben ist doch klar genug, oder nicht?*‹
›*Freilich*‹, *sprach [Kebes].*
›*Wie sollen wir es also anfangen [,damit auch die andere Werdeform des Verhältnisses klar wird]?*‹ *fragte Sokrates.*
›*Sollen wir nicht dem Sterben das entgegengesetzte Werden*

als Entsprechung zuerkennen? Soll denn die Natur nach dieser Seite hin lahm sein? Sind wir nicht gezwungen, ein dem Sterben entgegengesetztes Werden anzunehmen?‹
›Durchaus‹, sprach [Kebes].
›Und was für eines?‹
›Das Wieder-Aufleben.‹
›Wenn es also das Wieder-Aufleben gibt‹, fragte [Sokrates,] ›– besteht dann dieses Wieder-Aufleben wohl in dem Werden der Lebenden aus den Toten?‹
›Unbedingt.‹ (71e–72a)
Aus dem Ganzen endlich das Ergebnis:
›Auf diese Weise sind wir also übereingekommen, daß die Lebenden aus den Toten entstanden sind, nicht weniger als die Toten aus den Lebenden. Wenn dem so ist, so schien mir damit hinreichend bewiesen, daß notwendig die Seelen der Verstorbenen irgendwo sein müssen, von woher sie abermals entstünden.‹ (72a)
Das Folgende aber erhärtet das Gesagte, indem es ausführt: Wenn es eine Veränderung, ein »Werden« nur nach der einen Seite hin, vom Leben zum Tode und nicht auch umgekehrt vom Tode zum Leben gäbe, dann »würde schließlich alles Leben in den Tod verschlungen werden.« Die Bewegung des Werdens muß also nach beiden Richtungen gehen, was voraussetzt, daß die Seele schon vor dem Geborenwerden war und nach dem Sterben noch sein wird.

Es handelt sich um den Versuch, das »Werden«, d. h. die Aufeinanderfolge, das Entstehen und Vergehen von Dingen, Zuständen, Beziehungen zu verstehen, wie es die ganze Erfahrungswelt erfüllt. Platons Theorie knüpft an alte Gedankengänge an. Schon Heraklit und Empedokles hatten zu zeigen versucht, daß immer ein Gegensatz aus dem anderen hervorgehe, ja der ganze Prozeß des Werdens sich in der Form der Gegensätze vollziehe. Und ferner, daß dieses Entstehen, Währen und Vergehen sich wiederhole, so daß der Gesamtprozeß des Naturgeschehens einen Kreislauf bilde, in welchem alles wiederkehre. Diese Anschauung setzt ein Bleibendes voraus, das den Wechsel und die Wiederkehr trägt und in den Grundelementen der Welt gesehen wird.[34]

Doch muß der Gebrauch des Begriffes »Entstehen« ein wenig schärfer gefaßt werden. Es verhält sich nämlich nicht so, daß »das Größere« aus »dem Kleineren« hervorginge, sondern das nämliche Ding hat erst ein kleineres und nachher ein größeres Maß. Beide Maße sind Bestimmungen des gleichen Dinges und durch den Vorgang der Vergrößerung mit einander verbunden. Ebenso geht nicht »das Schlafen« aus »dem Wachen« hervor, sondern das gleiche Wesen wacht erst und schläft dann und bleibt durch diese verschiedenen Lebenszustände hindurch sich selbst gleich.

Einer näheren Erklärung bedarf auch die Übertragung des Gedankens auf Leben und Tod durch die Lehre von der Reinkarnation oder Seelenwanderung. Das primitive Bewußtsein sieht den Tod als Ende einer Lebensperiode an, auf die mit Selbstverständlichkeit eine andere folgt. Und zwar ist es nicht bloß die Seele – von welcher der Primitive noch nichts weiß – sondern der ganze Mensch, der stirbt und dann, unterstützt durch kultische Begehungen, wie das Leichenmahl, die Kampfspiele bei der Bestattung, bestimmte Begräbnisformen usw., in einem neugeborenen Kinde, meistens dem Enkel, wiederkehrt. Die eigentliche Seelenwanderungslehre unterscheidet die Seele vom Leibe und läßt sie durch verschiedene Leiblichkeiten hindurchgehen, wobei der Vor-

[34] Dem Ganzen liegt ein bestimmtes Weltgefühl zu Grunde, dessen Eigenart deutlich wird, wenn man ihm etwa das neuzeitliche des endlosen Fortschritts gegenüberstellt. Letzteres hat, wie sein Begriff sagt, keine Grenze. In ihm geht es immer weiter zurück und immer weiter voran; und da diese Endlosigkeit geradlinig ist, kommt sie aus dem Unbekannten und geht ins Unbekannte. So entsteht kein »Ganzes«, keine Kontur, keine Gestalt. Die cyclische Auffassung hingegen sagt wohl auch, im Weltgeschehen gehe es immer weiter zurück und voran, aber so, daß die Linie sich zum Kreis schließt. Ihre Endlosigkeit läuft also innerhalb einer Gestalt. Es ist die immanente Endlosigkeit einer unerschöpflichen Fülle, welche einem umgrenzten Ganzen, d. h. einem Kosmos eignet.

gang in den einzelnen Kulturbereichen jeweils eine andere Wertfarbe bekommt. In der ägyptischen Seelenwanderungslehre zum Beispiel bedeutet die Leiblichkeit etwas Gutes, und die Seele empfängt aus jeder Inkarnation neue Lebensfülle. In der indischen sowohl wie griechischen hingegen bedeutet der Leib Fessel und Kerker. Die erste Inkarnation ist durch einen Abfall der Seele vom reinen Geiste geschehen, und die Reihe der Wiedergeburten bildet eine Buße, welche dauert, bis die Seele sich zum Aufstieg ins Absolute geläutert hat. So denkt auch jene Reinkarnationslehre, welche uns im Phaidon begegnet, die orphisch-pythagoreische... In jeder Form des Gedankens aber verliert der Tod an Gewicht – ebenso wie die Geburt. Beide bedeuten etwas nur mit Bezug auf das, was durch sie hindurchgeht, nämlich das Leben in seinem Gesamtzug.

Daß Lebendig-sein und Tot-sein, Geboren-werden und Sterben tatsächlich in diesem dialektischen Verhältnis zu einander stehen, wird nicht bewiesen – und es ist ja auch in Wahrheit nicht der Fall. Der Gedanke bedroht sogar den existentiellen Charakter von Geburt und Tod. Denn Geboren-werden bedeutet, daß eine Person ihren Ort in der Geschichte antritt; etwas Einmaliges also, das zu nichts anderem dialektisch steht. Sterben aber ist das Ende des personellen Daseins in Zeit und Raum, Existenzgrenze mit ihrer ganzen Härte; etwas Einmaliges also auch es, das auf keinen dialektischen Gegenpol bezogen ist. Doch darf dieser Einwand nicht überdecken, worum es für Platon eigentlich geht, nämlich die Erfahrung eines letzten, hinter den einzelnen Lebenserscheinungen liegenden Daseinskerns... Ebensowenig darf diese Erfahrung mit der dionysischen verwechselt werden. Auch in ihr werden ja Geburt und Tod auf ein Drittes hin relativiert: Durch die Geburt formt sich die Gestalt des Einzeldaseins aus dem großen Zusammenhang heraus; durch den Tod löst sie sich wieder in ihn auf und erscheint so als bloße Welle im Gesamtstrom des Lebens. Danach gibt es den Tod im Sinne eines wirklichen Endens ebensowenig, wie die Geburt im

Sinne eines wirklichen Anfangens. Was Sokrates meint, ist aber etwas Grundanderes. Jenes Eigentliche, auf das hin er Leben und Tod relativiert, ist nicht der durch die Zeit gehende Gesamtstrom des Lebens, sondern der unzerstörbare Kern der individuellen Existenz. Anfangen und Enden überwindet er nicht so, daß er es in der Unendlichkeit des Ganzen auflöst, sondern er erfährt sich als Geist und wird inne, daß der Tod für diesen keine absolute Bedeutung hat.

Daß aber in diesem Zusammenhang die Lehre von der Wiederverkörperung auftaucht, zeigt die religiöse Natur des ganzen Gedankengangs an. Er ruht auf dem Bewußtsein, daß das Eigentliche der Existenz sich über Geburt und Tod hinaus ins Überzeitliche erstreckt. Dadurch wird die Zeitlichkeit zum Durchgangsstadium: der Mensch kommt von anderswoher und geht anderswohin. Der Geist und durch ihn der Mensch werden zu etwas Fremdem, Geheimnisvollem; und das gibt, zusammen mit der leuchtenden Gegenwärtigkeit des griechischen Wesens, der platonischen Daseinsbestimmung ihren besonderen Charakter.

Logisch wie sachlich ist der Gedankengang angreifbar; worauf es aber ankommt, ist die Überwindung des übermächtigen Eindrucks, der vom Tode ausgeht – jenes Todes vor allem, den Sokrates selbst sterben soll. Dessen Bewußtsein dringt durch die eigene Vergänglichkeit zu einem Innersten vor, das dem physischen Geborenwerden und Sterben entrückt ist. Solange man die Gedanken nur in ihrer unmittelbaren Bedeutung nimmt, erscheinen sie wie ein Spiel mit halbmythologischen Motiven; ihr eigentlicher Sinn enthüllt sich erst, wenn man sieht, wie in ihnen dieser zum Tode bereite und so intensiv lebendige Mann das Bewußtsein seines geistigen Seins aufruft, es von allem, was im biologischen Fluß, im Bereich von Geburt und Tod steht, unterscheidet und sich so seiner Unsterblichkeit vergewissert.

Allerdings wird man dabei auch auf zwei einander gegenseitig bedingende Gefahren des platonischen Denkens aufmerksam. Von der ersten, der Entmächtigung des Geschichtlichen, war bereits die Rede. Wenn Geburt und Tod dem Wesen der Seele fremde, nur an ihrem Kleid, an ihrem Haus, ja an ihrem Gefängnis sich vollziehende Vorgänge sind, verliert das irdische Dasein seinen letzten Ernst. Der Geist, die Person stehen nicht verbindlich in ihm, sondern gehen nur hindurch. Der Mensch ist aber kein ewiges Wesen, das sich vorübergehend in einer fremden Zeitlichkeit aufhält, sondern als Geistwesen geschichtlich. Er existiert zeithaft, und sein zeitliches Handeln entscheidet ewiges Dasein. Der Geist ist höher als der Leib und wirklicher als dieser; aber am Leibe haften Raum und Zeit, und daß der Geist im Leibe existiert, begründet die Geschichte. Die Gefahr, die Geschichtlichkeit auszulöschen, drückt sich denn auch in der Behauptung aus, das individuelle Leben wiederhole sich; denn wenn das geschieht, verschwindet die ewigkeitshaltige Entscheidung in der Zeit; der Ernst, die Herrlichkeit und die Tragik des Einmaligen. Die Lehre von der Wiederverkörperung hebt die Geschichte im eigentlichen Sinne auf. Die andere Gefahr ist das Gegenbild der ersten: sie besteht darin, daß »Geist« mit »ewigem Sein« gleichgesetzt wird. Wie das Bewußtsein, der Tod berühre das Wesen der Seele nicht, sich zur Behauptung überspannt, er gehöre überhaupt nicht in den existentiellen Ernstbereich hinein, sondern sei etwas Äußerliches, so das Bewußtsein, die Geistseele sei unzerstörbar, zur Behauptung, sie sei ungeworden, ewig. Die Geist-Erfahrung ist so gewaltig, daß sie ihr Maß sprengt und die Bestimmungen der Unzerstörbarkeit und des Ungewordenseins vermischt; ein Dionysismus des Geistigen, der sich durch seine mythologische Hinterbauung verrät. Auch er stellt den Ernst des menschlichen Daseins in Frage: die Wahrheit des Menschengeistes, der wohl unzerstörbar, aber nicht ungeworden, wohl echter Geist, aber nicht Gott ist.

Der Einwand des Kebes hatte zwei Bedenken geltend gemacht. Das erste hatte gelautet: Vielleicht ist auch die Seele vergänglich. Darauf hat Sokrates geantwortet: Nein, sondern sie ist das, was im Wechsel von Geburt und Tod dauert. Nun bleibt noch das zweite Bedenken, welches sagt: Wenn die Seele schon dauert, weiß man doch nicht, ob sie auch Kraft und Bewußtsein hat; eine Frage, die von der homerischen Auffassung der »Seele« als eines bloßen Schattens, einer Entmächtigungsform des irdisch-lebendigen Menschen nahegelegt wird. Da ist es nun Kebes selbst, der, im Anschluß an die von Sokrates entwickelten Gedanken, die Überlegung voranführt.

Da ergriff Kebes das Wort: ›Und das gilt auch, wenn anders es wahr ist, Sokrates, von jenem Satze, den Du uns oft zu sagen pflegst: daß unser Lernen nichts anderes sei, als Erinnerung, und wir demnach notwendig in einer früheren Zeit das gelernt haben müssen, dessen wir uns jetzt wieder erinnern; daß aber dies unmöglich wäre, wenn unsere Seele nicht, ehe sie diese menschliche Gestalt annahm, schon irgendwo war. So scheint auch danach die Seele etwas Unsterbliches zu sein.‹ (72e–73a)

Sein junger Freund, Simmias, hat den Gedanken nicht ganz gegenwärtig:

Da nahm Simmias das Wort und sprach: ›Welche Beweise aber gibt es dafür, Kebes? Erinnere mich daran, denn im Augenblick entsinne ich mich ihrer nicht recht.‹

›Um nur einen, den schönsten, zu nennen‹, erwiderte Kebes: ›Wenn die Menschen gefragt werden, und es fragt sie einer auf die rechte Weise, dann sagen sie selbst von allem, wie es sich verhält; wohnte aber kein Wissen und keine rechte Einsicht in ihnen, dann wären sie nicht im Stande, das zu tun. Führt man sie also zu den mathematischen Figuren, oder zu etwas ähnlichem, dann zeigt es sich dabei am deutlichsten, daß es sich so verhält.‹ (73a–b)

Wie leibhaftig steigt aus diesen Sätzen das Leben des sokratisch-platonischen Kreises auf! Die jungen Menschen, die sich zu Sokrates drängen, haben bis dahin schon viel Nützliches gelernt: Mathematik, Sprachlehre, Musik und was sonst. Er kann ihnen keinen weiteren Wissensstoff hinzuvermitteln, betont er doch immer wieder, er habe »nie jemanden etwas gelehrt.« Aber etwas anderes vermag er. Er steht zu ihnen in einem besonderen Bezug, so lebendig, daß einer sagen kann, wenn er nur neben ihm sitze, fühle er sich schon besser als sonst. Sokrates nimmt den Willigen in ein Kraftfeld auf, das ihn lebendig macht. In diesem Feld mit ihm stehend, fragt er ihn »auf die rechte Weise«. Dann antwortet der Befragte, nicht aus gelerntem Wissen, sondern aus wach gewordenem Geiste, und was er antwortet, ist ihm inne und eigen. Sokrates bringt ihm zum Bewußtsein, wie wunderbar das ist, wenn einem die Wahrheit aufgeht: jenes, das so ist und nicht anders sein kann, dem die Einsichtigkeit des Wesensgefüges, die Notwendigkeit der Konsequenz und die Wucht des Sinnes eignet. Dieses Unerschütterbare, Leuchtende, Fragen Stillende – woher kommt das? Es ist anders als eine bloße Tatsache, die so sein kann, oder anders; es ist unbedingt. In der täglichen Erfahrung ist aber nichts unbedingt – woher kommt es also in das Bewußtsein des Erkennenden? Andererseits ist es ihm so nah, so vertraut, so nährend und erfüllend, daß er fühlt, etwas in ihm ist damit verwandt – was ist das in seinem Innern, das in dieser Verwandtschaft steht?

Nun gewinnt der Mythos von der Präexistenz einen neuen Sinn. Für Orphiker und Pythagoreer war er ein Mittel, um zu sagen, wie sich die Seele zur Welt der körperlichen Dinge verhalte; warum sie sich besinnen, sich läutern und zur Welt des reinen Geistes aufsteigen solle. Hier wird er verwendet, um den einzigartigen Charakter zu interpretieren, welcher der echten Erkenntnis eignet; denn durch sie gelangt, mitten unter den Unzulänglichkeiten der Dingwelt, das Bewußtsein vor das Unbedingte, Gültige, Ewige. Dadurch wird aber auch der Mensch seines eigenen Wesens inne. Die Einsicht leuchtet zwar an dem gerade aufgefaßten Ding auf, stammt aber von jenseits aller Dinge, aus der Ordnung der reinen Gestalten; so erfährt er zwar die Erkenntnis als jetzt und hier und so Lebender, aber das in ihm, was sie erlebt, stammt ebenfalls von jenseits des Irdisch-Bedingten, ist unzerstörbarer Geist. Dieser Geist gehört mit der Idee zusammen und hat sie einmal offen geschaut: sobald er erkennt, vollzieht er also Erinnerung.

Sokrates merkt, daß Simmias noch nicht zurecht gekommen ist:

Da sprach Sokrates: ›Wenn Du aber dadurch noch nicht überzeugt bist, Simmias, dann sieh zu, ob Du uns beistimmen kannst, wenn Du es etwa folgendermaßen betrachtest: Du zweifelst doch daran, ob das sogenannte Lernen eine Erinnerung sei?‹

›Ich zweifle ja nicht gerade daran‹, antwortete Simmias, ›möchte nur eben das lernen, wovon die Rede ist, nämlich mich erinnern; und beinahe schon nach dem, was Kebes mir zu sagen versucht hat, fällt es mir wieder ein und überzeugt mich. Dennoch würde ich gern hören, wie Du es erklären willst.‹

›Auf folgende Weise‹, antwortete Sokrates. (73b–c)

Darauf entwickelt er die Lehre von der Anamnesis in grundsätzlicher Form. Zuerst spricht er vom Erinnert-werden überhaupt.

›Die Vorstellung[35] *von einem Menschen ist doch eine andere als die von einer Leier?‹*

›Wie auch nicht?‹

›Du weißt aber doch, wenn Liebende eine Leier erblicken oder ein Kleid, oder sonst etwas, das ihre Lieblinge zu gebrauchen pflegen, ergeht es ihnen folgendermaßen: sie erkennen die Leier, und im Geiste empfangen sie [zugleich] das Bild des Knaben, dem die Leier gehört, und ebendas ist

[35] 'Επιστήμη, wörtlich das Wissen.

Erinnerung – so wie sich zum Beispiel auch einer, der den Simmias erblickt, leicht an den Kebes erinnert, und an tausenderlei anderes [,das mit Simmias zusammenhängt]?‹
›Wahrlich, beim Zeus, an tausenderlei‹, sprach Simmias.
›Ist das nicht eine Art Erinnerung?‹ fragte [Sokrates]. ›Besonders dann, wenn es ihm bei Dingen begegnet, die er vergessen, weil so viel Zeit verstrichen war und er nicht darauf geachtet hatte?‹
›Allerdings‹, sprach [Simmias]. (73d–e)
Die Erinnerung kann sowohl aus der Ähnlichkeitsbeziehung – etwa zwischen dem gemalten Bilde eines Menschen und diesem selbst – wie auch aus jener der Unähnlichkeit – besser gesagt eines Kontrastes – aufsteigen. Zugleich hat aber der sich Erinnernde ein Urteil darüber, wie weit die Ähnlichkeit oder Unähnlichkeit geht. Dieses Urteil kann nur darauf ruhen, daß er »das Gleiche selbst«, das Phänomen der Gleichheit als solcher – und, ergänze, auch »das Ungleiche selbst«, das Phänomen der Unterschiedenheit – in sich trägt. Unbewußt oder, später, bewußt, mißt er an ihnen die verschiedenen empirischen Gleichheits- oder Ungleichheitsverhältnisse, auf die er trifft. Nun realisieren aber diese Verhältnisse das Gleich- bzw. Ungleich-sein als solches nie ganz, sondern immer nur annähernd; also kann das Wissen um das Phänomen selbst nicht aus der Erfahrung stammen:
›Man muß also an den Wahrnehmungen erkennen, daß alles, was in den Wahrnehmungen [von Gleichsein] enthalten ist, nach jenem strebt, welches das Gleiche an sich ist, aber hinter ihm zurückbleibt. Oder wie sollen wir das sagen?‹
›Genau so.‹
›Ehe wir also anfingen, zu sehen, zu hören und die anderen Sinne zu gebrauchen, mußten wir irgendwo die Erkenntnis des Gleichen an sich und seines Wesens empfangen haben, wenn wir das in den Wahrnehmungen [erkannte] Gleiche darauf beziehen sollten, weil zwar alles [im Gleichheitsverhältnis Stehende] danach strebt, wie jenes [Gleiche an sich] zu sein, aber hinter ihm zurückbleibt.‹

›Nach dem vorher Gesagten ist das notwendig, Sokrates.‹ (75a–b)
Daraus die Folgerung:
›Wir besaßen aber doch gleich nach unserer Geburt Gesicht, Gehör und die anderen Sinne?‹
›Allerdings.‹
›Und wir mußten, sagen wir, schon vorher die Erkenntnis des Gleichen empfangen haben?‹
›Gewiß.‹
›Also müssen wir sie, wie es sich zeigt, empfangen haben, ehe wir geboren wurden?‹
›So zeigt es sich.‹ (75b–c)

Was Sokrates hier entwickelt, ist wieder die Lehre von der Idee als Antwort auf die Frage nach dem Grunde der Erkenntnis. Echtes Erkennen ist ein Sehen im Lichte der absoluten Wesensbilder. Diese können nicht aus den Dingen gewonnen sein, weil nichts sinnlich Erfahrbares seine Urgestalt ganz darstellt. Also müssen sie in sich selbst, in einer jedem Mangel enthobenen Sphäre aufgefunden werden.
Auf die Frage, wie der Geist dorthin gelange, hat Platon zwei Antworten. Die erste, soeben entwickelte, sagt, der Geist habe einst, als er noch vom Leibe frei war, die Idee geschaut und sie dann durch die Geburt vergessen; sobald er sich aber im echten Denken auf den Gegenstand hin sammle, tauche sie in seinem geistigen, besser gesagt, metaphysischen Gedächtnis auf. Die andere sagt, wenn der Geist, durch den Eros erhoben, sich vom sinnlichen Bestand des Dinges löse, schaue er im geistigen Raum dessen Wesensbild. Das »Drüben«, der Unterschied zwischen dem Sinnhaft-Zufälligen und dem Geistig-Kategorialen, wird in der ersten Antwort sozusagen biographisch-metaphysisch, durch eine Mythologie der vorgeburtlichen Existenz; in der zweiten psychologisch-metaphysisch, durch eine Transzension des sinnlichen Erkenntnisaktes ausgedrückt. In beiden Fällen ist die gültige Erkenntnis mit dem Tode verbunden: dort als dem vom

irdischen Dasein getrennten Bereich der ewigen Existenz; hier als dem von der unmittelbaren leiblich-seelischen Lebendigkeit abgelösten Bereich des bloß geistigen Aktes.

›*Wenn wir also vor unserer Geburt empfangen haben und mit ihrem [unbewußten] Besitz geboren wurden, so hatten wir doch schon ein Wissen, ehe wir wurden und [damit auch, unbewußterweise,] sobald wir geboren waren; nicht nur um das Gleiche [und das Ungleiche] und um das Größere und das Kleinere, sondern insgesamt um alles dieser Art? Denn in unserer Rede geht es jetzt ebensoviel um das Gleiche [an sich], wie um das Schöne an sich und um das Gute an sich und um das Gerechte und das Fromme und, wie ich sage, um alles, dem wir dieses An-sich-sein wie ein Siegel aufdrücken – sowohl in unseren Fragen, wenn wir fragen, als auch in unseren Antworten, wenn wir antworten. Also müssen wir notwendig die Erkenntnis von alledem empfangen haben, bevor wir geboren wurden?*‹

›*So ist es.*‹

›*Und wenn wir sie, nachdem wir sie empfangen haben, nicht immer wieder vergäßen, würden wir zu allezeit Wissenden, und wären wissend durch das ganze Leben hin. Denn Wissen heißt doch, eine Erkenntnis empfangen und unverloren festhalten. Oder nennen wir, Simmias, Vergessen nicht den Verlust einer Erkenntnis?*‹

›*Ganz gewiß, Sokrates*‹, *erwiderte [Simmias].*

›*Und ich glaube, wenn wir sie vor der Geburt empfangen und bei der Geburt verloren haben, nachher aber beim Gebrauch der Sinne jene Erkenntnisse, die wir früher einmal hatten, wieder aufnehmen – ist dann nicht das, was wir Lernen nennen, das Wiederaufnehmen einer uns [eigentlich schon] gehörenden Erkenntnis? Und wenn wir das ein Wiedererinnern nennen, werden wir es dann richtig ausdrücken?*‹

›*Gewiß.*‹ (75c–e)

Daraus nun, ganz auf den Menschen hin, die Folgerung:

›*Wofür entscheidest Du Dich also, Simmias: daß wir als Erkennende geboren sind [und es von da ab, der Ideen bewußt, auch bleiben], oder daß wir [die einst geschauten Ideen bei der Geburt vergessen und] uns später dessen erinnern, wovon wir schon früher eine Erkenntnis empfangen hatten?‹*

›Im Augenblick weiß ich nicht, wie ich mich entscheiden soll, Sokrates.‹

›Aber wie denn? Kannst Du Folgendes entscheiden, und wie denkst Du darüber: Ein Mann, der etwas weiß, müßte doch über das, was er weiß, Rechenschaft ablegen können, oder nicht?‹

›Ganz notwendig, Sokrates‹, sagte er.

›Glaubst Du auch wirklich, daß alle über das, was wir soeben besprachen, Rechenschaft ablegen können?‹

›Das wünschte ich fürwahr‹, sprach Simmias; ›doch noch viel mehr fürchte ich, daß es schon morgen keinen Menschen mehr geben wird, der das richtig zu tun vermöchte.‹

›Du glaubst also nicht, Simmias‹, sprach [Sokrates], ›daß alle wissen, [was wir schon besprachen]?‹

›Gewiß nicht.‹

›[Wenn sie es aber erfahren,] erinnern sie sich also dessen, was sie einst gelernt hatten?‹

›Notwendig.‹

›Wann aber haben unsere Seelen die Erkenntnis davon empfangen? Doch wohl nicht, seit wir als Menschen geboren wurden?‹

›Kaum.‹

›Also früher?‹

›Ja.‹

›Also existieren die Seelen, Simmias, noch ehe sie in menschlicher Gestalt waren, ohne Leiber, und hatten Einsicht?‹

›[Ja,] falls sie nicht etwa diese Erkenntnisse bei der Geburt [selbst] empfangen, denn diese Zeit bleibt noch übrig.‹

›Gut, mein Freund. In welcher anderen Zeit verlieren wir sie aber [,wenn nicht bei der Geburt]? Denn wenn wir geboren werden, sind wir, wie wir eben einräumten, nicht in ihrem Besitz. Oder verlieren wir sie in der gleichen Zeit, da wir sie

auch empfangen? Oder kannst Du noch eine andere Zeit nennen?‹
›Keineswegs, Sokrates, sondern ich habe nicht bemerkt, daß ich Unsinn redete.‹ (76a–d)

Die Einsicht, die hier gewonnen worden ist, bleibt nicht an den Mythos der Wiederverkörperung gebunden, sondern gilt in sich.
Aristoteles sagt: Die Erkenntnis entsteht aus der Sinneserfahrung bzw. der geistigen Arbeit, welche der Verstand an den durch sie vermittelten Empfindungen und Vorstellungen leistet. In ihr erfaßt der Verstand jene Merkmale, die dem Ding – etwa einem Bergkristall – wesentlich und ihm mit allen anderen Bergkristallen gemeinsam sind; er versteht ihre innere Ordnung, ihr Verhältnis zu anderen Merkmalsgefügen – etwa denen anderer Kristalle – und so fort. Platon hingegen sagt: Die Wesensgestalt, das morphologische, optische, chemische, ästhetische Urbild des Bergkristalls, kann niemals durch noch so genaue Betrachtung noch so vieler empirischer Exemplare gewonnen werden, sondern muß aus sich selbst aufleuchten. Sie ist ein Urphänomen, welches »da« ist, dem Erkennen »zugänglich«, auf das Erkennen »bezogen«. Wie diese Bezogenheit und ihre Aktuierung im Erkenntnisakt näherhin verstanden werden muß, soll noch näher erörtert werden.

Endlich das Gesamtergebnis:
›Verhält es sich nun nicht folgendermaßen, Simmias: Wenn es das, was wir immer im Munde führen, das Schöne und das Gute und jede Wesenheit dieser Art [wirklich] gibt; wenn wir alles, was die Sinne uns vermitteln, auf es beziehen und es dabei als etwas entdecken, das uns früher gehörte‹
– und das wir nach der Geburt als ein letztes, noch unter der tiefsten, aus irdischem Erleben stammenden Unbewußtheitsschicht liegendes Unbewußtes in uns tragen –
›und [beim Erkennen] das [durch die Sinne Erfaßte] mit ihm

vergleichen: dann muß notwendig so, wie Dieses [das Schöne und Gute und überhaupt die Idee] ist, auch unsere Seele sein, noch ehe wir geboren waren. Gibt es aber das alles nicht, dann ist diese Rede eitel. Verhält es sich nun so, und besteht die gleiche Notwendigkeit, wonach jenes sein muß, auch dafür, daß, noch ehe wir geboren wurden, auch unsere Seelen gewesen seien, und daß, wenn dieses nicht gilt, dann auch jenes nicht zutreffe?‹

›Ganz unbedingt erscheint es mir als die gleiche Notwendigkeit, Sokrates‹, sprach Simmias; ›und unsere Rede hat sich an einen guten Platz geflüchtet, [wenn sie sagt,] unsere Seele existiere, bevor sie geboren wird, auf die gleiche Weise, wie jene Wesenheit, von der Du soeben sprachst. Denn ich kenne nichts, das mir so klar wäre, als eben dies, daß alles das im höchsten Grade existiert: das Schöne und das Gute und alles übrige, was Du ja soeben nanntest. Für mich wenigstens ist der Beweis ausreichend.‹ (76d–77a)

Diese Darlegungen enthalten eine bedeutungsvolle Aussage: »Wenn es das, was wir immer im Munde führen, das Schöne und das Gute und jede Wesenheit dieser Art gibt...dann muß notwendig, so wie Dieses ist, auch unsere Seele sein...und es besteht die gleiche Notwendigkeit, wonach jenes sein muß, auch dafür, daß, noch ehe wir geboren wurden, auch unsere Seelen gewesen seien...«

Danach liegt in der echten Erkenntnis ein Element, das alles Nur-Empirische übersteigt, und zwar sowohl im Gegenstand wie im Subjekt. Im Gegenstand ist es die Idee; im Subjekt der Geist. Zwischen ihnen besteht eine Verwandtschaft: die Seele ist, als Geist, von der Art der Idee. Ein wichtiger Gedanke, der später wieder aufgenommen werden soll.

Erstes Zwischenspiel

Simmias ist zufrieden. Bevor aber die Erörterung weiter geführt werden kann, schiebt sich ein Zwischenspiel ein, durch welches auf die Bedeutung des Folgenden vorbereitet wird.

›*Wie steht es aber mit Kebes?*‹ *sprach Sokrates weiter;* ›*denn wir müssen auch den Kebes überzeugen!*‹

›*Ganz gewiß, denke ich*‹, *sprach Simmias.* ›*Doch er ist der hartnäckigste Mensch in seinem Unglauben gegen die Beweise [anderer]; ich denke aber, er ist jetzt hinlänglich davon überzeugt, daß unsere Seele existiert, noch ehe wir geboren werden. Ob sie aber auch dann, wenn wir gestorben sind, noch existieren wird*‹, *fuhr er fort,* ›*scheint auch mir selbst noch nicht bewiesen zu sein, Sokrates. Dem steht vielmehr, wie Kebes soeben sagte, noch die Meinung der Menschen entgegen, beim Tode des Menschen löse sich wohl dessen Seele auf und damit habe für sie das Sein ein Ende. Denn aus welchem Grunde sollte es nicht möglich sein, daß sie anderswo entstünde, in Wirkung träte und existierte, bevor sie in den menschlichen Leib eingeht; dann aber, wenn sie in diesen gelangt ist und sich von ihm trennt, selbst ebenfalls ihr Ende fände und zugrunde ginge?*‹

›*Du hast recht, Simmias*‹, *sprach Kebes,* ›*denn von dem, was wir brauchen, scheint nur die Hälfte bewiesen, nämlich daß unsere Seele existierte, ehe wir geboren wurden. Darüber hinaus aber müssen wir noch beweisen, daß sie auch nach unserem Tode ebenso existieren wird, wie vor unserer Geburt, wenn anders der Beweis seine Vollendung haben soll.*‹ (77a–c)

Sokrates meint nun zwar, mit dem Beweis ihrer Präexistenz sei auch die Fortdauer der Seele über den Tod hinaus erhärtet. Sobald man nämlich den Gedanken der Relativität von

Geburt und Tod zu Hilfe nehme, ergebe sich folgendes: Wenn das irdische Leben aus dem Totsein, genauer aus dem leiblosen Dasein des Jenseits hervorgehe, müsse wiederum aus dem Sterben des Leibes ein neues Dasein leibloser Geistigkeit entstehen. Dann aber folgt die schöne Stelle:

›*Doch scheint mir, als ob Ihr, Du und Simmias, auch diesen Satz gerne noch weiter untersuchen wolltet, und als ob Ihr Euch wie die Kinder fürchtetet, daß nicht in Wahrheit doch der Wind die Seele, wenn sie aus dem Leibe fährt, auseinanderwehe und zerstreue – vor allem wenn einer nicht bei Windstille, sondern bei gewaltigem Sturmwind stirbt.*‹ (77d–e)

Die Worte scheinen scherzhaft; in Wahrheit rühren sie an uralte, im Gemüt eingewobene Vorstellungen, wonach Seele und Atem, Geist als in der Welt waltende Lebensmacht und Wind ineinandergehen.

Da lachte Kebes auf und sprach: ›Nimm denn an, daß wir uns fürchten, Sokrates, und versuche uns zu überzeugen – aber besser nicht so, als ob wir selbst [es wären, die sich] fürchten, sondern in uns ist auch noch ein Kind, das vor dergleichen Angst hat: dieses wollen wir zu überzeugen versuchen, daß es nicht den Tod wie ein Gespenst zu fürchten braucht.‹

›Doch müßt Ihr‹, sprach Sokrates, ›[dieses Gespenst] alle Tage beschwören, bis Ihr es vertrieben habt.‹

›Woher aber‹, sagte [Kebes], ›sollen wir dafür einen guten Beschwörer nehmen, da Du doch von uns scheidest?‹ (77e)

Immer wieder dringt das Ereignis ins Bewußtsein, das in kurzem eintreten soll, und gibt allen Worten ein besonderes Gewicht.

›Groß ist Hellas, Kebes, und treffliche Männer leben darin, und zahlreich sind auch die Stämme der Barbaren, die man alle durchsuchen muß, um einen solchen Beschwörer zu finden, und kein Geld und keine Mühe scheuen, denn es gibt nichts, wofür ihr Euer Geld dringlicher verwenden müßtet. Aber auch unter Euch selbst müßt Ihr suchen, denn Ihr

würdet wohl nicht so leicht einen finden, der dies besser vermöchte, als ihr selbst.‹
›Wahrlich, das soll geschehen‹, gab Kebes zur Antwort. ›Wovon wir aber ausgegangen sind, dahin laß uns zurückkehren, wenn es Dir recht ist.‹
›Sehr recht ist es mir‹, sagte Sokrates, ›warum auch nicht?‹
›Dann ist's gut!‹ sprach jener. (77e–78b)

Zweiter Teil des Hauptgesprächs

Die Unzerstörbarkeit der Seele

So formuliert Sokrates denn das Problem:
›Müssen wir uns selbst also...nicht etwa folgendermaßen fragen: Welche Dinge sind wohl so geartet, daß sie diesen Vorgang, nämlich die Auflösung, erleiden müssen? Und bei welchen muß man fürchten, daß sie dieses erleiden, und bei welchen nicht? Und danach wiederum müssen wir untersuchen, zu welchen von beiden die Seele gehört, und demgemäß für unsere Seele entweder hoffen oder fürchten?‹ (78b)
Sich auflösen kann nur, was zusammengesetzt ist, Auflösung und Zusammensetzung stellen den nämlichen Vorgang dar, nur jeweils nach verschiedenen Richtungen vollzogen. Unzusammengesetzt wäre jenes Seiende, »das sich immer selbst gleich [bleibt] und sich [immer] auf die gleiche Weise verhält.« Was aber »immer wieder anders [ist] und sich nie gleich verhält – ist das nicht das Zusammengesetzte?« Veränderlichkeit offenbart Zusammengesetztheit, Konstanz hingegen Einfachheit im Wesen.
Hier dringt einer der Grund-Sätze des platonischen Seins- und Wertbewußtseins durch: Je edler, desto einfacher. Dabei

bedeutet »Einfachheit« nicht Inhaltsarmut, sondern deren Gegenteil, Fülle des Seins und des Wertes, aber in der Form der Einbegreifung. Wenn Platon fordert, das Denken müsse sich von den Gegebenheiten der unmittelbaren Erfahrung zu den reinen Wesensbildern erheben, könnte das als Verlust erscheinen; denn in der Mannigfaltigkeit des Konkreten liegt ja nicht nur die Verworrenheit, sondern auch der Reichtum der Welt, und sie abzustreifen, könnte bedeuten, daß nur eine dürre Abstraktion übrig bliebe. Das wäre aber nicht jene Einfachheit, die Platon meint. Das Wesensbild enthält für ihn nicht nur das abstrakte Schema des Konkreten, sondern die ganze Fülle seiner Eigenschaften und Werte. Die Einfachheit, von der er redet, ist seins- wie wertmäßig mehr als die Menge der konkreten Dinge. Je tiefer ein Seiendes steht, desto komplizierter ist es; desto weiter liegen seine Strukturen und Wirksamkeiten auseinander. Je edler es ist, desto mehr geht die Mannigfaltigkeit in einfachen Formen auf. Im Ganz-Einfachen – in der Idee und, letztlich, im Guten – ist die Fülle der Mannigfaltigkeit aufgehoben, das Wort in seinem doppelten Sinne genommen: überwunden und bewahrt zugleich.[36]

Dem ersten Satz entspricht ein zweiter: Je edler, desto stetiger. Wiederum bedeutet »Unveränderlichkeit« nicht soviel wie Starrheit. Man sagt wohl, das platonische Seinsbild sei statisch. Das Urteil hängt einmal mit Platons Ablehnung der heraklitischen Lehre vom Fluß aller Dinge zusammen, wie sie z. B. im Kratylos zum Ausdruck kommt. Abgesehen davon geht es aber auch von einem bestimmten Begriff der »Bewegung« aus, wonach Akt, Leben, Fruchtbarkeit nur im Wechsel der Handlungen und Zustände, in äußerer Aktivität und Kampftätigkeit gesehen werden. Von dorther muß der Vor-

[36] Zur Verdeutlichung mag an das Bild erinnert werden, das im Lauf der Geistesgeschichte öfters auftaucht: vom Lichtstrahl, worin das sehend gewordene Auge die ganze Fülle der Welt erblickt – wie denn überhaupt das Symbol des Lichtes dieses Aufgehobensein des Reichtums in der Einfachheit ausdrückt.

rang der Stetigkeit allerdings Erstarrung bedeuten. Der platonische Grund-Satz ruht aber auf der Erfahrung, daß es nicht nur den transitorischen Akt gibt, der sich auf einen äußeren Gegenstand richtet, beginnt, sich erfüllt und abschließt, sondern auch den immanenten, der im tätigen Wesen selbst verläuft, zum Zustand wird und die Reinheit des Lebendigseins bildet. Jener ist von Natur vorübergehend und hat, je echter er ist, desto klarer Anfang, Fortgang und Ende, dieser hingegen strebt in die Dauer. Seine Form ist die innere Bewegtheit, die Schwingung. Er wäre vollendet, wenn er mit dem Sein selbst zusammenfiele. Auch dann wäre Tätigkeit und Leben, aber als in sich selbst gesammelte Wachheit, Gegenwärtigkeit, Spannung und Ruhe zugleich.[37]

›*Ist wohl die Wesenheit selbst, der wir in unseren Fragen und Antworten das [eigentliche] Sein zuschreiben, immer sich selbst gleich, oder immer wieder anders? Das Gleiche selbst, das Schöne selbst und ein Jegliches selbst in seinem Ansichsein, das Seiende also – nimmt das etwa jemals irgend eine Veränderung an? Oder verhält sich nicht jedes von ihnen, das eingestaltig seiend für sich selbst besteht, immer nach der gleichen Weise und nimmt niemals irgend eine Veränderung an?*‹ (78c–d)

Die soeben genannten Grund-Sätze sind in der Idee verwirklicht. Sie ist es, welche die den Kern der Erkenntnis bildenden Aussagen: »das ist das« und: »das gilt das« ermöglicht. So ist sie schlechthin eindeutig und von allem nicht Hergehörenden rein; sich ganz mit sich selbst deckend und einheitlich; reich und einfach, wirklich und unveränderlich. Ebendamit ist sie aber auch voll Macht; freilich einer solchen, die nicht durch Handlung, sondern durch Sein ausgeübt wird: durch den Lichtglanz der Wahrheit, die Sinngewalt des Guten und die Intensität des Wirklichseins selbst. Durch sie wird der Eros

[37] Siehe etwa den Ewigkeitsbegriff des Boëthius: »Ewigkeit ist der einbegreifende und vollendete Besitz eines nicht endenden Lebens«. (Philos. consol. 5,6).

geweckt. Er führt das Seiende durch Sammlung und Reinigung aus der Uneigentlichkeit zum Wesentlich-Einfachen; durch das philosophische Sterben aus dem vergänglichen Leben zum Geistig-Überlebendigen.

Anders die vielfache Wirklichkeit der Dinge, die nach jenen Urbildern gebildet sind:

›*Wie steht es aber mit den vielen [gleichen oder schönen Dingen], zum Beispiel mit Menschen oder Pferden oder Kleidern oder mit anderem der Art, das wir als gleich, oder schön, oder mit jeder Art von entsprechenden Begriffen bezeichnen – bleibt das auch sich immer gleich, oder verhält es sich jenem entgegengesetzt, indem es weder sich selbst noch dem anderen sozusagen auch nur im Geringsten gleich bleibt?*‹

›*So ist es*‹, *sprach Kebes*, ›*niemals bleibt es sich gleich.*‹ (78 d–e)

Beiden Bereichen aber sind verschiedene Auffassungsakte im Menschen zugeordnet:

›*Und kannst Du nicht diese Dinge berühren, sehen oder mit den anderen Sinnen wahrnehmen, während Du außer Stande bist, der sich gleich bleibenden auf irgendeine andere Weise habhaft zu werden, als durch das Urteil der Vernunft? Sind diese Dinge nicht unsichtbar und unwahrnehmbar?*‹

›*Du hast ganz Recht*‹, *war seine Antwort.* (79a)

Die Dinge sind zusammengesetzt, vielfältig, daher vergänglich; die Ideen unzusammengesetzt, einfach, daher unzerstörbar. Den Dingen ist der Akt der Sinne zugewendet, so hat er deren Art; den Ideen der Akt der rein geistigen Erkenntnis, so hat er die Art der Ideen.

›*Willst Du nun*‹, *sprach [Sokrates]*, ›*daß wir zwei Weisen des Seienden setzen: das Sehbare und das Unsichtbare?*‹

Die Worte ὁρατόν und ἀειδές – später ὁρατόν und ἀορατόν – meinen nicht nur ein verschiedenes Verhältnis zu den Sinnesorganen, nämlich das, was man sehen bzw. nicht sehen kann, sondern auch das dadurch vorausgesetzte verschiedene

Sein, nämlich das körperliche bzw. das geistige.
›So wollen wir setzen‹, sprach [Kebes].
›Und das Unsichtbare als eines, das sich immer gleich bleibt, das Sehbare aber als eines, das niemals sich gleich bleibt?‹
›Auch das‹, sprach [Kebes], ›wollen wir setzen.‹
›Wohlan denn‹, sagte [Sokrates], ›ist nicht der eine Teil von uns selbst Leib, und der andere [Teil] Seele?‹
›Nichts anderes‹, sprach [Kebes].
›Von welcher der beiden Weisen [des Gegebenen] wollen wir nun sagen, daß der Leib ihr ähnlicher und verwandter sei?‹
›Das ist doch wohl ganz klar,‹ sprach [Kebes]: ›von der sehbaren.‹
›Wie ist es aber mit der Seele? Ist sie sehbar oder unsichtbar?‹
›Für Menschen wenigstens‹, sprach [Kebes, ›ist sie] nicht [sehbar], Sokrates.‹
›Wir meinten aber doch das, was für die Natur des Menschen sehbar oder nicht [sehbar] ist – oder denkst Du an irgendeine andere Natur?‹
›An die menschliche.‹
›Was sagen wir also von der Seele: daß sie sehbar sei oder nicht sehbar?‹
›Nicht sehbar.‹
›Also unsichtbar?‹
›Ja.‹
›Die Seele ist also dem Unsichtbaren ähnlicher als der Leib, dieser aber dem Sehbaren?‹
›Ganz notwendig, Sokrates.‹ (79a–b)
Das Wesen der Seele ist also – und damit wird der oben begonnene Gedanke zu Ende gedacht – von gleicher Art wie das, worauf sich ihr wesentlicher Akt, die reine Erkenntnis, richtet: wie die Idee. Sie ist unsinnlich, geistig, darum einfach und unzerstörbar. Sie ist lebendig, aber von einer Lebendigkeit, die vom sinnenhaften Leben her nur durch den Überschritt eines Sterbens erreicht werden kann, bzw. sich durch ein solches Sterben – jenes, von dem der ganze Phaidon redet, das philosophische – realisiert.

Im Folgenden wird das gleiche noch einmal und eindringlicher entwickelt.

›*Und haben wir nicht auch das schon vorher*[38] *gesagt, daß die Seele, wenn sie sich des Leibes bedient, um etwas zu betrachten, etwa durch Sehen oder Hören oder irgendeinen anderen Sinn – denn das heißt doch mittels des Leibes etwas erfassen, daß es durch einen Sinn geschieht – [daß sie] dann vom Leibe zu dem hingezogen wird, was niemals sich selber gleichbleibt [nämlich dem Körperlichen,] und dann selbst umherirrt, unruhig wird und taumelt, als wäre sie trunken, weil sie tatsächlich dergleichen berührt?*‹

›*Ganz so.*‹ (79c)

Wir haben in diesen Worten Gewichtigeres zu sehen, als die Rhetorik eines Spiritualisten; vielmehr die in einem entscheidenden Augenblick der Geschichte gewonnene Erfahrung von der Kraft des echten geistigen Aktes, der nicht »umherirrt und taumelt«, sondern seines eigentlichen Gegenstandes und daran seiner eigenen Wesentlichkeit sicher geworden ist.

›*Wenn sie aber auf sich selbst [gestellt] ihre Betrachtung vornimmt, dann gelangt sie zu dem Reinen und immer Seienden, dem Unsterblichen und sich stets Gleichenden; und da sie mit ihm verwandt ist, hat sie stets Umgang mit ihm, wenn anders sie wirklich für sich selbst ist und in dem Maße, als ihr das vergönnt wird? Und dann ruht sie von der Irrfahrt und bleibt auch in ihrem Verhältnis zu jenem [Unsichtbaren] sich immer gleich, eben weil sie dieses berührt – und ebendiesen ihren Zustand nennt man Verständigkeit?*‹[39]

›*Das hast Du in jeder Beziehung schön und wahr gesagt, Sokrates*‹, *sprach [Kebes].*

›*Welcher von beiden Weisen [des Seienden] scheint Dir nun*

[38] 65b, hier nicht wiedergegeben.

[39] Φρόνησις: das Wort ist reicher an Bedeutung, als die ethisch betonte »Verständigkeit«. Es meint das Entfaltetsein des Verstandes, das Leben in der Erkenntnis, das Existieren im Umgang mit der Wahrheit und das, was mit dem Geiste in diesem Umgang vor sich geht.

nach dem früher und jetzt Gesagten die Seele ähnlicher und verwandter zu sein?‹

›Mir scheint, Sokrates‹, sprach [Kebes], ›als müßte jeder, auch der Ungelehrigste, nach diesen Überlegungen zugeben, daß die Seele dem immer sich gleich Bleibenden in allem und jedem ähnlicher ist, als dem Anderen.‹

›Und wie steht es mit dem Leibe?‹

›[Der gleicht] dem Anderen.‹ (79c–e)

Es gibt einige Urformen der philosophischen Erfahrung; die platonische erklärt die Gültigkeit zur Basis der Wirklichkeit, den Wert zur Grundlage des Seins. Damit ist nicht gemeint, Wahrheit, Gerechtigkeit und Schönheit, hinter denen sich das Letzt-Eigentliche, das Gute erhebt, stünden im Dienste des Lebens; jeder Pragmatismus, der das Gültige zu einem Moment der Lebensentfaltung macht, würde den Sinn zerstören. Es ist vielmehr gemeint, das Seiende sei in dem Maße wirklich, als es die durchaus unnutzhafte, rein in sich selbst stehende und um ihrer selbst willen gültige Wahrheit und Gerechtigkeit bejaht und vollzieht.

Das Gültige – die Idee – ist also das Seiende einfachhin. Der Geist ist aber der Idee zugeordnet; so nimmt er an ihrem Seiend-Sein teil. Zunächst seiner Anlage nach, weil er eben Geist ist; jene Ur-Wesenheit, die sich durch jeden Akt ihres Lebens vom Stofflichen unterscheidet. Dann aber auch auf Grund seines Strebens, indem der Geist eines Menschen um so wirklicher wird, je reiner er sich der Idee zuwendet.

Diese Erfahrung trägt zutiefst den Phaidon; sie zu erschließen, sind seine Gedankengänge bemüht. Letztere sind keine abstrakt richtigen »Beweise«, auch wenn sie zunächst den Anspruch machen, solche zu sein. Im Grunde tun sie nichts anders, als mit logischen Mitteln jene Innewerdung zu deuten, die der Geist von der Idee und, in seinem Verhältnis zu ihr, von sich selbst gewinnt.

›Sieh nun zu, Kebes, ob aus allem Gesagten sich auch folgendes ergibt: daß dem Göttlichen und Unsterblichen und Ver-

nunfthaften und Eingestaltigen und Unauflöslichen und immer in nämlicher Weise sich selbst Gleichbleibenden die Seele am ähnlichsten ist – dem Menschlichen aber und Sterblichen und Vielgestaltigen und Unvernünftigen und Auflösbaren und nie sich selbst Gleichbleibenden am ähnlichsten der Körper?‹ (80a–b)
Eine gewaltige Antithese: Auf der einen Seite »das Göttliche und Unsterbliche und Vernunfthafte und Eingestaltige (Einfache) und Unauflösliche und immer in nämlicher Weise sich selbst Gleichbleibende«; auf der anderen »das Menschliche und Sterbliche und Vielgestaltige (Vielfältige) und Nicht-Vernunfthafte und Auflösbare und nie sich selbst Gleichbleibende«. Das Ewige wird gesichtet, in seiner wandellosen Einheit des Gültigen und des Wirklichen; »das Seiende« in seiner alle Sinnfülle einbegreifenden Einfachheit, welches bedingungslose Bejahung fordert und restlose Erfüllung verheißt – aber durch die Einschmelzung der unendlichen Mannigfaltigkeit der Welt; durch den Tod des holden, in all seiner Unzulänglichkeit so unwiederbringlich kostbaren Lebens hindurch. Und vergessen wir nicht, daß es ein Grieche ist, der hier redet; ein Athener, um den sich die trotz der Zerstörungen des großen Krieges immer noch unsäglich herrliche Schöpfung des Perikles erhob; und unter allen Athenern Platon, in dessen Werk trotz seiner Absage an die reine Kunst überall die Gestalten leuchten.
Hier offenbart sich – soweit auf der Grundlage unserer Arbeit ein solches Urteil ausgesprochen werden darf – der innerste Wille Platons. Er ist weder »idealistisch« noch »akademisch«, sondern kühn und gefährlich. In der soeben wiedergegebenen Antithese wird die erste Seite vom »Göttlichen«, die zweite vom »Menschlichen« gebildet – mithin muß »die Seele«, der in philosophischer Bemühung seines Wesens inne werdende Geist, zwischen beiden wählen. Nicht nur zwischen dem Guten und dem Bösen; auch nicht nur, was bereits eine große Gefahr in sich schlösse, zwischen dem Geistigen und dem Stofflichen, sondern zwischen dem Göttlichen und dem

Menschlichen. Dieses Göttliche ist also in der Weise göttlich, daß es das Menschliche ausschließt; und der Mensch muß, wenn er das wählen will, was endgültigerweise sinnvoll ist, wider das Menschliche wählen. Alles, was dem Dasein Sinn gibt, wird auf die Seite des »Göttlichen« im Sinne des Nicht-Menschlichen geworfen, und der Mensch aufgefordert, den Überschritt in es zu vollziehen.
Man muß sich die ganze Tragweite des Gedankens klarmachen, wenn man verstehen will, worum es im Letzten für Platon geht.

Die philosophische Lebensführung

Die Einsicht klingt in einige religiöse und praktische Gedankengänge aus. Der Körper eines Verstorbenen zerfällt mehr oder weniger rasch; wenn man ihn einbalsamiert, dauert es sogar sehr lange. Von der Seele aber gilt anderes. Ihr ist, sagt Sokrates, die Möglichkeit geöffnet und die Aufgabe gesetzt, daß

›sie sich an einen anderen, edlen und reinen und unsichtbaren Ort begebe, in den wahren Hades, zu dem guten und weisen Gotte, wohin, wenn Gott will, auch meine Seele in Bälde zu gehen hat.‹ (80d)

Darauf soll sie sich vorbereiten, indem sie sich

›rein [vom Körperlichen] abtrennt und nichts vom Leibe mit sich nimmt, weil sie schon im Leben freiwilligerweise keine Gemeinschaft mit ihm hatte, ihn vielmehr floh und in sich selbst gesammelt blieb, da sie immer um dieses [Ziel] bemüht war – was aber nichts anderes bedeutet, als daß sie auf die rechte Weise philosophierte und wirklich freudig bestrebt war, tot zu sein. Oder hieße das alles nicht, sich um den Tod bemühen?‹ (80e–81a)

Geschieht das, dann

›geht [die Seele] hin zu dem Unsichtbaren, das ihr ähnlich ist, zu dem Göttlichen und Unsterblichen und Vernünftigen. Kommt sie dort an, so ist ihr beschieden, glücklich zu sein, frei von Irrtum und Unwissenheit und Ängsten und den wilden Leidenschaften der Liebe und allen anderen menschlichen Übeln, und sie verbringt, wie die Eingeweihten sagen, in Wahrheit die übrige Zeit mit den Göttern. Sollen wir so sagen, Kebes, oder anders?‹
›So, beim Zeus‹, sprach Kebes. (81a)
Wenn sie aber davon nichts wissen will und
›sich befleckt und unrein vom Körper trennt, weil sie immer mit dem Leibe umgegangen ist, ihn gehegt und geliebt hat und von ihm und seinen Begierden und Lüsten bezaubert war, so daß sie glaubte, es gebe in Wahrheit nichts anderes als das Körperliche, das man berühren und sehen und trinken und essen und zur Liebeslust brauchen kann, und weil sie sich daran gewöhnt hat, das für die [körperlichen] Augen Dunkle und Unsichtbare, der Vernunft aber Zugängliche und der Philosophie Faßbare zu hassen und zu fürchten und zu fliehen – glaubst Du, daß eine so geartete Seele sich rein in ihrem Wesen absondern wird?‹
›Auf keine Weise‹, sprach [Kebes].
›Vielmehr durchdrungen sein wird vom Körperlichen, das ihr durch den Umgang und die Gemeinschaft mit dem Körper, infolge des ununterbrochenen Zusammenseins mit ihm und der vielen Sorge für ihn gleichsam eingewachsen ist?‹
›Allerdings.‹ (81b–c)
Ihr Dasein wird sich dann entsprechend gestalten; das wird in Anlehnung an volkstümliche Vorstellungen geschildert:
›Und dieses [Körperliche] muß man doch, mein Freund, für schwer und lastend und irdisch und sichtbar halten, so daß auch die Seele, die solches an sich hat, dadurch schwer wird und, wie man sagt, aus Furcht vor dem Unsichtbaren und dem Hades wieder an den sichtbaren Ort hingezogen wird; und so um die Totenmale und Gräber schweift, bei welchen ja derartige schattenähnliche Erscheinungen von Seelen gesehen

worden sind – denn als Trugbilder müssen ja wohl solche Seelen, die sich nicht rein ablösen, sondern am Sichtbaren noch Teil behalten und darum gesehen werden, erscheinen.‹
›Das ist wahrscheinlich, Sokrates.‹
›Allerdings wahrscheinlich, Kebes; und auch, daß es nicht die Seelen der Guten, sondern die der Schlechten sind, die an solchen Orten, für ihren früheren Wandel, welcher böse war, Strafe erleidend, umherirren müssen.‹ (81c–d)
Da diese Seelen ganz körpergebunden sind, müssen sie auch bald wieder in Körper eingehen – freilich in solche, die ihrem niedrigen Wesen ähnlich sind, das heißt in tierische. Und zwar in die solcher Tiere, welche ihrer Art jeweils am meisten entsprechen.

Daraus die Forderung, ein philosophisches Leben zu führen:
›In der Götter Geschlecht zu gelangen, ist aber keinem erlaubt, der sich nicht der Philosophie zugewandt hat und ganz rein von der Erde scheidet, vielmehr nur dem Lernbegierigen.‹ (82b–c)
Und wieder:
›Es erkennen nämlich die Lernbegierigen, daß die Philosophie ihre Seele...milde tröstet und zu lösen versucht, indem sie zeigt, daß alle Betrachtung durch die Augen voll Trug ist, voll Trug auch die durch die Ohren und die übrigen Sinne; und sie darum zu überreden sucht, sich von diesen zurückzuziehen, soweit es nicht notwendig ist, sie zu gebrauchen; und sie auffordert, sich in sich selbst zu sammeln und hereinzuholen und keinem Anderen zu glauben, als eben sich selbst, [nämlich dem,] was sie rein aus sich selbst an den Dingen als das an sich selbst Seiende erkennt...Die Seele des wahrhaften Philosophen glaubt nun dieser Befreiung nicht widerstreben zu dürfen; und darum enthält sie sich der Lüste und Begierden und Traurigkeiten und Ängste, soviel sie es vermag, indem sie bedenkt, daß einer, der sich heftiger Freude oder Furcht oder Betrübnis oder Begierde hingibt, das [eigentliche] große Übel nicht von dorther erfährt, von wo er es wohl [zu erfahren]

glaubt – etwa weil er krank wird, oder durch seine Begierden zu Schaden kommt – sondern in Wirklichkeit das größte und äußerste Übel [da] erduldet, [wo] es ihm gar nicht zu Bewußtsein kommt.‹

›Und welches ist dieses [größte Übel]?‹ fragte Kebes.

›Daß die Seele eines jeden Menschen, sobald sie sich über etwas heftig freut oder betrübt, zugleich zum Glauben genötigt wird, das, wodurch sie dieses erfährt, sei das Offenkundigste und Wahrste, während es sich doch gar nicht so verhält. Und das sind doch vor allem die sichtbaren Dinge, oder nicht?‹

›Durchaus.‹

›Die Seele wird also in diesem Zustande am meisten vom Körper gefesselt.‹

›In welcher Weise aber?‹

›Indem jede Lust und Unlust sie wie mit einem Nagel an den Körper festnagelt und anheftet und sie dem Körper ähnlich macht, so daß sie glaubt, nur das sei wahr, was auch der Körper dafür ausgibt. Denn dadurch, daß sie mit dem Körper einer Meinung ist und sich an den gleichen Dingen erfreut, wird sie, glaube ich, gezwungen, sich an das gleiche Gebaren und an die gleiche Nahrung zu halten wie er; und so kann sie niemals rein in den Hades gelangen, sondern wird stets des Körpers voll von hinnen gehen, so daß sie bald abermals in einen anderen Körper fällt und, gleichsam eingesäet, in ihm Wurzel faßt und darum an der Gemeinschaft mit dem Göttlichen, Reinen und Eingestaltigen keinen Anteil hat.‹ (83a–e)

So lautet denn die letzte Antwort des Meisters auf die Frage der beiden jungen Menschen:

›...die Seele eines philosophischen Mannes...wird kaum der Meinung sein, die Philosophie müsse sie zwar lösen, sie selbst aber könne sich während dieser ihrer Lösung abermals an die Lüste und Leiden verlieren, sich wieder festbinden und so an einem endelosen Werke mühen, indem sie gewissermaßen in umgekehrter Weise an einem Penelopegewebe arbeitet –

sondern sie verschafft sich Ruhe von alledem, folgt der Vernunft und verharrt immerdar in ihr, indem sie das Wahre und Göttliche, das von der Laune der Meinung unabhängig ist, schaut und sich von ihm nährt; und also glaubt sie leben zu müssen, solange sie lebt. Und nach dem Tode [hofft sie], zu dem Verwandten und [ihr] Gleichen zu kommen und so von allen menschlichen Übeln befreit zu sein. Und bei solcher Nahrung, Simmias und Kebes, gibt es nichts, was die Furcht über sie bringen könnte, nachdem sie solches erstrebt, möchte sie bei der Trennung vom Leibe doch zerrissen und von den Winden verweht und zerstreut werden und nirgend mehr existieren.‹ (84a–b)

Die Antwort an Euenos hat damit ihre Begründung empfangen. Es ist deutlich geworden, wie ernst sie gemeint war und wie genau sie mit dem innersten Willen der platonischen Philosophie zusammenhing.

Hier ist nicht der Ort, die These selbst zu untersuchen. Also zu fragen, ob das Denken wirklich einen rein geistigen Akt darstelle, und die menschlich-philosophische Existenz auf einem solchen aufgebaut werden müsse; ob nicht vielmehr jeder, auch der vom höchsten Wertrang ausgezeichnete Akt menschlich, das heißt geistig-leiblich sei. Platon behauptet jedenfalls, das eigentliche Denken sei rein geistiger Art und richte sich auf einen ebensolchen Gegenstand; es muß also angenommen werden, daß zur platonischen Existenz eine Erfahrung gehört, auf die sich jene Behauptung stützt – und sie muß offenbar durch die Geschichte hin immer wiederkehren, denn Plotin und Augustinus und der Platonismus des Mittelalters wie der Neuzeit behaupten das Gleiche.

Es wurde bereits die Frage gestellt, wie diese philosophische Gesinnung zur Dichte des griechischen Körpergefühls stimme und geantwortet, sie habe mit dem eigentlichen Dualismus nichts zu tun, setze vielmehr gerade die Lebendigkeit des vollen menschlichen Seins voraus. Tatsächlich ist denn auch das platonische Geistesleben durch zwei gegensätzliche Bewegungen getragen, von denen nur eine durch das oben Entwickelte charakterisiert ist. Sie geht von der gymnastisch und musisch geformten Körperlichkeit, der künstlerisch geprägten Welt der Gestalten, der politisch durchdrungenen irdischen Wirklichkeit aus, um das alles hinter sich zu lassen und mit einem als rein geistig erfahrenen Akt zu der als ebenso rein geistig angenommenen Welt der Ideen aufzusteigen; eine andere, entgegengesetzte aber kehrt aus der Transzendenz mit der dort gewonnenen Lebenseinsicht und Wertfülle zur irdischen Welt und ihren Aufgaben zurück. Sie baut den Staat als die Ordnung der »Gerechtigkeit«, d. h. der Gemäßheit gegenüber dem in den Ideen sich offenbarenden Wesen aller Dinge und Lebenserscheinungen, auf. Der Sinn dieses Daseins gipfelt aber darin, den Menschen hervorzubringen, der fähig ist, das vollkommene philosophische Leben zu führen, das heißt, den Schritt ins Eigentliche zu tun und »das Menschliche« hinter sich zu lassen. So wird das Irdisch-Menschliche mit allen Mitteln einer umfassenden Erziehung zu seinem Optimum gebracht, damit der seiner Aufgabe bewußt werdende Geist es mit dem höchsten Maß von Einsicht, Freiheit und Entschiedenheit opfern könne.

Das platonische Geistesleben trägt also dialektischen Charakter. Darin ruht seine spezifische Leistung und von dorther ist es auch gefährdet. Verschwindet die Basis geformter Körperlichkeit, dann verliert sich der geistige Akt in bloße Abstraktion oder in mystizistische Wesenlosigkeit; läßt der Aufstieg ins Geistige nach, dann wird das Ganze zum ästhetischen Genießertum. Es handelt sich um den ganzen Menschen, nur daß seine Ganzheit in einem Widerspiel der Elemente und Akte verwirklicht wird. Erst dann, wenn dieses dialektische Gegen- und Ineinander zerfällt, wird die Gefahr dringlich.

Trotzdem bleibt als Letztes die Entscheidung wider »das Menschliche« und für »das Göttliche«. Freilich darf bei der Bewertung dieser Tatsache nicht übersehen werden, daß sich gerade in ihr – es war bereits davon die Rede – eine letzte

Menschlichkeit offenbart. Denn es ist dem Menschen, und nur ihm, möglich und bildet den Ausdruck seiner Freiheit, das, was als Grenzwert an seine Sphäre rührt, nämlich den reinen Geist, ins Auge zu fassen und das gefährliche Wagnis auf ihn hin zu unternehmen. Die Freiheit, sich auf das Außermenschliche hin zu wagen, ist eine der bedeutungsvollsten Definitionen des Menschen.

Zweites Zwischenspiel

Die Erschütterung

Das Gespräch hat seinen ersten Höhepunkt erreicht, und der versammelte Kreis ruht im Gefühl, etwas Großes errungen zu haben.

Da entstand eine Stille, nachdem Sokrates dies gesagt hatte, für lange Zeit, und auch Sokrates selbst war, wie man sehen konnte, ganz in seine Rede versunken, und die meisten von uns ebenfalls. (84b–c)

Kebes und Simmias aber reden leise miteinander. Sokrates merkt es. Er sieht, daß da noch etwas ungelöst ist und er hat die beiden Kritiker mit dem hellen Verstande lieb; so fordert er sie auf, zu reden:

Da sprach Simmias: ›Also gut, Sokrates, ich will Dir die Wahrheit sagen. Schon seit geraumer Zeit haben wir beide uns zweifelnd angestoßen und einander ermuntert, doch zu fragen, weil wir [Dich] so gerne hören würden, andererseits aber Bedenken tragen, Dir beschwerlich zu fallen, denn wir [fürchten], Dir bei Deinem jetzigen Unglück lästig zu werden.‹
Als Sokrates das hörte, lächelte er nachsichtig und sprach: ›Ach, Simmias! Sicher werde ich die anderen Menschen wohl

schwer überzeugen können, daß ich mein jetziges Geschick gar nicht für ein Unglück halte, wenn ich nicht einmal Euch davon überzeugen kann, Ihr vielmehr fürchtet, mir möchte jetzt schlimmer zu Mute sein als früher im Leben! Und es scheint, Ihr haltet mich für untüchtiger in der Seherkunst als die Schwäne.‹ (84d–e)

Der Schwan ist dem Apollon heilig. Er ist das Symbol des Geistigen, das, durch den Eros befreit und durch die Loslösung vom Stoff gereinigt, zum Licht aufsteigt. Darüber weiter unten mehr.

›[Die Schwäne] singen nämlich auch sonst schon; sobald sie aber fühlen, daß sie sterben müssen, singen sie bekanntlich am meisten und schönsten, weil sie sich freuen, daß sie zu dem Gotte gehen sollen, dessen Diener sie sind. Aber aus Furcht vor ihrem eigenen Tode verleumden die Menschen auch noch die Schwäne und behaupten, sie beklagen ihren Tod und sängen aus Trauer, und bedenken nicht, daß kein Vogel singt, wenn ihn [etwa] hungert oder friert oder irgend ein anderer Schmerz ihn bedrückt; weder die Nachtigall selbst [die eigentliche Sängerin], noch auch die Schwalbe oder der Wiedehopf, von denen es doch heißt, sie sängen aus Traurigkeit. Aber ich glaube, weder diese noch die Schwäne singen, weil sie trauern, sondern sie sind prophetisch, weil sie [wirklich] dem Apollon angehören. Und da sie das Gute im Hades voraussehen, singen sie und freuen sich an jenem Tage ganz besonders und mehr als je zuvor. Ich glaube aber, selbst ein Mit-Diener der Schwäne und dem gleichen Gotte geweiht zu sein [wie sie], und nicht weniger als sie die Sehergabe von meinem Gebieter empfangen zu haben und auch nicht mutloser als sie aus dem Leben zu scheiden. Darum sollt Ihr sagen und fragen, was Ihr wollt, solange die Elf-Männer der Athener es erlauben.‹ (84e–85b)

Wieder und mit den Worten eines geheimnisvollen Inneseins setzt Sokrates sich zu Apollon in Beziehung.[40] Er nennt sich

[40] Über das religiöse Element im platonischen Denken und sein Verhältnis zum philosophischen unten S. 260ff.

einen »Mit-Diener« der dem Gotte des Lichtes und der geistigen Reinheit zugeeigneten Schwäne; und sofort nachher »dem gleichen Gotte geweiht«, sein Eigentum, wie der für Apollon ausgesonderte Priester oder der von ihm ergriffene Seher sein Eigentum sind. Und wie die Schwäne, fühlt sich auch Sokrates in prophetischem Zustande, und sein Sprechen als ein Singen; als einen Hymnus auf das, was Apollon ausdrückt, nämlich die Herrlichkeit des ganz frei gewordenen Geistes. Das Bewußtsein steht im direkten Fortgang zu dem, was die Reden der Apologie vom Orakelspruch der Pythia und verschiedene Stellen anderer Dialoge vom Daimonion sagen – wie war es möglich, seinen Träger als einen Rationalisten anzusehen?

So beginnt das wunderbare Zwischenspiel, aus dem der Gedankengang größer und kühner aufsteigen wird. Man fühlt, welche Macht der Mann gehabt haben muß, in welchem eine solche Reinheit des Denkens, eine solche Herrlichkeit des Geistes und eine so tiefe religiöse Macht war – aber auch, welche Kraft geistiger Jugend in dem Kreis gelebt hat, zu dem so gesprochen werden konnte.

Simmias antwortet:

›*Schön ist das, was Du gesagt hast... So will ich Dir sagen, was mich ratlos macht – und auch der hier neben mir [wird sagen], inwiefern er das Gesagte nicht annimmt. Denn ich denke über diese Dinge ungefähr so wie Du, Sokrates: daß es in diesem Leben unmöglich oder doch sehr schwer ist, etwas Sicheres darüber zu wissen*‹

– ein Widerhall der sokratischen Schwebe, des An-sich-haltens und Dahinstellens trotz stärkster Gewißheit –

›*daß es aber deshalb doch nur einem ganz verweichlichten Manne entspräche, nicht auf jede Weise zu prüfen, was darüber gesagt wird und eher davon abzulassen, als bis er müde geworden ist, [die Frage] nach allen Seiten zu betrachten. Denn eines muß man doch in diesen Dingen erreichen: entweder von einem anderen lernen, wie es damit steht, oder [selbst den Sachverhalt] finden. Wenn das aber unmöglich ist, dann doch wenigstens den besten und unwiderleglichsten der menschlichen Beweise dafür zu ergreifen und auf ihm wie auf einem Floß das Leben zu durchschwimmen suchen – falls man nicht sicherer und gefahrloser auf einem zuverlässigeren Fahrzeuge, etwa einem göttlichen Worte, hindurchschiffen kann.‹* (85b–d)

Die Zuversicht ist schön; ebenso schön aber auch die Ehrfurcht des Meisters vor der Wahrheit und vor der Würde des suchenden Geistes, dem niemand Gewalt antun darf – nicht einmal jener, der vollkommene Einsicht zu haben glaubt. Denn wie Simmias fortfährt:

›da Du der gleichen Meinung bist, so will ich denn jetzt auch keine Scheu haben, zu fragen und mir später nicht selbst den Vorwurf machen müssen, ich hätte jetzt nicht gesagt, was ich denke; denn ich mag das Gesagte sowohl bei mir selbst, wie auch mit dem da zusammen betrachten, Sokrates, [immer] kommt es mir vor, als ob es ganz und gar nicht ausreiche‹ – da antwortet Sokrates:

›Vielleicht kommt es Dir mit Recht so vor, mein Freund. Aber sage mir, inwiefern es Dir nicht ausreichend scheint?‹ (85d–e)

Darauf formuliert Simmias seinen Zweifel:

›Insofern, als einer die gleiche Behauptung auch von der Harmonie einer Leier und ihrer Saiten aufstellen könnte: die Harmonie an einer gestimmten Leier sei nämlich etwas Unsichtbares, Unkörperliches, überaus Schönes und Göttliches; die Leier selbst aber und die Saiten seien der Leib und das Leibartige und Zusammengesetzte und Irdische und dem Sterblichen Verwandte. Wenn einer nun die Leier zerbräche, oder die Saiten zerschnitte oder zerrisse, so könnte man mit der gleichen Begründung wie Du erklären, jene Harmonie müsse noch vorhanden und nicht untergegangen sein.‹ (85e–86a)

Hier scheinen die Qualitäten des Unsichtbaren und Unkörperlichen, Schönen und Göttlichen etwas auszuzeichnen, das

seinem Wesen nach gerade nicht dauernd ist; und der Hinweis ist in diesem Kreise um so eindrucksvoller, als ja der Pythagoreismus die Weltseele als Harmonie versteht.
Dann verstärkt Simmias den Gedanken noch einmal sehr geschickt:
›*Denn ich glaube, Sokrates, auch Du selbst bist ganz von dem Gedanken erfüllt, wir müßten die Seele als etwas von ungefähr dieser Art ansehen. Da unser Leib von Warmem und Kaltem und Trockenem und Feuchtem und anderem der Art eingespannt und zusammengehalten ist, sei unsere Seele eine Mischung und Harmonie aus diesen Dingen, [und alles sei gut,] wenn sie nur schön und im rechten Verhältnis zueinander gemischt sind. Wenn die Seele nun wirklich in einer Harmonie besteht, dann folgt offenbar daraus, daß [diese] Seele, sobald unser Leib übermäßig angespannt oder durch Krankheiten oder andere Übel gelockert wird, sofort, obgleich sie das Göttlichste ist, zu Grunde gerichtet werden muß, wie das auch anderen aus Klängen bestehenden Harmonien und allen Werken der Künstler sonst geschieht – die Überreste jedes Leibes hingegen noch lange Zeit bleiben, bis sie etwa verbrannt oder verwest sind. Sieh also zu, was wir auf die Behauptung erwidern sollen, wenn jemand meint die Seele sei eine Mischung der körperlichen Elemente und gehe bei dem, was wir Tod nennen, zuerst zu Grunde.*‹

Da sah Sokrates gesammelt vor sich hin, wie er es so oft zu tun pflegte, und sagte mit einem leisen Lächeln...(86b–d)
Διαβλέψας: er saß da, »hindurchschauend«; durch das Nahe hindurch ins Ferne, genauer, ins Innere, Wesentliche...Und die Haltung wird deutlich, ohne die es keine echte Erziehung gibt. In ihr nimmt der Erzieher seinen Partner ernst. Nicht nur methodisch, mit Bemühung, gar mit Herablassung, sondern ehrlich, unwillkürlich, so, daß er ohne weiteres jede noch so unzulängliche Äußerung drüben als echte Stellungnahme empfindet und mit ihr in eine echte Auseinandersetzung tritt. Das ist aber nur möglich, wenn eine innere

Elastizität bereit ist, in den jeweils sich bildenden persönlichen Bezug einzuschwingen; und eine vom biographischen Alter unabhängige Jugendlichkeit fähig, jede menschliche Begegnung und geistige Äußerung als neu zu erfahren – welche »Neuheit« daher kommt, daß alles Lebendige aus dem inneren Anfang hervorgeht, und jede Sinngestalt sich aus dem Urgrund der Gültigkeit heraus bezeugt. Der Erzieher muß sie empfinden und auf sie mit etwas ebenfalls »Neuem«, dem urspringenden Akt, antworten... Das hat – trotz aller Überlegenheit, wie sie sich in seinem »leisen Lächeln« kundtut – Sokrates vermocht.

›*Wahrhaftig, was Simmias sagt, ist richtig! Wenn nun einer von Euch sich besser darauf versteht, als ich, warum antwortet er nicht? [Es lohnt sich], denn [Simmias] hat seine Überlegung gar nicht schlecht angefaßt. Ich glaube aber, ehe wir antworten, müssen wir von Kebes hören, was er gegen unsere Rede einwendet, damit wir Zeit gewinnen und mit uns zu Rate gehen können, was wir sagen sollen. Und sobald wir [beide] gehört haben und sich zeigt, daß sie etwas Rechtes vorbringen, wollen wir ihnen zustimmen, andernfalls aber unsere eigene Rede verteidigen. Wohlan denn, Kebes*‹, *sprach er*, ›*sage [uns], was Dich derart beunruhigt hat, daß Du solchen Unglauben zeigst!*‹ (86d–e)

Dieser legt also ebenfalls seine Bedenken dar:

›*Ich will es Dir ja sagen*‹, *sprach Kebes.* ›*Mir scheint nämlich, als stünde unser Beweis noch auf der gleichen Stelle [wie zu Beginn], und unterliege noch dem gleichen Einwande, den wir schon vorhin erwähnt haben. Es ist zwar, ich leugne es nicht, auf recht feine und, wenn der Ausdruck nicht zu anmaßend ist, durchaus hinreichende Weise bewiesen worden, daß unsere Seele schon existierte, ehe sie in diese Gestalt kam; daß sie aber auch dann, wenn wir sterben, noch irgendwo sein werde, scheint mir nicht einleuchtend. Allerdings gestehe ich dem Einwand des Simmias nicht zu, daß die Seele nicht stärker und dauerhafter sein solle, als der Leib; denn in alledem, [was die Beschaffenheit des Leibes aus-*

macht,] scheint sie mir gar zu sehr [von diesem] unterschieden. Warum, könnte der Beweis sagen, bist Du also noch ungläubig, da Du doch siehst, daß nach dem Tode des Menschen das Schwächere [,nämlich der Leichnam,] noch vorhanden ist? Glaubst Du denn nicht, daß sich während dieser Zeit [,solange der Leichnam noch nicht ganz zerfallen ist,] das Dauerhaftere notwendigerweise erst recht erhalten müsse? Sieh aber nun zu, ob ich mich dagegen mit dem folgenden Gedanken hervorwagen darf – denn eines Bildes bedarf offenbar auch ich, geradeso wie Simmias.

Mir kommt nämlich das Gesagte so vor, als wenn einer von einem alten Weber, nachdem er gestorben, die Behauptung aufstellen wollte, der Mann sei nicht umgekommen, sondern existiere sicher noch irgendwo; und er würde als Beweis dafür das Gewand vorzeigen, das jener getragen und selbst gewebt hat, und [darauf hinweisen, es sei] noch wohlerhalten und nicht zerfallen. Wenn ihm aber einer nicht glaubte, würde er fragen, was wohl seiner Art nach dauerhafter sei, ein Mensch oder ein Kleid, das von ihm benutzt und getragen wird? Und erhielte er dann die Antwort, das sei bei weitem der Mensch, dann würde er für erwiesen halten, da [sogar] das Vergänglichere noch nicht untergegangen sei, müsse der Mensch unter allen Umständen noch viel besser erhalten sein! Ich glaube aber, Simmias, das verhält sich nicht so.[41] *Richte aber auch Du Deinen Blick auf das, was ich meine. Denn jeder würde wohl der Meinung sein, es sei töricht, Derartiges zu behaupten. Denn dieser Weber hat zwar schon viele solche Kleider verbraucht und gewebt und ist später umgekommen, als jene vielen, aber doch noch früher als das letzte, [das er vor seinem Tode getragen hat,] und dennoch ist der Mensch deswegen weder schlechter noch schwächer als das Kleid. Und ich glaube, das gleiche Bild ließe sich auf Seele und Leib anwenden, und der schiene mir vernünftig zu reden, der von diesen*

[41] Wie stark ist das dramatische Element, daß es immer neu den Dialog schafft, den neuen Dialog im bereits laufenden!

beiden Entsprechendes sagte: daß wohl die Seele dauerhafter sei [als der Leib], der Leib hingegen schwächer und von kürzerer Dauer – dann aber hinzufügte: daß jede Seele zwar viele Leiber verbrauche, zumal wenn sie viele Jahre leben sollte, [einmal aber das Verhältnis sich doch umkehren müsse,] denn wenn auch, solange der Mensch lebe, der Leib verfließe und vergehe, und die Seele das Verbrauchte immer wieder neu webe, dann müsse doch notwendig einmal die Seele, wenn sie [selbst] umkomme, das letzte Gewebe noch haben und eher als dieses eine untergehen, und erst wenn die Seele zu Grunde gegangen sei, zeige auch der Leib die Schwachheit seiner Natur, indem er rasch durch Fäulnis zerfalle.‹ (86e–87e)

Die beiden Einwände sind durchaus ernst zu nehmen. Simmias knüpft an den pythagoreischen Gedanken an, wonach die Seele die Harmonie des Leibes sei. Ist das der Fall, dann besteht sie nicht als etwas in und für sich, sondern nur als Inbegriff der den Leib bestimmenden Maßverhältnisse und Rhythmen. Die Bedeutung des Gemeinten wird sofort klar, wenn man es in die Gedanken Nietzsches übersetzt, für welchen der Leib nicht nur das Biologische am Menschen, sondern das Ganze des Menschen einfachhin bildet, vergänglich durchaus, doch ebendarin voll unerschöpflichen Sinnes; die Seele aber, wie der »Zarathustra« sagt, »etwas am Leibe«, das Innerliche, Musikalische an ihm, daher zugleich mit ihm, ja noch vor ihm sterbend, denn wenn er auf den Tod zugeht und zerfällt, hat er wohl noch Leben, aber keine Harmonie mehr.[42] Und daß der Gedanke auf Simmias einen großen Eindruck macht, wird man leicht verstehen, denn er ist ein junger, sensibler Mensch und fühlt die Macht, welche dieser Verbindung von Schönheit und Vergänglichkeit innewohnt... Was aber Kebes meint, lautet übersetzt etwa folgendermaßen: Daß die Seele, welche unter der Wirkung der

[42] Vgl. Also sprach Zarathustra: »Zarathustras Vorrede« Nr. 6, und »Von den Verächtern des Leibes«.

Wahrheit steht, stärker als der Leib sei, liegt zu Tage; fragt sich nur, ob diese Festigung der Wirklichkeit durch die Gültigkeit, diese Einstrahlung von Ewigkeitskraft von der Wahrheit her hinreicht, um die ganze Vergänglichkeit zu überwinden?

Die beiden Einwände rufen denn auch einen tiefen Eindruck hervor. Wie ernst Platon selbst sie nimmt, zeigt sich darin, daß der Eindruck auf die Hörer von Phaidons Erzählung, nämlich Echekrates und seine Freunde, überspringt. Der Rahmenvorgang dringt in den Bericht selbst vor und macht die Krise des Gesprächs zum tiefsten Einschnitt des ganzen Dialogs.

Als wir sie das sagen hörten, waren wir, wie wir einander nachher bekannten, alle in unbehaglicher Stimmung, denn uns schien, als würden wir, nachdem die voraufgehende Rede uns so stark überzeugt hatte, aufs neue verwirrt und in den Unglauben zurückgeworfen.[43] *Und zwar nicht nur gegenüber dem, was bereits gesagt war, sondern auch dem, was daraufhin noch weiter vorgebracht werden solle; denn wir fürchteten, wir möchten ganz untaugliche Richter, ja die Frage selbst möchte überhaupt nicht zu lösen sein.* (88 b–c)

Phaidon hat »wir« gesagt, und Echekrates nimmt das Stichwort auf:

Bei den Göttern, Phaidon, das verarge ich Euch nicht! Wie ich Dich hörte, sagte ich zu mir selbst: Welchem Beweis sollen wir jetzt noch glauben, wenn der Beweis, den Sokrates vorbrachte, und der überaus glaubwürdig war, nun wieder zweifelhaft geworden ist? Denn auf wunderbare Weise ergreift mich jetzt und auch immer schon der Satz, daß unsere Seele eine Art Harmonie sei; und als er soeben ausgesprochen wurde, erinnerte er mich gleichsam daran, daß auch ich früher schon dieser Meinung war. So bedarf ich jetzt wieder, wie am Anfang, eines anderen Beweises, der mich überzeugt, daß die

[43] 'Απιστία, Das Unvertrauen gegenüber dem λόγος; die Skepsis.

Seele des Sterbenden nicht mit ihm sterbe. (88c–d)
Dann wird er dringlich:
Sage also, beim Zeus, wie Sokrates seinen Beweis durchgeführt hat? Und ob auch ihm, wie Du es von Euch sagst, eine gewisse Verstimmung anzusehen war, oder nicht; und ob er seinen Satz ruhig zu verteidigen suchte? Und ob schließlich seine Verteidigung ausreichend war, oder unzulänglich. Alles das erzähle uns so genau wie möglich. (88d–e)

Die Ermutigung

Phaidon ist glücklich, seinen Meister preisen zu dürfen:
Wahrlich, Echekrates, oft schon habe ich Sokrates bewundert, aber nie mehr über ihn gestaunt als damals. Zwar daß er ihnen überhaupt etwas zu erwidern wußte, ist vielleicht nichts Besonderes. Was ich aber vor allem an ihm bewunderte, war einmal, wie freundlich, milde und beifällig er die Reden der Jünglinge aufnahm; dann, wie scharf er herausfühlte, was wir unter diesen Reden gelitten hatten; und endlich, wie gut er uns dann heilte, uns wie Flüchtige und Überwundene zurückrief und ermunterte, ihm zu folgen und mit ihm die Frage zu überdenken. (88e–89a)
Man sieht, wie der wunderbare Mann sich zu einem neuen Anlauf rüstet – aber mit welcher Zartheit, Schönheit und Kraft zugleich es geschieht, das überkommt den Leser immer von neuem, so oft er die Stelle liest.
ECHEKRATES: *Wie also machte er es?*
PHAIDON: *Ich will es Dir sagen. Ich saß nämlich zu seiner Rechten neben dem Bett auf irgend einem Schemel, und er [also] viel höher als ich. Da strich er mir über den Kopf, faßte die Haare im Nacken zusammen – denn er pflegte zuweilen mit meinen Haaren zu spielen – und sprach: ›Morgen also wirst Du vielleicht diese schönen Haare abschneiden, Phaidon?‹*[44]

[44] Als Zeichen der Trauer.

›So scheint es wohl, Sokrates‹, gab ich zur Antwort.
›Das wirst Du nicht tun, wenn Du mir folgst?‹
›Aber warum?‹ sprach ich.
›Noch heute‹, erwiderte er, ›werde ich meine und wirst Du Deine Haare abschneiden, wenn nämlich unser Beweis[45] *stirbt, und wir ihn nicht wieder zum Leben erwecken können. Und wenn ich Du wäre, und dieser Beweis ginge mir verloren, dann wollte ich wie die Argeier einen Schwur tun, nicht eher das Haar wachsen zu lassen, bis ich im neuen Kampfe den Beweis des Simmias und Kebes besiegt hätte.‹*[46]
›Aber gegen Zweie‹, sagte ich, ›vermag nach dem Sprichwort auch Herakles nichts auszurichten!‹
›Dann rufe mich, als Deinen Jolaos,[47] *solange es noch Tag ist.‹*
›Ich will ihn rufen‹, sagte ich, ›aber nicht wie Herakles [den Jolaos], sondern wie Jolaos den Herakles.‹
›Das macht keinen Unterschied‹, war seine Antwort. (89a–c)
Dieses Ineinander philosophischer Leidenschaft und menschlicher Schönheit war wohl ein letztes Geheimnis des geistigen Griechentums. Aus ihm geht auch der herrliche Vorstoß für die Sache des Denkens hervor, den Sokrates in den nächsten Kapiteln vollzieht, und der zugleich seine pädagogische Meisterschaft beweist.

›Aber zunächst müssen wir uns hüten, daß uns nicht etwas widerfahre‹.
›Was denn?‹ sprach ich.
›Daß wir nicht zu Redehassern werden‹, sagte er, ›so wie andere zu Menschenhassern. Denn unmöglich kann einem etwas Schlimmeres begegnen, als daß er die Reden zu hassen

[45] Λόγος, Rede, Gedankengang; vgl. oben S. 122, Anm. 23.
[46] Nach einer unglücklich ausgegangenen Schlacht gegen die Spartaner im Jahre 546 hatten die Argiver ein Gesetz beschlossen, wonach keiner sein Haar frei wachsen lassen dürfe, ehe die verlorene Stadt Thyrea wieder erobert wäre.
[47] Als Herakles mit der lernäischen Schlange kämpfte, wurde er noch von einem zweiten Gegner, einem aus dem Meere heraufkriechenden gewaltigen Krebs angegriffen. So mußte er seinen Waffenträger Jolaos zu Hilfe rufen.

beginne. Die Redefeindschaft aber entsteht auf die gleiche Weise wie die Menschenfeindschaft. Die Menschenfeindschaft entwickelt sich nämlich, wenn man aus Mangel an Erfahrung Einem zu großes Vertrauen schenkt und den Menschen zu schnell für durchaus wahr, gesund und zuverlässig hält – bald darauf [aber] ihn als nichtswürdig und unzuverlässig findet, und [nach ihm] wieder einen. Wenn man diese Erfahrung oft macht, vor allem bei solchen, welche man für die vertrautesten und besten Freunde gehalten hat, dann haßt man natürlich, nachdem man so enttäuscht wurde, am Ende alle und glaubt, daß überhaupt an keinem mehr etwas Gesundes sei.‹ (89c–e)

Sokrates sagte also: Bevor wir neu mit der Arbeit beginnen, müssen wir bereinigen, was soeben geschehen ist. Denn es ist tatsächlich etwas geschehen: wir haben die Erschütterung eines »Logos« erlebt, den wir für tragfähig hielten, und diese Erschütterung hat in Eurem Gefühl alles Untersuchen und Erkennen in Frage gestellt. Das dürfen wir nicht zudecken, sondern müssen es geistig überwinden. Wir müssen Sorge tragen, daß daraus kein Mißtrauen gegen Sinn und Kraft des Denkens und untersuchenden Redens überhaupt entstehe – so etwa, wie wenn ein Mensch voreilig vertraut hat, enttäuscht wurde und nun alle Menschen des Vertrauens für unwert hält. Sokrates rüttelt seine Schüler auf, schärft ihre kritische Wachsamkeit und verankert sie in ein tieferes Ja zur Kraft des Denkens. Letzteres aber, indem er ihnen zeigt, daß ein radikales Urteil im Guten wie im Bösen nur selten zutrifft. Ein Mensch, der enttäuscht ist und daraufhin die Vertrauenswürdigkeit aller Menschen leugnet, vermag nicht in der rechten Weise mit den Menschen umzugehen und noch weniger, sie zu erziehen.

›Denn wenn er so mit ihnen umginge, wie diese Kunst es fordert, dann würde er erkennen, wie es sich wirklich verhält: daß es nämlich der sehr Guten wie der sehr Bösen stets nur Wenige gibt, der Mittelmäßigen aber die größte Menge.‹ (89e–90a)

Ebenso steht es mit dem Denken und Reden:
›Und wäre es nicht ein beklagenswertes Unglück, Phaidon‹, sagte er, ›wenn es wirklich eine wahre und sichere Rede gäbe, die man auch verstehen könnte, und nun Jemand deswegen, weil er [anderwärts] Reden findet, die bald wahr schienen, bald nicht, die Schuld nicht sich selber und seiner Unerfahrenheit zuschriebe, sondern schließlich in seinem Ärger bemüht wäre, die Schuld von sich weg auf die Reden selbst zu schieben, und fernerhin sein übriges Leben lang alle Reden haßte und schmähte, und so der Wahrheit und der Erkenntnis des Seienden verlustig ginge?‹
›Beim Zeus, das wäre freilich beklagenswert, gab ich zur Antwort.‹ (90c–d)
Daraus folgt:
›So wollen wir uns vor allem davor hüten und unsere Seele nicht zu dem Glauben verleiten, als wäre am Ende an keinen Reden etwas Gesundes, viel eher [annehmen], wir selbst seien noch nicht gesund; dafür aber mutig sein und uns bestreben, gesund zu werden – Du und Ihr andern alle auch wegen des ganzen zukünftigen Lebens, ich aber nur wegen des Todes selbst.‹ (90d–91a)

Sokrates selbst ist dabei in einer besonderen Lage:
›Beinahe sieht es denn auch so aus, als verhielte ich mich eben in dieser Angelegenheit nicht [sachlich], wie ein Philosoph, sondern streitsüchtig, wie die ganz Ungebildeten. Denn wenn die um etwas streiten, kümmern sie sich nicht darum, wie sich das, wovon die Rede ist, in Wahrheit verhalte, sondern sinnen nur darauf, das, was sie selbst festgestellt haben, den Anwesenden einleuchtend zu machen. Und allem Anschein nach unterscheide ich mich in diesem Augenblick von ihnen nur insofern, als mein Bemühen nicht – oder nur so nebenher – darauf gerichtet ist, daß meine Worte den Anwesenden als wahr vorkommen, sondern vor allem, daß sie mir selbst so zu sein scheinen. Ich überlege nämlich, lieber Freund – Du siehst, wie eigennützig – daß es [nur dann] schön ist, von dem, was

ich sage, überzeugt zu sein, wenn es auch wirklich wahr ist. Wenn aber [nicht, und es daher] für den Sterbenden nichts mehr gibt, [an das er sich eigentlich und mit Fug halten könnte,] dann [hat mein Glaube doch das eine Gute, daß] ich wenigstens in dieser Zeit selbst vor dem Tode den Anwesenden nicht durch Klagen lästig falle. Dieser mein Irrtum würde aber keine Dauer haben – denn das wäre schlimm – sondern bald nach [meinem Tode] verschwinden. So gerüstet, Simmias und Kebes, gehe ich an meinen Beweis.‹ (91a–b)
Aber auch die Schüler werden zu ihrer Verantwortung gerufen:
›Ihr aber – wenn Ihr mir folgen wollt, kümmert Euch wenig um Sokrates, dafür um so mehr um die Wahrheit. Und wenn Euch etwas, was ich sage, wahr scheint, dann stimmt mir zu; wenn aber nicht, dann widersteht mir auf alle Weise, damit ich in meinem Eifer nicht mich und Euch zugleich betrüge und, wie eine Biene den Stachel in Euch zurücklassend, von hinnen scheide.‹ (91b–c)
Hier geht es also weder um Autorität, noch um Gefolgschaft, noch irgend etwas der Art, sondern um philosophische Wahrheit, die durch eigene Einsicht erkannt und in eigener Verantwortung vertreten werden muß.

Dritter Teil des Hauptgesprächs

Die Antwort an Simmias

›Also nun ans Werk!‹ sagte Sokrates.
Er wiederholt zuerst den Einwand des Simmias. Dann bringt er noch einmal den Satz zu Bewußtsein, alles Erkennen und Lernen sei eine Erinnerung an einst Geschautes, daher müsse

die Seele bereits vor der Geburt existiert haben. Der Satz ist durch die beiden Zweifler nicht in Frage gestellt worden. Auch erinnern wir uns, daß er die mythologische Einkleidung einer philosophischen Einsicht bedeutet. Danach vermag der Geist Absolutes zu erkennen, welch Letzteres aber nach Platons Überzeugung aus der sinnlichen Wirklichkeit nicht abgeleitet werden kann, also anderswoher zur Gegebenheit gelangen muß. Die beiden Freunde stimmen zu; so wird es Sokrates leicht, zu zeigen, daß der Einwand des Simmias nicht aufrecht zu halten ist:

›*Sieh also zu, für welchen von beiden Sätzen Du Dich entscheiden willst: daß das Lernen eine Erinnerung, oder daß die Seele eine Harmonie sei.*‹

›*Viel lieber für jenen, Sokrates*‹, *sprach [Simmias].* ›*Denn der zweite fiel mir nur so ein, ohne Beweis, nach einer Art Wahrscheinlichkeit und Angemessenheit, auf Grund deren ja die meisten Menschen ihre Meinungen bilden. Ich weiß aber, daß die Reden, welche ihre Beweise nur auf die Wahrscheinlichkeit stützen, Geschwätz sind, und daß sie den, der sich vor ihnen nicht hütet, gar leicht betrügen.*‹ (92c–d)

Sokrates verstärkt die Widerlegung: Wäre die Seele nur die Harmonie des Leibes, dann könnten zwei Tatsachen nicht bestehen, die doch unleugbar sind. Die erste, daß es in der Seele selbst Mißklang, Widerspruch und Böses gibt:

›*Im Gegenteil, Simmias; sobald man genau denkt, ergibt sich, daß keine Seele, wenn anders sie Harmonie ist, am Laster Anteil haben könnte. Denn da die Harmonie ganz und gar eben dieses, Harmonie, ist, kann sie niemals an der Disharmonie Teil haben.*‹ (93e–94a)

Die zweite Tatsache besteht darin, daß die Seele zum Körper in Widerspruch treten, ihm widerstehen, ihn überwinden kann. Das kann sie wirklich, und um so mehr, je lebendiger sie ist:

›*Scheint uns jetzt nicht, als vollbringe sie ganz das Gegenteil [der einfachen Übereinstimmung], und regiere vielmehr alles das, von dem man sagt, sie bestehe aus ihm, und widersetze sich ihm fast in jeder Hinsicht während ihres ganzen Lebens, und beherrsche es auf alle Weise, indem sie es bald härter und schmerzhafter zügelt, etwa wenn sie Gymnastik oder Heilkunst übt, bald wieder gelinder, etwa wenn sie drohend oder mahnend den Begierden, dem Zorn und der Furcht entgegentritt und gleich einer Fremden mit etwas Fremdem redet – wie das auch Homer in der Odyssee gedichtet hat, wo er von Odysseus sagt:*

»Aber er schlug an die Brust und schalt sein Herz mit den Worten:

Dulde nun aus, mein Herz, schon Härteres hast Du erduldet?«[48]

Glaubst Du denn, er habe das in der Meinung gedichtet, sie sei eine Harmonie und von der Art, daß sie von den Zuständen des Leibes geleitet werde, und nicht vielmehr fähig, [ihrerseits] diese zu leiten und zu beherrschen, weil sie selbst etwas viel zu Göttliches ist, als daß sie mit einer Harmonie verglichen werden könnte?‹ (94c–e)

Die Antwort an Kebes und der entscheidende Gedankengang

Die beiden jungen Freunde sind Thebaner, und Kebes ist der ältere und scharfsinnigere von ihnen; so wird der Scherz verständlich, mit welchem Sokrates sich dem letzteren zuwendet: Wenn er mit Harmonia, der Gattin des Gründers von Theben, fertig geworden sei, so werde es ihm mit dem kräftigeren Teil des Paares, nämlich Kadmos selbst, ebenfalls gelingen. Kebes bekommt das Gefühl, seinem Einwand möchte es nicht gut gehen und baut vor:

›Ich denke‹, sprach Kebes, ›das wirst Du schon ausfindig machen. Diese Reden gegen die Harmonie hast du doch gegen

[48] Odyssee 20,17.

meine Erwartung ganz wunderbar durchgeführt. Denn als Simmias sagte, was für Zweifel er habe, war ich sehr begierig, ob Einer wohl mit seiner Rede etwas würde anfangen können; nachher aber konnte er, für mich ganz unverständlich, nicht einmal den ersten Angriff Deiner [Gegen-] Rede aushalten. So würde ich mich nicht wundern, wenn es der Rede des Kadmos ebenso erginge!‹ (95a–b)

Sokrates nimmt aber seinen Einwand offenbar ernster, als den des Simmias, wiederholt ihn ausführlich und fährt dann fort:

›Das ist wohl so ungefähr, glaube ich, was Du meinst, Kebes, und mit Absicht nehme ich es wieder auf, damit uns nichts davon entgehe, und Du selbst noch hinzufügen oder wegnehmen kannst, was Du willst.‹ (95d–e)

Welche Vornehmheit dem Gesprächspartner, zumal dem jüngeren, gegenüber! Und welches Bewußtsein vom Sinne des Gespräches selbst, in dem es nicht um Überwältigung eines Gegners, sondern darum geht, ein Spiel geistiger Kräfte zu Stande zu bringen, in dem sich Wahrheit erheben kann!

Die Führung des Dialogs betont den Einschnitt, indem sie, zugleich mit der Szene des letzten Zusammenseins, das voraufgehende persönliche Leben des Meisters auftauchen läßt.

Da hielt Sokrates eine ganze Zeit lang inne, sann eine Weile nach und sprach dann: ›Es ist nichts Geringes, was Du da verlangst, Kebes; denn jetzt müssen wir die Ursache des Werdens und Vergehens überhaupt erwägen. Wenn Du also willst, werde ich Dir darlegen, wie es mir selbst damit ergangen ist. Findest Du dann in dem, was ich sage, etwas, was Dir zur überzeugenden Klärung Deiner Fragen nützlich scheint, dann nütze es.‹ (95e–96a)

Und nun gibt er eine Art Rückblick auf seine eigene geistige Entwicklung; eine Rechenschaft über seinen philosophischen Weg im Angesicht des Todes.

Wir müssen die Frage, welche biographische Bedeutung der Bericht habe, auf sich beruhen lassen. Einiges davon wird wohl auch in dieser Hinsicht richtig sein; im Ganzen handelt es sich um ein Kunstwerk. Doch kann ein solches aber auch im geschichtlichen Sinne tiefere Wahrheit geben, als ein genauer Tatsachenbericht.

›*So höre denn, was ich sagen will. In meiner Jugend, Kebes, befiel mich ein heftiges Verlangen nach jener Wissenschaft, die man Naturlehre nennt. Denn sie erschien mir als etwas Wunderbares, [weil sie uns ihrer Behauptung nach befähigt,] die Ursachen von allem zu wissen: wodurch ein Jedes entsteht, wodurch es vergeht und wodurch es besteht. Und so oft wendete ich mich hin und her und überlegte Fragen wie diese: Wenn das Warme und Kalte in Fäulnis übergeht, entstehen dann, wie einige behaupten, die Tiere? Und ist es das Blut, durch das wir denken, oder die Luft oder das Feuer; oder keines von diesen, sondern bringt das Gehirn die Empfindung des Hörens, Sehens und Riechens hervor, und entstehen dann aus diesen Gedächtnis und Vorstellung, aus Erinnerung und Vorstellung aber, wenn sie zur Ruhe kommen, entsprechenderweise die Erkenntnis?*‹ (96a–b)

Es handelt sich also um Gedankengänge aus der ersten Zeit der werdenden Naturbeobachtung. Sokrates hofft in ihnen zu finden, was er dunkel sucht, nämlich eine philosophische Erklärung des Seins. Davon ist aber keine Rede, so wird er an diesen ganzen Überlegungen irre:

›*Und als ich wiederum das Vergehen von alledem betrachtete und die Veränderungen am Himmel und auf der Erde, kam ich mir für diese Untersuchung schließlich ganz untauglich vor. Ich will Dir dafür einen ausreichenden Beweis nennen. In dem, was ich vorher nach meiner und der Anderen Meinung genau verstand, wurde ich nämlich damals durch diese Untersuchung so blind, daß ich auch das verlernte, was ich vorher erkannt zu haben glaubte, unter anderem auch die Ursachen, durch welche der Mensch wächst. Denn vorher glaubte ich, jeder wisse, daß dies vom Essen und Trinken komme. Indem nämlich aus den Speisen Fleisch zu Fleisch komme, und Knochen zu den Knochen, und nach demselben Verhältnis auch zu allem übrigen das ihm Verwandte hinzukomme, werde die zunächst kleine Masse nachher immer größer, und so werde der [zuerst] kleine Mensch [allmählich] groß. So glaubte ich damals – scheint Dir diese Ansicht nicht vertretbar?‹*

›Durchaus‹, erwiderte Kebes. (96b–d)

Ihm selbst aber sagt das alles nichts mehr, und er sucht seine Enttäuschung verständlich zu machen:

›Bedenke auch dieses noch: Wenn ein Mensch, der neben einem kleinen stand, groß erschien, so glaubte ich eine richtige Auffassung [vor dem Sinnverhalt] zu haben, [indem ich urteilte, er sei] genau durch seinen Kopf größer [als jener], und ebenso ein Pferd [durch einen Teil seines Körpers größer als] das andere neben ihm. Und was noch deutlicher ist als dies: die Zehn schien mir dadurch mehr zu sein als die Acht, daß dieser die Zwei hinzugefügt ist; und das zwei Fuß Messende erschien mir größer als das einen Fuß Messende, weil es dieses um die Hälfte überragt.‹

›Und was hältst Du jetzt davon?‹ fragte Kebes.

›Daß ich, beim Zeus, weit entfernt bin, zu glauben, ich kennte die Ursache auch nur bei irgend einem dieser Dinge! Laß ich doch nicht einmal gelten, daß dann, wenn Jemand zu Einem noch Eines hinzufügt, entweder aus Einem, zu welchem [etwas] hinzugefügt wurde, Zwei geworden sind – oder aber aus dem Hinzugefügten [zusammen mit dem], wozu es hinzugefügt wurde, durch die Hinzufügung zum anderen Zwei wurden...‹ (96d–97a)

›Denn‹, heißt es weiter, ›ich wundere mich [über Folgendes]: Solange jedes vom anderen getrennt war, war doch jedes von ihnen Eines, und es waren nicht Zwei. Als sie aber dann einander nahe kamen, soll [ebendieser Vorgang], daß sie zusammenkamen, weil man sie nebeneinanderstellte, die Ursache ihres Zwei-Werdens gewesen sein! Und ebensowenig kann [mich die Meinung] überzeugen, wenn jemand Eines spaltet, dann liege ebendarin, in der Spaltung, die Ursache dafür, daß [aus Einem] Zwei geworden sind. Denn da hätte

sich ja die Ursache für das Zwei-Werden gegenüber dem vorher [genannten Fall] in ihr Gegenteil verkehrt! Damals [hätte sie] nämlich [darin bestanden], daß eines dem anderen nahegebracht und zugefügt wurde, jetzt aber darin, daß eines vom anderen weggenommen und getrennt wird.‹ (97a–b)
Die Aussage 1 + 1 = 2 betrifft nicht eine Tatsache, wie z. B. die, daß hier auf dem Tisch ein Bleistift liegt, sondern einen Sinnverhalt, einen Wesenszusammenhang. Der Empirismus der landläufigen Erklärungen hat ihn von Tatsachen ableiten wollen, z. B. der, daß ich jetzt ein Ding neben ein anderes Ding lege, oder ein Ganzes in zwei Stücke teile. Das geht aber nicht an, denn weder der Vorgang des Hinzufügens noch der des Teilens ergibt die Sinn-Gestalt, welche sich in der logisch-mathematischen Aussage ausdrückt. So lautet die Konsequenz:
›Auch traue ich mir nicht mehr zu, zu wissen, wodurch das Eine entsteht, noch, mit einem Wort, wodurch irgend etwas anderes sonst wird oder vergeht oder ist – [wenigstens] nicht nach dieser Art des Verfahrens – mische mir vielmehr auf gut Glück eine andere [Weise] zusammen, während ich von dieser aber auch gar nichts mehr wissen will.‹ (97b)
Mit dieser Methode, sagt Sokrates, kann man nicht erkennen, »warum etwas wird oder vergeht, oder ist«; genauer gesagt, warum etwas dem Wesen nach als dieses Bestimmte anfängt zu sein, oder besteht, oder zu sein aufhört. Die Frage richtet sich nicht auf das Wirklich-, sondern auf das Dieses-Sein; nicht auf die Vorhandenheit, sondern auf das Wesen. Worin dieses seinen Grund habe, weiß die empirische Methode nicht zu sagen.

Soweit der erste Abschnitt der Erfahrungen, die Sokrates bei seiner Suche nach der Wurzel der Wesenserkenntnis macht. Auf diesem Wege geht es nicht. Er sucht also weiter und gerät an die Naturphilosophie.
›Als ich einmal Jemanden aus einem Buche – wie er sagte, des Anaxagoras – vorlesen hörte, [worin] dargelegt war, die

Vernunft sei es, die alles ordne und alle Dinge verursache, freute ich mich über diese Ursache, und es schien mir irgendwie sehr wichtig, daß die Vernunft alle diese Dinge verursachte; und ich kam zu der Ansicht, wenn sich dieses so verhalte, werde die ordnende Vernunft [auch wirklich] alles ordnen und Jedes dahin stellen, wo es sich am besten befindet. Wenn also einer die Ursache von Jeglichem finden wolle – wie es wird oder vergeht oder besteht – so brauche er nur ausfindig zu machen, wie es jeweils mit ihm in Hinsicht auf das Sein oder auf sonst irgend ein Erleiden oder Sichverhalten am besten bestellt sei.‹ (97b–c)

Die Erklärung hat einen anderen Charakter. Sie geht vom Geistigen aus, von der Vernunft. Wenn diese der Grund aller Dinge ist, dann werden Sinn und Ursache jeder Erscheinung dadurch gefunden, daß man fragt, wie es mit letzterer »am besten bestellt« sei; wie sie zu ihrem Sinn-Optimum gelange. Wenn dieses »Beste« gefunden wäre, dann wäre das Wesen des Gegenstandes erkannt, und so zu verfahren wäre die allein befriedigende Philosophie – ein scharfer Ausdruck des rationalen Absolutismus, für welchen das Vernünftig-Evidente mit dem Werthaft-Richtigen identisch ist.

›Ich war also der Meinung, er werde den vernünftigen Grund aufzeigen, [auf] welchem [sowohl] jedes Einzelding [wie auch] das allen Einzeldingen Gemeinsame [ruhe], und so darlegen, was für jedes Einzelding und für das allen Gemeinsame das Gute sei. Und nicht um Vieles hätte ich diese Hoffnung aufgegeben, nahm vielmehr voll Eifer die Bücher her und las sie, so schnell ich konnte, durch, um so schnell als möglich das Bessere und das Schlechtere zu erkennen.‹ (98a–b)

Doch wird er wieder enttäuscht:

›Diese wunderbare Hoffnung aber, Ihr Freunde, ließ mich ganz im Stich, als ich weiterlas und sah, wie der Mann durchaus nicht mit der Vernunft arbeitet und in keiner Weise [wirkliche, vernunfthaft erkennbare] Ursachen als Ursachen für die Ordnung der Dinge anführt; statt ihrer vielmehr Lüfte

und Äther und Gewässer und viele andere Sonderbarkeiten als Ursachen nennt.‹ (98b–c)
Sokrates bekommt keine echten Wesensanalysen oder Rückführungen auf einsichtige Ordnungsbegriffe zu hören, sondern die Theorien der jonischen Naturphilosophie über die Entstehung der Welt oder ähnliche Fragen. Diese haben einen Charakter, der zwischen Mythos und Ratio steht und für Sokrates, der echte Rationalität sucht, nichts mehr bedeuten können. Worin seine Enttäuschung besteht, sucht er mit einem sehr handgreiflichen Beispiel klar zu machen:
›Und mir schien, es sei mir so ergangen, als wenn einer zuerst sagte: »Sokrates tut alles, was er tut, mit Vernunft« – dann aber, wenn er sich anschickte, die Gründe für alles, was ich tue, anzuführen, als erste sagte, ich säße deswegen hier, weil mein Leib aus Knochen und Sehnen bestehe; und weil die Knochen fest seien und durch Gelenke von einander abgesetzt, die Sehnen aber, welche die Knochen samt den umschließenden Fleischteilen und der sie zusammenhaltenden Haut umgeben, so eingerichtet, daß sie angespannt und nachgelassen werden könnten. Da nun die Knochen in ihren Gelenken hingen, machten die Sehnen, wenn ich sie anspanne und nachlasse, es möglich, daß ich jetzt meine Glieder bewegen könne, und aus diesem Grunde säße ich jetzt mit gebogenen Knien hier. Und wenn er für unser Gespräch hier andere Ursachen der Art anführen wollte, [so machte er es] ebenso, holte Töne und Lüfte und Akte des Hörens und tausenderlei ähnliche Dinge heran und unterließe ganz, die wahren Ursachen anzugeben: daß nämlich die Athener es für richtiger hielten, mich zu verurteilen, und es deshalb auch mir richtiger erscheint, hier sitzen zu bleiben, und gerechter, die Strafe, die sie verhängt haben, standhaft auf mich zu nehmen. Denn beim Hund, ich glaube, wenn ich es nicht für gerechter und schöner gehalten hätte, die Strafe, die der Staat anordnet, auf mich zu nehmen, anstatt zu entfliehen und wegzulaufen, dann wären diese Sehnen und Knochen schon längst, von der Meinung, so sei es für sie richtiger, davongeführt, in Megara

bei den Böotiern! Dinge aber von der Art [wie die soeben angeführten] Ursachen zu nennen, wäre über die Maßen ungereimt. Falls freilich einer sagte, ohne solche Dinge, wie Knochen und Sehnen und was ich sonst noch habe, würde ich außer Stande sein, zu tun, was mir beliebt, dann hätte er Recht – daß ich aber das, was ich tue, deshalb tue und es mit Vernunft tue [weil ich Glieder und Organe habe,] und nicht vielmehr, weil ich in [freier] Wahl des Richtigsten handle, wäre doch eine im höchsten Grade voreilige Behauptung.‹ (98c–99b)

Sokrates möchte die geistigen Gründe, den Zusammenhang der Wesensbestimmungen und Sinn-Ordnungen erfahren, auf Grund derer sich die gegenwärtige Situation mit ihrem existentiellen Sinn gebildet hat; statt dessen bekommt er von körperlichen Dingen zu hören, welche zwar die empirische Voraussetzung für jenes Eigentliche bilden, über es selbst aber nichts aussagen.

Auch auf diesem Wege haben seine Fragen keine Antwort erhalten; so hat er einen dritten einschlagen müssen, und der hat ihn zum Ziele geführt.

›Ich...geriet in Furcht, meine Seele möchte ganz und gar erblinden, wenn ich mit den [körperlichen] Augen nach den Dingen blickte und sie mit jedem der übrigen Sinne sonst zu erfassen suchte. So kam ich zum Glauben, ich müsse zu den Begriffen meine Zuflucht nehmen und in ihnen die Wahrheit des Seienden betrachten.‹ (99e)

Das heißt aber: Sokrates vollzieht eine grundsätzliche Wendung. Von den empirischen Dingen und Vorgängen kehrt er sich den geistigen Prinzipien, der philosophischen Untersuchung der Wesensverhältnisse zu.

Und zwar geht er so vor, daß er »in jedem einzelnen Falle denjenigen Satz zu Grunde« legt, den er für »den stärksten«, d. h. logisch solidesten hält, und das Übrige darauf zurückzuführen sucht; mit anderen Worten, er dringt vom Einsichtigen zum Problematischen vor. Das entwickelt er noch näher:

›Doch ist das, was ich da sage, gar nichts Neues, sondern nur, was ich schon immer bei anderen Gelegenheiten und auch in der vorausgegangenen Erörterung unablässig gesagt habe. Ich rüste mich nämlich zum Versuch, Dir das Wesensbild der Ursache zu zeigen, das ich festgestellt habe, und komme daher wieder auf jene [von uns] viel im Munde geführten Dinge zurück und fange mit ihnen an, nachdem ich vorausgesetzt habe, daß es wirklich etwas Schönes an sich, etwas Gutes und Großes und all das Übrige gibt.‹ (100b)
Die Aussage, daß es die Wesensgestalt, das reine Sinngefüge im Unterschied vom bloßen Faktum gibt, ist der »stärkste Satz«, der einsichtigste Logos, von dem er ausgeht.
›Und wenn Du mir zugestehst und einräumst, daß es das gibt, hoffe ich Dir daraus auch die Ursachen zeigen und ausfindig machen zu können, warum die Seele unsterblich ist.‹
›Also gut‹, sprach Kebes, ›nimm an, ich hätte Dir das schon zugegeben, und zögere nicht, die Sache durchzuführen.‹
›So betrachte‹, sprach [Sokrates], ›was sich daraus ergibt, ob es Dir ebenso vorkommt wie mir. Mir scheint nämlich, wenn noch etwas anderes schön ist außer jenem an sich Schönen, dann ist es wegen nichts anderem schön, als weil es an jenem [an sich] Schönen Teil hat. Das Gleiche sage ich so von allem.‹ (100b–c)
Es gibt die Idee; das gültige, in sich notwendige Seins- und Wertbild, ausgedrückt im richtig gebauten Begriff. Dieses Wesen ist »die Ursache«, der Grund für das Sosein des Dinges.
›Gibst Du diese Art von Ursache zu?‹
›Ich gebe sie zu‹, sprach [Kebes].
›Dann kann ich jene anderen gelehrten Gründe‹, sprach [Sokrates], ›gar nicht mehr begreifen und verstehen; denn wenn mir Jemand sagt, etwas sei darum schön, weil es eine blühende Farbe, oder eine [angenehme] Gestalt, oder etwas anderes der Art habe, dann lasse ich das alles auf sich beruhen, weil ich durch [dieses und] alles sonstige [derart] nur verwirrt werde, und halte mich schlicht und ohne Kunst und vielleicht einfältig daran, daß nichts anderes so schön macht als die

Anwesenheit eben jenes [an sich] Schönen oder die Teilnahme [an ihm], oder woher und auf welche Weise dieses [mit dem Ding] in Verbindung treten mag.‹ (100c–d)
Auf die Frage nach dem Ursprung der Zwei angewandt: sie entsteht nicht aus der Zusammensetzung einer Eins mit einer anderen; ja sie »entsteht« überhaupt nicht aus vorgegebenen Elementen, sondern die Sinngestalt »Eins« verschwindet und eine neue, die »Zwei« erscheint.

Was bedeutet das alles?
Sokrates hat die philosophische Grundfrage erlebt: Was ist das, was ist? Wie ist es das, was es ist? Woher ist es das, was es ist? Mit ihr ist er zuerst zu den Männern der täglichen Erfahrung gegangen, und sie haben ihm darauf empirische Antworten gegeben, wie: das Ding da ist schön, weil es rund ist, oder eine rote Farbe hat. Dadurch war aber die eigentliche Frage überhaupt noch nicht berührt. So hat er es mit den Naturphilosophen versucht, welche behaupteten, sie behandelten alles mit der Vernunft, das heißt wissenschaftlich. Er hat aber feststellen müssen, daß sie darunter die Rückführung der Erscheinungen auf letzte Urelemente wie Wasser oder Luft verstanden, eine Art mythologischer Physik also, und ist wieder enttäuscht gewesen. Denn was er wissen wollte, war nicht, wie die Dinge sich zusammensetzen und wieder auflösen, sondern was das ist, das aus ihnen dem empfänglichen Geiste mit so besonderer Eindringlichkeit entgegentritt: ihr Wesen, ihr Sinngefüge. Das kann aus keiner Theorie der Elemente abgeleitet werden – ebensowenig, wie der Sinn seines augenblicklichen Aufenthaltes im Gefängnis daraus abgeleitet werden kann, daß seine Knochen und Sehnen so und so beschaffen sind, und er infolgedessen in dieser Haltung auf seinem Lager sitzt. Wie er sich nicht deshalb im Gefängnis befindet, weil sein Körper diese Struktur besitzt – wir können fortsetzen: weil die Kette ihn festhält, weil bei Gericht die Stimmen so gefallen sind, weil die politischen Vorgänge in Athen den Konservativen die Macht gegeben

haben – sondern weil er, aus der Einsicht in den sittlichen Sinn des ihm Widerfahrenen, es für seine Pflicht angesehen hat, zu bleiben, statt, wie vor fünfzig Jahren Anaxagoras, außer Landes zu gehen; weil ihm das sittliche Eidos klar geworden ist, worin sowohl das Geforderte, Sein-Sollende, wie auch das für ihn »Beste«, das heißt Sinnvolle gründet – entsprechend will er nicht wissen, welche physikalischen oder physiologischen Vorgänge beim Eindruck des Schönen wirksam sind, sondern worin jener Wesens- und Sinnverhalt besteht, der am schönen Ding mächtig, zwingend, erhebend zur Erscheinung zu Bewußtsein kommt.

Wie wird die Frage also richtig beantwortet? Wie könnte sie beantwortet werden?

Etwa auf objektivem Wege, wie Aristoteles es getan hat, indem man sagte: die Dinge sind selbst auf Grund von Wesensgesetzen, von kategorialen Ordnungen gebaut. Der Mensch faßt sie wahrnehmend auf; die abstrahierende Kraft seines Verstandes arbeitet aus dem Wahrgenommenen das Wesensgefüge heraus und stellt es im Begriff dar... Oder auf subjektivem Wege, wie der idealistische Apriorismus tut, indem man sagte: der Sinngehalt der Dinge, das Kategoriale in ihnen stammt aus dem Geiste des Menschen bzw. aus dem in ihm realisierten »Bewußtsein überhaupt«. Dann ist »von außen« nur die Masse der Empfindungen gegeben; den Sinn trägt die ordnende Tätigkeit des Geistes hinein... Keine der beiden Antworten würde Platon genügen. Die erste nicht, weil in ihm etwas drängt, das in der aristotelischen Geistesstruktur fehlt: jenes eigentümliche Verlangen nach Vollkommenheit und Vollständigkeit, das alles Empirische als unvollständig und unzulänglich empfindet; radikaler gefaßt, jene Erfahrung vom »Wesen«, von der Sinn-Energie des qualitativen Gefüges, seiner Bildmacht und Gültigkeitskraft, aus welcher das platonische Staunen hervorgeht. Die zweite Antwort aber würde ihm nicht genügen, weil seine Begegnung mit den Dingen zu elementar ist, als daß er die Gestalten der Welt derart auflösen könnte, wie sie es tut.

Platon muß also anders antworten. Er sagt: Jedes Ding weist Eigenschaften, Beziehungen, Ordnungen auf, die unabweisbar den Eindruck des Gültigen machen. Andererseits erlaubt aber die Unvollkommenheit des Irdischen nicht, dieses Gültige als im Ding selbst ruhend anzusehen, sondern es weist über letzteres hinaus. Die Sinnhaftigkeit des Dinges bezeugt sich als abgeleitet und deutet auf eine ursprüngliche hin, die mit ihr verbunden und doch von ihr unabhängig ist: eine von jeder Einschränkung freie und von jeder Verunreinigung unberührbare Sinngestalt, das Eidos, die Idee. Diese steht in einer ewigen, aller Unvollkommenheit und allem Wandel entzogenen Sphäre; das Ding hingegen unterliegt den Beeinträchtigungen und dem Wechsel des irdischen Daseins. Mithin muß, was es an Wesen und Sinn enthält, von der Idee stammen.

Wird also gefragt, was etwas sei, dann lautet die Antwort: Es ist in der Form der Teilhabe das, was, in der Form der Ursprünglichkeit und Wesenhaftigkeit, seine Idee ist. Wird gefragt, warum es das sei, dann lautet die Antwort, weil seine Idee es darin begründet. Die weitere Frage aber, warum die Idee selbst sei, was sie ist, erhält die Antwort: weil sie es ist. Ihr So-Sein ist ein Urphänomen, und als solches ebenso absolut wie evident. Sobald die Idee wirklich erschaut wird, erlischt die Frage... Warum ist also dieser Mensch schön? Nicht weil sich an ihm bestimmte Proportionen des Knochenbaus, oder ein bestimmter Zustand der Gewebe und der Haut vorfinden, sondern weil er an der Idee des Schönen Teil hat. Die Idee des Schönen aber ist »das Schöne selbst«; das Urphänomen der Schönheit, welches, sobald es aufleuchtet, durch sich überzeugt. Die Frage besteht also nur im Raum der Dinge, die nicht das Schöne selbst sind, sondern bloß an ihm teilhaben, daher unvollkommen und zeitweise schön sind; in der Schau des Ur-Schönen kommt sie zur Ruhe. Alles andere, die verschiedenen Sachverhalte empirischer Art, stehen für ihre Beantwortung erst in zweiter Linie. Sie stellen die Erscheinungsbedingungen jener Ur-Tatsache dar, welche

allein und eigentlich auf die Frage antwortet, nämlich daß das Ding an der Idee des Schönen Anteil hat.
Jedes Ding hat einen Sinn über sich. Es besteht über sich hinaus; von über sich herab. Daraus entspringt jene Spannung zwischen dem Empirischen und dem »in der Höhe« stehenden Eigentlichen; jener Antrieb ins Absolute, der Platon eigen ist, und dessen Lebendigkeit sich im Begriff des Eros ausdrückt.

›*Wie nun: Wenn Eins zu Einem hinzugefügt würde – würdest Du dann nicht die Behauptung scheuen, daß die Hinzufügung der Grund für das Zwei-Werden sei? Und wenn Eines gespalten würde, die Spaltung? Würdest Du nicht vielmehr laut erklären, Du wüßtest nicht, auf welche andere Weise ein Jegliches [dieser Ergebnisse] zu Stande komme, als durch seine Teilhabe an der Wesenheit, die jedem eigen ist, und an der es [seiner Bestimmung gemäß] Teil hat?*‹ (101b–c)
Das heißt: Wenn zuerst ein Ding da ist, und nachher zwei, dann ist die Zweiheit nicht aus der Einheit entstanden – sei es nun so, daß einer Eins eine zweite hinzugefügt, oder aber eine Eins in zwei Teile geteilt wird. Durch solche empirischen Vorgänge kann die Sinngestalt der Zweiheit in ihrem Verhältnis zur Einheit nicht begründet werden. Die Zweiheit »entsteht« überhaupt nicht – ebensowenig wie die Einheit entstanden ist – sondern ihre Idee erscheint und teilt sich mit, während die vorher sich zeigende und den Sinnverhalt bestimmende Idee der Einheit verschwindet bzw. sich entzieht. Die empirische Vorhandenheit kommt jeweils unter die Bedeutungsmacht verschiedener Sinngestalten, die ihrerseits aus der *archē* des Sinnes hervortreten, sobald dafür im Vorhandenen die nötigen Bedingungen gegeben sind. Das Bestimmtwerden des Vorhandenen durch den Sinn – jenem Sinn, der zu erfassen die Erkenntnis bedeutet – ist keine Genesis, sondern eine Epiphanie und Selbstmitteilung der Idee; und das Erkennen ist ein Schauen der Idee am Stoff des Vorhandenen.

›Und fändest also keine andere Ursache für das Zweigewordensein als die Teilhabe an der Zweiheit, und [würdest sagen,] an ihr müsse alles teilhaben, was Zwei werden wolle – ebenso wie das, was Eins werden wolle, an der Einheit teilhaben müsse? Und würdest Du nicht jene Zerspaltungen und Hinzufügungen und all die anderen Spitzfindigkeiten der genannten Art verabschieden und ihre Beantwortung andern überlassen, die gelehrter sind als Du?... Wenn Du wirklich zu den Philosophen gehörst, dann glaube ich, wirst Du es halten, wie ich es sage.‹
›Du hast vollkommen recht‹, antworteten Simmias und Kebes zugleich. (101c–102a)
Auf diese Zustimmung antwortet – ebenso wie auf die voraufgehenden Äußerungen des Zweifels – das begeisterte Einverständnis der Zuhörer Phaidons, des Echekrates und seiner Freunde:
Beim Zeus, Phaidon, daran taten sie gut! Denn wunderbar überzeugend scheint er mir für jeden gesprochen zu haben, der auch nur ein wenig Vernunft hat.
PHAIDON: *Allerdings, Echekrates, und so schien es auch allen, die anwesend waren.*
ECHEKRATES: *Und auch uns, die wir abwesend waren, es aber jetzt hören.* (102a)

Auf die Frage: warum ist das Ding da schön? hat also die Antwort gelautet: weil die Idee des Schönen in ihm erscheint, sich ihm mitteilt... Macht diese Antwort aber nicht einen seltsam wesenlosen Eindruck? Geht dieser Denkweg nicht am Eigentlichen, nämlich an der Untersuchung des Sachverhalts vorbei, um statt dessen Vokabeln zu handhaben? Das wäre der Fall, wenn er nicht auf eine spezifische Erfahrung bezogen wäre. Diese ist so wichtig, daß sie noch einmal herausgestellt werden soll.
Der platonisch Denkende faßt das »Was« eines Seienden, den Zusammenhang seiner Eigenschaften, seine Wesenheit in besonderer Weise auf. Sie bietet sich ihm nicht als eine

Bestimmung dar, die dem konkreten Ding eigen ist, sondern hebt sich als in sich begründete Sinngestalt von diesem ab. Das Eigenschaftsgefüge der Wesenheit hat eine Kraft der qualitativen Selbstbezeugung, eine Unausweichlichkeit der strukturellen Evidenz, mit einem Wort eine Absolutheit, die in keinem Verhältnis zum schwankenden Charakter des Empirischen steht, vielmehr es transzendiert. Das Konkrete macht einen Eindruck, der etwa folgendermaßen beschrieben werden könnte: In einem Uneigentlichen, nach jeder Hinsicht Relativen, tritt ein Eigentliches, Absolutes hervor. Dieses gehört nicht dem ersteren, sondern sich selbst. Es ist nicht in dessen Seinssphäre – der Empirie – sondern in einer Sphäre reiner Gültigkeit beheimatet. Es ist nicht den Beeinträchtigungen der Empirie unterworfen, sondern steht in reiner Vollkommenheit. Seine Gültigkeitsmacht ist so groß, daß sie die Realitätswucht des Erfahrbaren übersteigt, ja für das Gefühl des Erfahrenden den Charakter einer höheren Wirklichkeit annimmt. Das meint offenbar Platon, wenn er sagt, die Idee sei »das eigentlich Seiende.«[49]

Der genauere Charakter der Idee wird in den verschiedenen Epochen des platonischen Denkens verschieden bestimmt. In den früheren Dialogen steht das Interesse für die logische Untersuchung so sehr im Vordergrund, daß die Idee fast als der bildhafte Ausdruck der Begriffe erscheint. Fortschreitend verdichtet sie sich bis zur selbständigen Wesenheit, um sich zuletzt wieder der Abstraktion zu nähern.[50] Ohne Platons

[49] Darauf wird auch der meist so ungemäß beurteilte ontologische Gottesbeweis ruhen; als sinnvoll empfunden, sobald jene Erfahrung gegeben ist, als unsinnig, sobald sie fehlt. Oder will man im Ernst behaupten, ein Anselm von Canterbury habe den logischen Schnitzer nicht gemerkt, den Gaunilo ihm so sauber nachweist – von den Schulmeistereien der Kant-Epigonèn ganz zu schweigen?

[50] Die Frage, wie die verschiedenen Bestimmungsformen der Idee zu einander stehen, gehört zu den schwierigsten Problemen der Platoninterpretation. Wir können hier nicht auf sie eingehen, sondern nur die Überzeugung aussprechen, daß es sich um eine einheitliche Grundanschauung handelt, die aber, wie alles Lebendige, eine Geschichte hat. Die Unterschiede in der Bestimmung der Idee bedeuten keine verschiedenen Ideenbegriffe, sondern charakteristische Phasen innerhalb jener Geschichte.

Gesamtanschauung erschöpfen zu wollen, kann man vielleicht Folgendes sagen:

Die Idee ist Jenes, wozu die vor jedem Gegebenen sich erhebende Frage nach seinem »Was« letztlich gelangt: also das Wesenhafte schlechthin. Sie ist auch das Ziel der Frage, wodurch es würdig ist, daß es sei: also das Gültige schlechthin. Indem der Geist zur Anschauung der Idee gelangt, findet er die Wahrheit, und damit kommt die Bewegung des Fragens zur Ruhe.

Die Ideen sind Bilder. Keine abstrakten Begriffe oder Prinzipien, die durch den bloßen Verstand gedacht, sondern Gestalten, welche durch das Auge des Geistes angeschaut werden.[51] Das Letzt-Eigentliche des Daseins besteht für Platon nicht in atomistischen Elementen und formalen Gesetzen, sondern in Gestalten. Das letzte Ergebnis der erkennenden Durcharbeitung dieses Daseins sind nicht abstrakte Begriffe, sondern Sinn-Figuren. Alles Erfahrbare geht auf eine solche Gestalt zurück; jede echte Eigenschaft, etwa die der Schnelligkeit oder der Klangreinheit, wie jedes Ding, etwa das Pferd oder die Leier. Sie sind Wesensbilder, sofern sie auf die Frage nach der Eigenschaftlichkeit; Wertbilder, sofern sie auf die Frage nach der Schätzbarkeit antworten.

Jede Idee ist, als Bild, eine Einheit in sich selbst. Zugleich steht sie aber mit anderen Ideen in jenen Beziehungen, welche durch die verschiedenen logischen bzw. grammatischen Relationen ausgedrückt werden – wie es denn auch die Ideen der Relationen als solcher gibt, siehe z. B. die im Phaidon selbst angedeuteten des Größer- und Kleinerseins. So entsteht eine Ordnung der Ideen untereinander, ein Reich der Sinngestalten, das im Hellenismus zur Theorie des objektiven Logos führen wird.

Die Neuzeit neigt dazu, Platons Ideen nach modernem Schema zu verstehen: als bloße Begriffe, als apriorische, in der Struktur des Bewußtseins angelegte Formen der Gegen-

[51] Die Wörter εἶδος und ἰδέα stammen beide aus der Wurzel »id«, sehen.

standserfassung, als Weisen der Selbsterhellung des Daseins usw. Verfolgt man aber die platonische Vorstellung durch die verschiedenen Schriften hindurch, so sieht man, daß sie wohl auch solche Momente berührt, ihrem Kern nach aber die ewigen Wesenheiten meint, in denen alles Zeitliche und Unvollkommene seine Sinnwurzel hat. Als solche sind sie wirklich. Immer wieder und mit dem größten Nachdruck betont Platon, daß sie »das Seiende«, »das Eigentlich-Seiende« seien. Abgesehen von ausdrücklichen Aussagen geht das schon aus seiner Lehre hervor, wonach alles Erkennen Wiedererinnerung ist; der einem Ding Begegnende also inne wird, daß er einst vor seiner Geburt dessen Sinngehalt, eben die Idee, geschaut habe. Man würde zu weit gehen, wenn man sagte, die Ideen seien Numina oder götterähnliche Wesen; die Aussage dürfte aber der wahren Meinung Platons näher kommen, als wenn man in ihnen nur logische Momente erblickte.
Die Aussage, wonach die Ideen das in sich selbst und wahrhaft Seiende sind, kann gar nicht entschieden genug genommen werden, es ist aber nicht leicht, zu sagen, wie dieses »Sein« gedacht werden müsse. Für die Antwort stehen zunächst die Begriffe der Wirklichkeit und der Gültigkeit zur Verfügung. Wirklich ist das konkrete Ding, gegen das mein eigenes konkretes Sein im Erfahrungsstoß trifft; gültig sind ein logisches Gesetz, das mein Urteil, oder eine ethische Norm, die mein Gewissen als bindend empfinden. Der Idee scheint eine dritte Gegebenheitsform zugeschrieben zu werden, in welcher Wirklichkeit und Gültigkeit zusammenlaufen. Nach platonischem Grundgefühl ist Wirklichkeit nicht einfach die von jedem beliebigen Etwas aussagbare Tatsache, daß es ist, statt nicht zu sein. Ein Kristall, eine Pflanze und ein Mensch »sind«; ein dumpfer und ein geistig wacher, ein böser und ein guter Mensch »sind« – das Sein hat aber bei diesen verschiedenen Seienden jeweils ein verschiedenes Gewicht. Die Wirklichkeit hat in ihnen verschiedene Grade – ein Gedanke, der sich leichter erschließt, wenn man das Wort

»Sein« als Zeitwort; also das Wirklichsein als Akt, als Sichbehaupten im Positiven, als im Abwehren des Nichts versteht. Welcher Grad der Wirklichkeit einem Seienden eignet, hängt einmal von seinem Wesensrang ab; so ist etwa das Lebendige wirklicher als das Leblose, der Geist wirklicher als der Körper. Dann aber davon, wieweit das Seiende seine Idee realisiert; so ist ein vollkommener Baum wirklicher als ein verkümmerter, ein charakterlich geformter Mensch wirklicher als ein verwahrloster. Die so entstehende Sinnlinie läuft auf etwas zu, das keiner Realisation mehr bedarf, da in ihm der Inbegriff seines Wesens- und Wertgehaltes aktuiert, und ebendamit die vollendete Wirklichkeit erreicht ist: die Idee. Sie ist ganz gültig und wirklich zugleich, »seiend einfachhin«. Allerdings liegt hier ein Problem, dessen Platon sich auch bewußt zu sein scheint. Die echte Identität von Gültigkeit und Wirklichkeit trifft nämlich, genau genommen, nur für das Absolute zu. Die Idee hingegen ist wohl absolut, weil schlechthin gültig; sie ist aber nicht das Absolute, weil in ihrem Inhalt begrenzt. Die Idee der Gerechtigkeit zum Beispiel ist absolut, weil sie unbedingt gilt; sie unterscheidet sich aber von der Idee der Tapferkeit und ist damit begrenzt. Die Idee kann geradezu als der Ort definiert werden, den das Endlich-Begrenzte im Absoluten hat. So ist die Aussage, sie sei das Einfachhin-Seiende, noch nicht ganz richtig, und die Nötigung des Sinnverhalts führt denn auch dazu, die Idee mit dem im eigentlichen Sinne Absoluten, nämlich dem »Guten« zu hinterbauen.

Mit alledem ist auch gesagt, daß die Erkenntnis der Ideen wesentlicherweise nicht von der Erfassung der Dinge abhängt. Wohl muß, wer das Wesen eines Pferdes erkennen soll, einem Pferd begegnen; aber nur, damit die Begegnung die Gelegenheit bilde, bei welcher die einst geschaute Idee in der geistigen Erinnerung auftauchen, das absolute Wesensbild des Dinges aufleuchten kann. Die Gesamtheit der Ideen bildet einen über der Dingwelt stehenden ewigen Kosmos, welcher der eigentliche Gegenstand des Geistes, seines

Erkennens, Schätzens und Strebens ist, und zu dem die im Geiste ruhende Erinnerung die Verbindung herstellt. Das Verhältnis des Geistes zur Idee wird aber zuweilen so ursprünglich und mächtig, daß die verbindende Erinnerung wegzufallen, und der Geist unmittelbar zur Anschauung der ewigen Wesensbilder durchzudringen scheint.[52]

Die Art des platonischen Grundansatzes bringt die Gefahr mit sich, in den Dingen die Verderbnisform der Ideen zu sehen; diese Verderbnis durch die Materie bedingt sein zu lassen und die Entstehung der Dinge durch einen dualistischen Mythos vom Abfall des Geistes in den Stoff auszudrükken. Tatsächlich finden sich denn auch in den Texten Äußerungen, welche in diese Richtung deuten; es wurde aber bereits gesagt, daß von einem eigentlichen Dualismus keine Rede sein kann. Die Kraft des Schauens und Gestaltens; der Wille, das Gegebene zu formen; der Trieb, den rechten Menschen und, als Inbegriff der Menschendinge, den rechten Staat heranzubilden, sind bei Platon so stark, daß sie keine grundsätzliche Ablehnung der Materie zulassen, diese vielmehr als Urschoß des Werdens, als Quelle der konkreten Dinge erscheint. Daraus kommt ein schwebender Zustand, in welchem einerseits die Neigung, Idee und Geist als das einzig Wertvolle und die körperlichen Dinge als Abfall – andererseits der Wille, die Dinge als auf die Ideen hingeordnet und die Aufgabe des Handelns in deren irdischer Verwirklichung zu sehen, einander die Waage halten. So hat das Ding doch eine positive Beziehung zur Idee. Es hat wirklichen Wesens- und Wertgehalt, der nur nicht aus ihm selbst, sondern aus der Idee stammt. Und zwar wird das Verhältnis in verschiedener Weise ausgedrückt: das Ding bildet die Idee ab; es hat an der Idee teil; die Idee ist in ihm gegenwärtig, sodaß der betrachtende Geist durch es an das vor der Geburt Geschaute erinnert werden kann; die Idee nimmt von ihm Besitz usw.

[52] So z.B. in der eindrucksvollen Schilderung des siebenten Briefes (841–843).

Die Idee hat wesentlich mit der Wahrheit zu tun. Immer wieder wird betont, daß sie den eigentlichen Gegenstand des Erkennens bildet. Erkenntnis ist das Schauen der Idee; Wahrheit das Hervortreten der Idee im geistigen Blick. Doch ist es nicht so, daß der nach Erkenntnis Strebende sich in einen Raum abgeschiedener, rein innerlicher Kontemplation begeben müßte, sondern die Idee erscheint am Ding. Wohl sind die Dinge nur Nachbilder des Eigentlichen und nicht im echten Sinne wirklich; sie sind aber wirklich Nachbilder und haben als solche am Nachgebildeten Anteil. So können auch sie erkannt werden; und zwar ist es die Idee, die sie für den schauenden Blick durchdringbar macht und in das Licht der Wahrheit stellt. Wenn man den Erosgedanken zu Hilfe nimmt, darf man sogar sagen, daß die Idee im Ding zur Macht wird; keiner physischen, die zwingt, sondern einer geistigen, welche durch den Sinn, die Wahrheit wirkt. Die Macht, mit dem sie dem Geiste entgegentritt, ist Forderung, sie zu erkennen und wertend zu würdigen; aber auch Wesensfülle, die sich mitteilt und den Empfangenden sich selbst anähnlicht. Es ist nicht nur so, daß der Geist nach dem Ding griffe und, durch das Ding hindurch und über es hinaus, nach der Idee; sondern durch das Ding hindurch greift auch die Idee nach ihm. Und je stärker er von ihr ergriffen wird, desto mehr wird er ihrer mächtig.

Das drückt sich in der engen Beziehung aus, welche die Idee zum Licht hat. Wer bloß mit den körperlichen Sinnen auf die Dinge blickt, »erblindet an der Seele«; die Idee hingegen ist das Licht, das die Seele sehend macht und zugleich selbst den Gegenstand des Sehens bildet. »Licht« drückt den Geist und die geistigen Akte aus, sofern sie das Gültige, das Wahre, das Gute und Schöne realisieren. So sind die Ideen Lichtfiguren; Weisen, wie die Welt und die Dinge der Welt sehbar, schätzbar, für den geistigen Akt ergreifbar werden... Der Lichtgedanke klingt bei Platon immerfort an; seine Gipfelung erfährt er in der Lehre vom Guten. Die Politeia legt dar, wie die Kraft des Auges und der Gegenstand mit seinen Qualitäten noch nicht genügen, damit ein Sehen zu Stande komme, vielmehr »ein Drittes, eben zu diesem Zweck Bestimmtes« hinzutreten muß, nämlich das Licht. (507d–e) Was für die körperlichen Augen die Sonne, sei für die geistigen das Gute: »Dieses also, das den erkannten Dingen die Wahrheit und dem Erkennenden die Kraft [des Erkennens] gibt, soll die Idee des Guten genannt werden. Sieh sie als das an«, sagt Sokrates zu Glaukon, »was die Ursache des Wissens und der Wahrheit ist, sofern diese [nicht mit den äußeren Sinnen, sondern] mit dem Verstande erkannt wird«. (508e) Sie ist das eigentliche und endgültige »Licht«, die Sonne des geistigen Reiches.

Das führt zur Einsicht, daß die Idee im Letzten religiösen Charakter hat. Abgesehen von der ganzen Art, wie die Ideen sich in den Dialogen darstellen, deutet darauf besonders ein Zusammenhang, der meistens nicht genug berücksichtigt wird, nämlich die Verbindung, in welcher die Vorstellung der Idee zu jener Reinheit steht.[53] Die Reden des Sokrates im Phaidon offenbaren einen tiefen Willen, rein zu werden. Rein wovon? Vom Sinnenhaften, Schweren, Dunklen, Irdisch-Bindenden, Unvollkommenen und Vergänglichen. Und rein wozu? Zum Geistigen, Hohen, Lichthaften, Freien, Vollkommenen und Ewigen – das heißt aber, zur Welt der Ideen. Der philosophische Aufstieg zu ihr ist Reinigung in dem doppelten Sinne, daß ihn nur vollziehen kann, wer rein wird; aber auch, daß die philosophische Bemühung des Aufsteigens selbst das ist, was rein macht. Damit richtet sich auf die Ideen jene Haltung, die in den orphisch-pythagoreischen Reinigungslehren sich auf die heilspendende religiöse Wirklichkeit richtet. Tatsächlich steht denn auch hinter den Ideen ein numinoses Letztes. Nachdem Sokrates in der Politeia gesagt hat, Erkenntniskraft und Erkenntnisgegenstand seien zwar beide »schön«, d. h. wesenhaft und wertvoll, betont er, jene »Sonne« sei »selbst noch etwas anderes und Schöneres als

[53] S. u. S. 264.

sie«. Es würde wohl »richtig sein, sie beide für gut-artig[54] zu halten«, nicht aber, »das eine oder andere von ihnen für das Gute selbst zu erklären; vielmehr muß die Wesensart des Guten als noch größer angesehen werden«. Glaukon, der Partner des Gesprächs, antwortet ergriffen: »von einer unausmeßbaren Schönheit redest Du«; Sokrates aber mahnt: »schweig still«[55], und fährt mit seiner Verkündigung fort: Das Gute gibt dem Seienden nicht nur »die Möglichkeit, erkannt zu werden«, sondern auch »das Sein und Wesen«. So muß gesagt werden, daß es »nicht [selbst] das Sein ist, sondern an Erhabenheit und Kraft noch über das Sein hinausragt« – und wieder antwortet Glaukon mit dem Ruf der Ergriffenheit: »o Apollon, welch göttliches Übermaß!«[56] (509a–c)...Die Ideen sind die Voraussetzungen alles Erkennens, selbst aber »voraussetzungslos«; sie sind der »Ursprung des Alls«, selbst aber ewig und ohne Urheber. (511b) Ein Letztes also, hinter das zurückzugehen zunächst nicht mehr möglich sein sollte. Und dennoch gibt es noch etwas hinter ihnen; ein Äußerstes, durch das sie ihrerseits Wahrheit und Sein, Gültigkeit und Wirklichkeit haben, nämlich das Gute. Dieses Gute wird mit dem Bilde der Sonne ausgedrückt, und zum Wesen der Sonne gehört, daß in ihrem Licht die Dinge erblickt, in sie selbst aber nicht ohne Schaden hineingeblickt werden kann. So deutet das Bild eine Unzugänglichkeit an, die auch in denkmäßigem Ausdruck wiederkehrt – dort nämlich, wo es heißt, das Gute gebe zwar dem Erkennen die Kraft, zu erkennen; der Wahrheit den Charakter der Wahrheit; dem Letzt-Wesenhaften und Seienden die Wesenhaftigkeit und das Sein, sei selbst aber mehr als alles das. Wenn das Auge die Sonne anblickt, dann wird ihm sein Gegenstand

[54] ’αγαθοειδής: was die Wesensart des Guten hat.

[55] Ein Wort aus der Mysteriensprache, εὐθήμει, ursprünglich: »sprich Worte von guter Bedeutung«, damit das heilige Geschehen sich glücklich vollziehe. Da es aber keine Gewähr gab, daß die Worte wirklich Gutes bedeuteten, wandelt sich der Sinn in »schweige andachtsvoll!«

[56] Freilich sagt er es »mit sehr komischem Ausdruck« – äußerste Ironie, mit welcher Platon umhüllt, was ihn zutiefst erschüttert.

durch das Übermaß eben dessen, was die Voraussetzung des Sehens bildet, nämlich das Licht, verhüllt: ebenso wird hier der geistige Gegenstand dem Denken durch das Übermaß eben dessen, was die Voraussetzung des Denkens bildet, nämlich den Sinn, entzogen. Damit wird aber die äußerste Transzension angedeutet, denn für das, was über Wesen und Sein steht, gibt es keine Kategorie mehr.

Auf dem Gipfel seiner Bedeutung ist das platonische Gute nicht mehr ein besonderer Wert neben anderen, etwa dem Wahren oder dem Gerechten, sondern die Werthaftigkeit überhaupt, das zu Schätzende und zu Suchende einfachhin, der Sinn in seiner absoluten Gültigkeit und Fülle. Und nicht nur als Gegenstand eines geistigen Aktes – etwa einer hinter allen Teilbejahungen stehenden Ur- und Gesamtbejahung – sondern als religiöses Geheimnis, als ἄῤῥητον, auf das sich nur noch der Ruf ehrfürchtiger Bewunderung und das Verstummen scheuender Verehrung richten können. Ebenso geheimnisvoll und die Möglichkeit begrifflicher Aussage übersteigend ist sein Verhältnis zu den Ideen, denn dieses enthält die oben genannte Antinomie. Einerseits ist die Idee das Wesenhafte und Seiende, der Gegenstand der Erkenntnis einfachhin, und bedarf keiner weiteren Zurückführung noch Begründung. Sie gilt, weil sie gilt; ist, weil sie ist; bildet daher für den sachgerichteten Akt des Erkennens und Schätzens das Letzte. Dennoch geht es hinter sie zurück, denn sie ist zwar schlechthin gültig, aber begrenzt und daher nicht allumfassend; zwar absolut, aber nicht das Absolute, vielmehr dessen Brechung auf das Endliche hin. Die Idee der Gerechtigkeit ist, eben also solche, nicht die Tapferkeit; zwischen ihnen liegt Unterscheidung und damit Grenze. Hinter ihnen aber steht das Absolute einfachhin, das sie beide einbegreift. Es ist kein »Bild« mehr, sondern übersteigt jedes Bild. Es ist kein Gegenstand einer Sonderaussage mehr, sondern liegt über jede Sonderaussage hinaus. Es ist eben, um in der Sprache der Politeia zu bleiben, »Sonne«, »Licht« einfachhin, deren Sinn nicht darin besteht, angeschaut zu werden, sondern zu bewirken, daß die Dinge angeschaut und über sie die entsprechenden Sonderaussagen gemacht werden können. So ist das Gute Geheimnis; das platonische Geheimnis schlechthin; und der Akt, der sich ihm zuwendet, ist religiös[57]. Der Geheimnischarakter des Guten dringt auch in die Ideen selbst vor. Sie zu schauen, ist daher nicht nur ein philosophischer, sondern ein religiöser Akt; wir wurden schon darauf aufmerksam, als von ihrer Beziehung zur Reinheit die Rede war. Die Idee ist eine von numinosem Sinn erfüllte, ewige Wesenheit, und ihr zu nahen bedeutet, auch dem Quell dieses Sinnes, nämlich dem Guten, nahe zu kommen. In der Schau der jeweiligen Idee wird das Gute mitgeschaut, mitempfunden, und die Aussagen über seine Bedeutung bekommen ihren vollen Sinn erst dann, wenn diese religiöse Erfahrung mit hineingenommen wird[58].

Was aber die jeweiligen Sachprobleme angeht, so müssen sie nach wie vor an den betreffenden Gegebenheiten selbst durchgearbeitet werden. Die Theorie der Idee ersetzt weder die empirische noch die phänomenologische Untersuchung, bringt diese nur in einen durch eine spezifische Erfahrung bezeugten metaphysischen Zusammenhang.

Im Dialog folgt nun ein etwas komplizierter Gedankengang, der vom Idee-Begriff zum Ziel der ganzen Darlegung überhaupt führt. Danach hat jede Idee eine unbedingte Kraft der Selbstbehauptung und Selbstunterscheidung. Sie duldet nicht, daß etwas, das unter ihrer Bestimmung steht, zugleich unter die einer anderen trete: der ideologische Ausdruck für die Prinzipien der Identität und des Widerspruchs.

›Denn mir scheint, nicht nur die Größe an sich will niemals

[57] Weiteres dazu S. 260.

[58] Der Begriff des Guten enthält die platonische Fassung des Gottesbegriffs. Die Zurückhaltung, in welcher er bleibt, ist für Platon charakteristisch; sie drückt die »Unaussprechlichkeit« des Letzten aus. Seinen Einfluß auf die abendländische Religionsphilosophie und Theologie wird er erst ausüben, sobald Plotin die verschiedenen in ihm enthaltenen Motive entwickelt, freilich auch z. T. entstellt hat.

groß und klein zugleich sein, sondern auch die Größe in uns[59] *nimmt niemals das Kleine auf oder will [durch ein Größeres] überragt [und damit selbst klein] werden. Vielmehr ist von beiden nur ein Fall möglich: die [Größe] flieht, beziehungsweise weicht aus, wenn ihr das Gegenteil, nämlich das Kleine nahekommt – oder aber sie geht unter, sobald dieses [mit Übergewicht] herangetreten ist. Niemals aber will sie bleiben, die Kleinheit aufnehmen und etwas anderes sein, als was sie war.‹* (102d–e)

Jede qualitative Bestimmung unterscheidet sich von der anderen mit einer Energie, welche durch das Bild eines Kampfes ausgedrückt wird. Sobald ein Seiendes unter ihr steht, behauptet sie ihren Besitzstand. Wichtig ist auch der nächste Gedanke, wonach eine Qualität nicht aus der anderen entstehen, sondern nur erstehen oder verschwinden kann. Jede echte Qualität ist ein Urphänomen und kann daher nicht abgeleitet werden. Sie entsteht nicht, sondern erscheint.

Hier wendet einer aus dem Kreise ein, den früheren Behauptungen nach bilde sich doch alles aus seinem Gegensatz, also etwa das Totsein aus dem Lebendigen und umgekehrt:

Sokrates hatte sich zu ihm hingeneigt, ihn angehört und sagte dann: ›Es war gut, daß Du daran erinnert hast, aber Du bemerkst nicht den Unterschied zwischen dem jetzt und dem damals Gesagten. Damals nämlich wurde gesagt, aus dem entgegengesetzten Ding entstehe das entgegengesetzte Ding; jetzt aber, die Entgegengesetztheit an sich könne niemals zu ihrem [eigenen] Gegenteil werden – weder die in uns, noch die in ihrer Natur [ihrer Idee] bestehende. Denn damals, mein Freund, sprachen wir von den Dingen, welche Entgegengesetztes verwirklichen und nannten sie mit dem Namen jener [Antithesen]; jetzt aber sprechen wir von jenen [Antithesen], durch deren Einwohnung die genannten Dinge ihren Namen erhalten, selbst. Von diesen [Entgegengesetztheiten] als solchen könnten wir aber doch wohl nicht behaupten, daß sie

[59] Im Unterschied zum Großen an sich das Großsein eines konkreten Seienden, z. B. unseres eigenen Körpers.

einen Übergang in einander zulassen.‹ (103a–c)
Dinge, konkrete Gebilde, welche Eigenschaften haben, können aus einander entstehen, etwa Totes aus Lebendigem; nicht aber die Eigenschaften als solche, die Ideen, also das Totsein an sich aus dem Lebendigsein an sich. Diese unterscheiden sich vielmehr von einander mit der spezifischen Energie der Qualität. Jenes »Werden«, das sich mit Bezug auf sie zeigt, muß man also anders verstehen, als das Werden der konkreten Dinge, nämlich als das Auftauchen, Erscheinen, In-Besitz-Treten einer Idee, bzw. das Verschwinden der vorher in Besitz befindlichen.
Der Gedanke ist nicht leicht zu erfassen, und Sokrates tut wohl, sich zu vergewissern, ob er begriffen worden ist:
Zugleich sah er den Kebes an und sprach: ›Bist auch Du, Kebes, durch die Worte dieses Mannes verwirrt worden?‹
›Das gerade nicht‹, antwortete Kebes. ›Ich möchte aber doch nicht sagen, daß mich nicht Vieles verwirrt.‹
›Darüber [jedenfalls] haben wir uns also unbedingt geeinigt‹, sprach [Sokrates], ›daß niemals ein Entgegengesetztes zu seinem eigenen Gegenteil werden kann?‹
›Durchaus‹, sprach [Kebes]. (103c)

Nun gibt es Aussagen, die andere Aussagen in sich einschließen. Wenn ich z. B. erkläre, etwas falle unter die Zahlbestimmungen der Drei, habe ich damit auch gesagt, es sei ungerade.
›Du weißt doch, daß alles, dessen die Idee der Dreiheit sich bemächtigt, notwendig nicht nur Drei ist, sondern auch ungerade?‹
›Allerdings.‹
›Zu einem solchen nun, sagen wir, kann doch niemals jene Idee kommen, welche der Form, die das [Ungeradsein] bewirkt, entgegengesetzt wäre [nämlich die des Geraden?]‹
›Natürlich nicht.‹
›Und ist es [die Idee] des Ungeraden, welche das [Ungeradesein] bewirkt?‹

›Ja.‹
›Entgegengesetzt ist also dieser die [Idee des] Geraden?‹
›Ja.‹
›Von der Drei kann also die Idee des Geraden nie Besitz ergreifen?‹
›Keinesfalls.‹
›Unvereinbar ist also die Drei mit der Idee des Geraden?‹
›Unvereinbar.‹
›Ohne Anteil am Geraden ist also die Drei?‹
›Ohne Anteil.‹
›[Durchaus und endgültig] ungerade ist also die Drei?‹
›Ja.‹ (104d–e)
Die Idee der Dreiheit bringt allem, was sie unter ihre Bestimmung nimmt, unausweichlich auch die Qualität der Ungeradheit zu.

Dann setzt Sokrates neu ein:
›So denke denn noch einmal von Anfang an mit mir...Antworte also: Was muß wohl einem Leibe innesein, damit er lebe?‹
›Seele wohl‹, sprach [Kebes].
›Und verhält sich das immer so?‹
›Wie sollte es nicht?‹ sagte [Kebes].
›Wessen also die Seele sich bemächtigt, dem bringt sie, wenn sie über es kommt, immer Leben zu?‹
›Natürlich tut sie das‹, sprach [Kebes].
›Gibt es nun etwas dem Leben Entgegengesetztes, oder nicht?‹
›Es gibt etwas‹, sprach [Kebes].
›Was?‹
›Den Tod.‹
›Die Seele wird also das Gegenteil dessen, was sie immer mitbringt, wie wir das nach dem vorher Gesagten bestimmt haben, kaum aufnehmen?‹
›Ganz gewiß nicht‹, sprach Kebes. (105b–d)
Um das Verhältnis der Idee zum Ding zu bezeichnen, ist kurz vorher gesagt worden, sie »sei in ihm« oder »bleibe in ihm«;

gleich nachher, sie »bemächtige sich seiner«. Die Worte tauchen hier, unmittelbar vor dem Schluß des ganzen Gedankengangs, sicher nicht zufällig auf, sondern sollen die Sinn-Energie der Idee und die Unausweichlichkeit, mit welcher das Ding von ihr bestimmt wird, zum Ausdruck bringen. Und nun ist es sehr bezeichnend, daß die gleiche Aussage auch von der Seele gemacht wird. Auch von ihr wird erklärt, sie »bemächtige sich« dessen, was sie bestimmt. Was das ist, wird nicht gesagt; gesagt wird nur, sie »bringe ihm immer Leben zu«, doch kann nichts anderes gemeint sein, als der Körper. Das ist aber nicht wichtig; wichtig ist vielmehr, daß durch den ganzen Zusammenhang die Seele gewissermaßen als Idee behandelt wird, und zwar als jene, welche dem, »dessen sie sich bemächtigt«, dessen Wesen sie bestimmt, die Qualität des Lebendigseins mitteilt. Sie wird in gewisser Weise mit der Idee des Lebens gleichgesetzt. Wenn die Behauptung streng genommen würde, müßten sich daraus weittragende Probleme ergeben, z. B., wie die verschiedenen Seelen zu einander stehen; wie die individuellen Lebensentscheidungen zu denken seien usw. Diese Fragen werden nicht einmal angedeutet; und da Platon seiner ganzen Anschauung nach an keinen Monopsychismus denken kann, darf die Gleichsetzung der Seele mit der Idee des Lebens nicht gepreßt werden. Was in Wahrheit gesagt sein will, ist offenbar dieses: die Qualität des Seele-seins schließt so notwendig die des Lebendig-seins in sich, wie die im Wesensgefüge einer Idee enthaltenen Bestimmungen die von ihnen implizierten, z. B. die des Dreiseins jene des Ungeradeseins. Was Seele ist, ist auch notwendig lebendig.

Das wird denn auch sofort betont:

›Wie nun: Wie bezeichneten wir soeben das, was die Idee des Geraden nie aufnimmt?‹

›Ungerade‹, sprach [Kebes].

›Und was das Gerechte nie annimmt, und was das Musische nie annimmt?‹

›Unmusisch dieses, und jenes ungerecht‹, sprach [Kebes].

›Gut. Und was den Tod nie annimmt – wie nennen wir das?‹
›Unsterblich‹, sprach [Kebes].
›Nun nimmt die Seele doch den Tod nicht an?‹
›Nein‹.
›Also ist die Seele etwas Unsterbliches?‹
›Unsterbliches!‹
›Gut‹, sprach [Sokrates]. ›Wollen wir also sagen, dies sei bewiesen? Oder wie meinst Du?‹
›Und zwar völlig ausreichend, Sokrates.‹ (105d–e)
Damit hat der Gedankengang sein Ende erreicht. Er hat gesagt: Das Lebendigsein ist eine notwendige Bestimmung dessen, was Seele ist. Es gehört zu ihrem Wesen. Was aber zum Wesen einer Sache gehört, kann nicht nicht sein. Die Seele kann also nicht tot sein, mithin nicht sterben.

Die Tragweite des Gedankens

Es ist klar, daß es sich hier um keinen »Beweis« im eigentlichen Sinne des Wortes handelt:
Wollte Sokrates wirklich beweisen, daß die Seele unsterblich ist, dann müßte er anders verfahren. Er müßte etwa fragen: Gibt es ein lebendes Wesen, dessen Lebendigkeit nach Entstehung, Verlauf, Art des Verhaltens, Inhalt der Akte, Sinngebung des ganzen Seins den Eindruck restloser Sterblichkeit macht? Ein solches gibt es: das Tier. Wie steht es nun mit der Lebendigkeit des Menschen? Hat sie den gleichen Charakter wie die des Tieres, oder unterscheidet sie sich von dieser? Und nicht nur durch seine biologische Struktur, etwa wie die des Kaltblüters vom Warmblüter, oder des Säugetiers vom Vogel, sondern wesenhaft; durch einen ganz anderen Charakter der Akte, des Selbstbesitzes und der Fremdbeziehungen, der Haltung und Sinngebung des Daseins? Ein solcher nicht nur gradueller, sondern qualitativer Unterschied ist da und muß seine Wurzel im Sein haben. Dieses Seiende ist der

Geist. Nicht nur Geistiges, wie es jedem Ding eignet, sondern die substantielle Geistseele. Deren Lebensäußerungen wären nun genauer zu analysieren und zu fragen, was sich daraus für ihr Wesen folgern lasse. Es würde sich zeigen, daß sie durch keine denkbare Ursache zerstört werden kann, vielmehr ihrer Natur nach dem Sterben entrückt ist...So etwa würde ein echter Beweis aussehen.

Etwas Derartiges wird aber nicht einmal versucht, sondern Sokrates geht vom Wesen der Seele aus und sagt: dieses Wesen ist Lebendigkeit einfachhin, kann also im Gefüge seiner Bestimmungen nicht auch die des Totseins enthalten. Mithin kann die Seele nichts mit dem Sterben zu tun haben, sondern muß unsterblich sein.

Man könnte einwenden, hier werde zuerst der Begriff eines absoluten Lebens konstruiert und dann auf eine Wirklichkeit, nämlich die Seele, übertragen. Ein derart naives Verfahren darf man aber Platon nicht zutrauen; vielmehr fehlt in der Darlegung offenbar ein Glied, das dem Sprechenden selbstverständlich ist.

Das Wesen der Seele wird nicht konstruiert, sondern in der Erfahrung des inneren Lebens gesehen. Es leuchtet dem Erfahrenden als dessen Eidos auf. Der das redet, ist Grieche. Er empfindet die Tatsache der Vergänglichkeit aufs intensivste. Er sieht, daß alles dieser Vergänglichkeit verfallen ist, entdeckt aber im eigenen Inneren etwas, das sich anders verhält als das, was vergeht. Dieses Etwas ist die Seele. Er erdichtet sie nicht, vermutet sie auch nicht nur, sondern nimmt sie wahr.

Die an sich unsichtbare Seele des anderen Menschen wird kraft des Ausdrucksverhältnisses für das äußere Auge des Begegnenden im Antlitz sichtbar. Er erschließt nicht nur, sondern sieht darin die Güte, die Mißbilligung, die Freude, kurzum die lebendige Geistigkeit des Anderen. Es gibt aber auch ein inneres Antlitz; das Bild des eigenen Lebens und Sich-Haltens, wie es sich dem inneren Auge darbietet; die Weise, wie ich innerlich mir selbst entgegenblicke. In den

Vorgängen des Erkennens, der Wertsuche und -findung, im sittlichen Konflikt und dessen Bewältigung, sieht, vernimmt der in sich selbst Hineingewendete die eigene ihn anschauende geistige Wirklichkeit. Dabei handelt es sich nicht um ein subjektives Meinen, sondern um einen »gebenden Vorgang« echter Erfahrung; um wirkliche Begegnung mit Seiendem. Dieses Seiende unterscheidet sich von allem Körperlichen: es ist weder ausgedehnt noch zusammengesetzt; es ist reich, stark, schöpferisch, zugleich aber auch einfach und durch kein physisches Mittel anzugreifen. So lebt es auch in einer anderen Weise, als alles Lebende sonst, der eigene Leib eingerechnet. Sein Leben hat eine eigentümliche Ursprünglichkeit und Unabhängigkeit. Es ist Geist; im Körper lebend und doch von ihm unterschieden; auf ihn angewiesen und doch, wie sich das etwa an den Akten der Selbstbeurteilung und Selbstüberwindung zeigt, ihm gegenüber souverän.

Aus alledem leuchtet die Idee eines Lebendigen hervor, bei welchem das Leben in einzigartiger Weise aus dem Wesen hervorgeht, zum Wesen selbst gehört[60]. Diese Idee wird als Offenwerdung jener im eigenen Innern erfahrenen besonderen Lebendigkeit erschaut – ebenso wie umgekehrt die letztere durch das Aufleuchten und die Entfaltung jenes Eidos durchsichtig gemacht wird. Diese Erfahrung und Erkenntnis werden im platonischen Gedankengang vorausgesetzt. Auf ihrem Grunde beginnt dann die Analyse; und sie ist durchaus keine willkürliche Übertragung begrifflicher Momente auf die Wirklichkeit, sondern eine legitime Entfaltung eines Sinngefüges, das in einer entsprechenden Seinserfahrung gegeben ist.

[60] Der Eindruck ist so stark, daß er sich – in der Lehre von der Existenz der Geistseele vor der Geburt – zu dem der Ewigkeit übersteigert. Die Seele erscheint als derart wesenhaft lebendig, daß sie nicht nur für unsterblich, sondern auch für ungeworden; nicht nur für unzerstörbar, sondern auch für notwendig erklärt wird. Hier vollzieht sich jenes verhängnisvolle Übergleiten, das eine Gefahr des Idealismus bildet. »Geist« wird mit »absolutem Geist« gleichgesetzt.

Dazu kommt ein Zweites: Der Philosoph erkennt, daß die Lebendigkeit der Seele nicht nur substantieller Art ist. Die Seele ist nicht in der Weise lebendig, wie etwa das Wasser flüssig. Wohl auch das, im Sinne der einfachen Unzerstörbarkeit des Geistes, aber nicht nur das. Das Lebendigsein der Seele ist Wesen, aber auch Aufgabe.

Und zwar verwirklicht sich die letztere in der Stellungnahme zur Wahrheit, zur Gerechtigkeit, mit einem Wort, zum Wert. Sobald die Seele nach der Wahrheit strebt, wird sie wahrheitsartig; sobald sie nach dem Guten strebt, wird sie gutheitsartig. Darin besteht erst ihre eigentlich geistige Lebendigkeit und Wirklichkeit. Oben war von der eigentümlichen Entsprechung, ja fast Gleichsetzung die Rede, welche zwischen »Seele« und »Idee« vollzogen wird: sie weist auf die Verwandtschaft hin, die zwischen ihnen besteht. Diese Verwandtschaft wurzelt in der Geistigkeit der Seele. Sie wird um so größer, je lauterer die Seele sich der Wahrheit hingibt, je entschiedener sie das Gute will. Der Philosoph erkennt das und macht es zur Grundlage seiner Existenz. Er unterscheidet die wertbedingte Lebendigkeit der Seele von der biologischen des Körpers, aber auch von ihrer bloß ontischen als geistiger Substanz; entwickelt sie in der beständigen Bemühung um die Wahrheit und bringt um dieses Lebens willen das Opfer alles Übrigen.

Er lebt auf den Tod des bloß Vorübergehend-Lebendigen hin, damit das Ewig-Lebendige gedeihe. Indem er das tut, wird ihm das Eidos des Lebens, um das es da geht, immer deutlicher – das des unsterblichen Lebens überhaupt, wie auch das seines eigenen Unsterblichseins. Diese Innewerdung ist nicht »Erlebnis« oder »Glaube« in irgend einem unverbindlich-subjektiven Sinne, sondern das Aufmerksam-werden auf eine spezifische Wirklichkeit und die Erkenntnis einer damit gestellten Aufgabe. Am Anfang steht die Bereitschaft, zu sehen, was ist. Im Vollzug des Sehens tritt das zu Sehende stärker hervor und damit die Möglichkeit der gedanklichen Analyse. Unter deren Einfluß erstarkt wiederum das Organ der Wahrnehmung und macht neues und besseres Sehen möglich usw. Es handelt sich also um ein Ganzes: ein Miteinander und Ineinander von Gegenstand, Organ und Akt; von Gegebenheit, Aufgabe und Wachstum – um die philosophische Existenz.

Ein Drittes: Wie oben dargelegt wurde, trägt die Erfahrung der Unzerstörbarkeit des Geistes religiösen Charakter. Die Analyse der Idee stößt auf die bereits mehrfach berührte Antinomie: einerseits ruht die Idee in sich, weil sie eine Sinngestalt von absoluter Gültigkeit bildet; andererseits weist sie über sich selbst hinaus, weil sie nicht das Absolut-Gültige einfachhin, sondern eine Gestalt und damit etwas Begrenztes ist. So muß sie in einem Endgültig-Letzten wurzeln, und das ist das Gute. Dieses Gute hat numinose Wesensart; es ist das eigentlich Göttliche der platonischen Welt. Es dringt in jeder Idee durch; und wenn die Idee die Sinngestalt ist, in welcher das Seiende offen und für den geistigen Akt erfaßbar wird, dann ist sie auch zugleich die Form, wie das Seiende in das Licht des ewigen Geheimnisses eintritt.
Wenn also die Erkenntnis der Idee – und des Dinges in seiner Idee – so durchgeführt wird, wie es der philosophischen Forderung entspricht, dann mündet sie in einen religiösen Akt; und der Ertrag der Erkenntnis, die Wahrheit, empfängt den Charakter einer religiösen Innewerdung. Von daher bekommen die Gespräche des Dialogs jenes eigentümliche Pathos, das aus ihnen so viel mehr und anderes macht, als ein bloßes Philosophieren im neuzeitlichen Fachsinn. Die Unsterblichkeit der Seele wird aus der numinosen Mächtigkeit des Ewig-Guten heraus erschaut. Diese vermag der Erkenntnis eine Art der Vergewisserung zu geben, welche die bloß logische Gewißheit übersteigt.

Damit ist ein Letztes berührt, nämlich der personale Charakter des ganzen Gedankengangs. Gewiß handelt es sich um ein klar gestelltes und innerhalb des Grundansatzes genau durch-

geführtes theoretisches Problem. Dieses enthält aber zugleich die Frage, ob der Philosoph der gefundenen Wahrheit so sicher sein dürfe, daß er daraufhin sein von den Ansichten der übrigen Menschen derart verschiedenes Leben führen kann? Genauer: ob der bestimmte Philosoph, der da redet und in kurzem sterben muß, Sokrates, sicher sein dürfe, daß er sein langes Leben hindurch recht gelehrt und gelebt hat; daß sein Verhalten der Anklage gegenüber richtig gewesen ist; daß sein Sterben die Besiegelung alles dessen sein wird, was er seinen Schülern über das Verhältnis des Philosophen zum Tode gesagt hat?
Eine solche im strengen Sinne existentielle Sicherheit kann ihm niemals aus einer bloß philosophischen Erkenntnis kommen – ebensowenig wie aus einer nur ethischen Entscheidung – vielmehr nur aus einer religiösen Vergewisserung. Wie tief diese Vergewisserung geht, wird deutlich, sobald man an den Zusammenhang denkt, welcher zwischen der Lehre von der »Sonne« des Guten und jener Gottheit besteht, der sich Sokrates besonders verpflichtet weiß, nämlich Apollon. Darüber wird im nächsten Abschnitt Eingehenderes zu sagen sein.

Über der Bedeutung des apollinischen Numens darf aber keinen Augenblick vergessen werden, daß jenes Moment, in welchem Sokrates-Platon den letzten Ausdruck seines religiösen Willens findet, nämlich das Gute, in der Idee zur Gegebenheit gelangt. Diese ist wohl auf alle Seiten der Menschen- und Weltwirklichkeit bezogen; der Ton liegt aber auf der Erkenntnis. In der Welt Platons spielt das ästhetische Moment eine große Rolle – allerdings muß man sofort hinzufügen, daß der neuzeitliche Begriff nicht hinreicht, um auszudrücken, was er unter dem »Schönen« versteht, nämlich den Charakter des Wohlgeratenen, Echtgeformten, in gültige Gestalt Gelangten einfachhin. Sehr stark ist in seiner Welt auch das Verhältnis zum Guten, Kostbaren und Edlen, wie es in der Lehre vom Eros zum Ausdruck kommt. Und so

wäre noch manches zu sagen. Trotzdem darf nie vergessen werden, daß diese Welt die des Philosophen ist und ihre charakteristische Bestimmung durch das Verhältnis zur Wahrheit empfängt.
Die Idee ist entscheidenderweise Bedingung von Wahrheit; so ist auch das Religiöse, welches dem Philosophen die letzte Vergewisserung gibt, vor allem auf die Wahrheit bezogen. Im Wahrheitserlebnis wird Sokrates des Sinnes seines eigenen Daseins und des Daseins überhaupt gewiß. Die sokratisch-platonische Philosophie ist alles andere als eine bloße Begriffsarbeit, welche nur aus dem Affekt des Denkens und Forschens lebte; der Mensch, der sie trägt, ist reich, stark, nach allen Seiten hin entfaltet und bezieht sich auf die schöpferischste Kultur, welche die Geschichte kennt. Das Letzt-Bestimmende aber liegt in der wunderbaren Leidenschaft der Erkenntnis, welche sie erfüllt.
Der platonische Mensch will erkennen, um jeden Preis – sagen wir genauer, um den höchsten und lebendigsten Preis. Ausdruck davon ist die Lehre von der Todesbezogenheit des Philosophen; Zeugnis dafür die Gestalt und der Tod des Sokrates selbst. Dieser Wille zur Erkenntnis ist ebenso besonnen wie entschlossen; ebenso gewissenhaft wie kühn. Er weiß, wie schwer die Fragen, und wie hart die Grenzen sind, ist aber überzeugt, daß es wirkliche, reine, zur echten Gewißheit führende Erkenntnis gibt. Dieser jugendstarke Wille zur Wahrheit, welcher die Probleme mit so herrlichen Organen des Sehens und Denkens angreift, ist es, was die platonischen Schriften unvergänglich macht. Und es ist die Wahrheit in der Fülle ihres Sinnes, um die es ihm geht, als die Majestät einfachhin, die keinem Zweck untergeordnet werden kann – die aber, sobald sie nur um dessentwillen gewollt sind, daß sie Wahrheit ist, sofort zur fruchtbarsten Lebensmacht wird.

Wie wenig es sich um einen »Beweis« im genauen Sinn des Wortes handelt, vielmehr um einen λόγος, welcher Erfahrung interpretiert und geistiges Leben in Gang bringt, zeigen die Schlußsätze.

›*Wenn also der Tod den Menschen antritt, dann stirbt offenkundig das Sterbliche an ihm; das Unsterbliche aber geht, dem Tode ausweichend, wohlbehalten und unvergänglich von hinnen.*‹

›*Offenbar*‹, *[erwiderte Kebes].*

›*Ganz sicher also, Kebes*‹, *sprach [Sokrates],* ›*ist die Seele unsterblich und unvergänglich, und unsere Seelen werden wirklich im Hades sein.*‹

›*Ich wenigstens, Sokrates*‹, *sprach [Kebes],* ›*kann dagegen nichts weiter einwenden, noch in irgend einem Punkte Deinen Worten den Glauben versagen. Wenn aber Simmias hier, oder ein anderer, noch etwas [zu sagen] hat, wird er gut daran tun, es nicht zu verschweigen; denn ich weiß nicht, auf welche bessere Zeit als die gegenwärtige jemand, der darüber etwas sagen oder hören will, es verschieben könnte.*‹

Da sagte Simmias: ›*Wahrlich, ich jedenfalls weiß auch nicht, warum ich dem Gesagten noch die Zustimmung verweigern sollte. [Wenn ich] aber die Größe des Gegenstandes, um den die Reden gehen, [bedenke,] und mir das Maß der menschlichen Schwäche richtig klar mache, dann kann ich nicht anders, als bei mir selbst noch eine Unsicherheit hinsichtlich des Gesagten zurückbehalten.*‹

›*Und nicht nur das, Simmias*‹, *sprach [Sokrates],* ›*sondern Du hast ganz recht, [die Frage bewußt offen zu halten]. Und wenn auch Euch [anderen] unsere ersten Voraussetzungen zuverlässig scheinen, so müßt Ihr sie trotzdem noch genauer erwägen. Und wenn Ihr sie zu Eurer Befriedigung durchdacht habt, dann, glaube ich, werdet Ihr dem Logos folgen, soweit ihm überhaupt ein Mensch folgen kann. Und wenn dieses eine klar geworden ist, werdet Ihr nach nichts weiterem mehr suchen.*‹

›*Da hast Du recht*‹, *antwortete Simmias.* (106e–107b)

Es ist ebenso sokratisch wie platonisch, daß der Dialog, auf dessen Einsichten hin Sokrates gelebt hat und sterben wird, letztere nicht in der Form gesicherter Ergebnisse hinstellt, sondern mit einer Frage verbindet. So ist die geistige Gestalt des Dialogs nicht geschlossen, sondern entläßt den Leser mit einem weiter treibenden Impuls. Diese Einsichten, mit dieser Frage verbunden und durch sie zum Antrieb weitergehenden Forschens gemacht, darf man wohl das Testament des Sokrates nennen, wie sein großer Schüler es versteht.

Die nächsten Sätze lassen den Gedanken ins Praktische ausklingen:

›*Und so ist es gerecht, Ihr Männer, auch dieses noch zu bedenken: daß [nämlich] die Seele, wenn sie unsterblich ist, auch der Fürsorge bedarf: nicht allein für diese [beschränkte] Zeit, welche wir »das Leben« nennen, sondern für die ganze [Dauer unseres Daseins, die Stunde des Sterbens und das darauf folgende Leben einbegriffen]. Und wenn einer sie vernachlässigen wollte, so würde ich eben jetzt [in der Stunde des Sterbens] die Gefahr in ihrer ganzen Furchtbarkeit zeigen. Denn wenn der Tod eine Trennung von allem wäre, dann würde es für die Schlechten einen [unerwarteten] Gewinn bedeuten, im Tode [durch die Auflösung des physischen Lebens] vom Leibe, und zugleich [durch die Auflösung der] Seele von deren Schlechtigkeit geschieden zu werden. Da nun aber diese sich als unsterblich zeigt, kann es für sie kein anderes Entrinnen vor dem Übel und keine andere Rettung geben, also so gut und vernünftig wie möglich zu werden. Denn wenn die Seele in den Hades kommt, kann sie doch nichts anderes mit sich nehmen als ihre Bildung und Erziehung, von denen ja auch gesagt wird, daß sie ihr gleich nach dem Tode den größten Nutzen oder Schaden bringen, und zwar gleich am Beginn ihrer Wanderung dorthin.*‹ (107b–d)

Der religiöse Charakter der Unsterblichkeitsgewißheit

Apollon

Hat der Gedankengang des Phaidon einen im fachlichen Sinn des Wortes philosophischen Charakter? Die übliche Interpretation neigt dazu, die Frage zu bejahen und in den Beziehungen, die zum Religiösen hinüberlaufen, kulturgeschichtlich bedingte Nebenzüge oder dichterische Einkleidungen zu sehen, aus denen das Philosophische als eigentlicher Gehalt herausgelöst werden müsse. Daß Platon Philosoph war, bedarf keiner Betonung; trotz aller Einwendungen alter und neuer Zeit bleibt er doch der größte der Antike und einer der letztlich maßgebenden der Geschichte. Wohl aber muß, weil es sich nicht auffällig darbietet, hervorgehoben werden, daß er auch der Künder einer der geistigsten religiösen Haltungen der Geschichte gewesen ist. Die Tatsache wird dadurch verhüllt, daß er als Philosoph religiös war – so wie Homer als Dichter – und daher bei ihm das Religiöse nicht als »eine Religion«, sondern als Voraussetzung und Tiefe der Philosophie erscheint; als vierte Dimension des Philosophischen, möchte man sagen – so wie es bei Homer den überall fühlbaren Geheimnisgrund des Dichterischen bildet.

Dieser religiöse Charakter kommt in der ganzen Atmosphäre wie auch in zahlreichen Einzelaussagen der vier uns beschäftigenden Dialoge, vor allem der Apologie und des Phaidon zum Ausdruck. Darüber hinaus aber noch in einigen sehr eindrucksvollen Gestalten, nämlich in den Mythen am Ende jeder der beiden Schriften und, besonders, im Numen des Apollon. Von den Mythen wird im nächsten Abschnitt die Rede sein; hier soll es sich um die Beziehung handeln, in welcher Person und Gedankenwelt des Sokrates zu Apollon stehen.

Vor allem ist die Begründung wichtig, die Sokrates vor Gericht seiner Lebensarbeit gibt, und die ihrer inneren Bedeutung nach dem Rückgriff auf die eigene Entwicklung entspricht, mit welcher er im Phaidon den entscheidenden »Logos« für die Unsterblichkeit der Seele unterbaut. Ein Freund, Chairephon, hat die Pythia in Delphi, das heißt aber Apollon gefragt, wer der Weiseste der Griechen sei, und die Antwort hat Sokrates genannt. Dieser nimmt, in halb ironischer Weise, den Bescheid als Auftrag und Herausforderung zugleich und beginnt sein prüfendes Fragen. Letzteres bedeutet, philosophisch gesehen, die Bemühung, zur Wahrheit durchzudringen; ethisch gesehen, den Versuch, die Athener aus ihrer geistigen Trägheit aufzurütteln; religiös aber bildet es die unmittelbare Konsequenz des Orakels. So daß fortan jedes Gespräch, ganz abgesehen von seinem jeweiligen Inhalt, zu einem Dienst gegen Apollon und zugleich, echt sokratisch, zu einem Versuch wird, dem Gotte zu beweisen, er irre, da er, Sokrates, doch in Wahrheit nichts wisse – wobei sich aber dann ergibt, daß sowohl er wie Apollon recht haben, sofern gerade seine Haltung des Nichtwissens jene Weisheit bildet, welche der Gott meint. Daher steht, wie im Westgiebel des Zeustempels von Olympia über den Kämpfern, Apollon über jeder Unterredung, die Sokrates mit irgend einem Menschen führt.
Was das Daimonion angeht, so liegt es nahe, die geheimnisvolle Stimme mit seinem Numen in Beziehung zu bringen; als eine beständige warnende Weisung, welche den Gesendeten auf dem richtigen Wege hält. Ein Ausdruck wie jener, der am Schluß der Apologie die Stimme einfachhin »das göttliche Zeichen« nennt, kann wohl kaum anders als auf Apollon hin verstanden werden.

Im Phaidon begleiten die Hinweise den ganzen Verlauf des Dialogs.
Apollon ist es, der Sokrates noch Frist des Lebens gibt, denn die Vollstreckung des Urteils wird aufgeschoben, weil sofort

nach der Gerichtssitzung die jährliche Festfahrt nach Delos, der Geburtsstätte des Gottes, beginnt, welche diesem den Dank für die Befreiung der Minotaurosopfer abstatten soll. Nachdem der Priester das Heck des Schiffes bekränzt hat, herrscht in der Stadt ein heiliger Friede, den keine Hinrichtung entweihen darf. Daher vollzieht sich der ganze Dialog in dem Raum, den Apollon seinem »Diener« ausgespart hat – ebenso wie er offenbar der Gott ist, der Sokrates zuletzt »die Notwendigkeit sendet«, sich selbst durch das Trinken des Giftbechers den Tod zu geben. (62c)

Eine Beziehung zu ihm geht auch von den Personen des Gespräches aus. Es wird nämlich von zwei Pythagoreern, Simmias und Kebes, geführt; und ein Pythagoreer, Echekrates in Phlius, ist es, dem Phaidon alles erzählt. Der Pythagoreismus aber war ganz vom Apollonkult bestimmt, wie denn die Sage seinen Begründer zu einem Sohn des Sonnengottes gemacht hat.

Zu diesen umfassenden Beziehungen kommen dann eine Fülle von Einzelheiten.

Gleich zu Beginn des Phaidon erfahren wir, daß Sokrates durch einen Traum auf den Musendienst hingewiesen worden ist. Er meint zwar, das Philosophieren sei selbst schon der wahre Dienst der Musen, der Gefährtinnen Apollons; um aber gewiß zu sein, daß er es in nichts fehlen lasse, dichtet er doch noch ausdrücklich einen Hymnus auf Gott.

Ein Bewußtsein tiefster Zugehörigkeit zum Lichtgott drückt sich in der hymnischen Stelle aus, die von den Schwänen redet. Sie ist so wichtig, daß sie noch einmal wiedergegeben werden soll:

›Und es scheint, Ihr haltet mich für untüchtiger in der Seherkunst als die Schwäne. Die singen nämlich auch sonst schon; sobald sie aber fühlen, daß sie sterben müssen, singen sie bekanntlich am meisten und schönsten, weil sie sich freuen, daß sie zu dem Gotte gehen sollen, dessen Diener sie sind. Aber aus Furcht vor ihrem eigenen Tode verleumden die Menschen auch noch die Schwäne und behaupten, sie beklag-

ten ihren Tod und sängen aus Trauer, und bedenken nicht, daß kein Vogel singt, wenn ihn [etwa] hungert, oder friert, oder irgend ein anderer Schmerz ihn bedrückt, weder die Nachtigall selbst [die eigentliche Sängerin], noch die Schwalbe oder der Wiedehopf, von denen es doch heißt, sie sängen aus Traurigkeit. Aber ich glaube, weder diese noch die Schwäne singen, weil sie trauern, sondern sie sind prophetisch, weil sie [wirklich] dem Apollon angehören. Und da sie das Gute im Hades voraussehen, singen sie und freuen sich an jenem Tage ganz besonders und mehr als je zuvor. Ich glaube aber, selbst ein Mit-Diener der Schwäne und dem gleichen Gotte geweiht zu sein [wie sie], und nicht weniger als sie die Sehergabe von meinem Gebieter empfangen zu haben, und auch nicht mutloser als sie aus dem Leben zu scheiden.‹ (84d–85b)

Die Schwäne sind Apollon heilig. Nach der Sage fliegen sie bei ihrem Tode in den Schoß des Gottes – nietzschisch gesprochen, in den »Lichtabgrund« des sonnendurchglühten Himmels – so ist ihr Singen Sehnsucht nach ihrem Herrn. Wie sie, ist Sokrates dessen Diener. Auch er ist seherisch und sehnt sich, zu seinem Herrn zu gehen.

Weiter darf darauf hingewiesen werden, daß der Einwand des Simmias, wonach die Seele die Harmonie des Leibes sei, aus der Sphäre Apollons stammt, sofern er es ist, der mit dem Klang seiner Leier das Weltall in Harmonie zusammenhält. Was den Asklepios angeht, den Schutzherrn der Ärzte, dem der sterbende Sokrates mit seinen letzten Worten ein Opfer bestimmt, so ist er ein Sohn des Apollon und befreit entweder durch seine Arznei vom Gebrest, oder aber durch den Tod von der Krankheit des Lebens.

Ganz im Zentrum der apollinischen Geisteswelt endlich steht Platon dadurch, daß jene letzte Wirklichkeit, welche Allem Sinn und Sein, Wirklichkeit und Erkennbarkeit gibt, Bedingung dafür, daß die Ideen Ideen sind und selber durch jede Idee hindurchstrahlend, nämlich das Gute, im Bilde der Sonne gesehen wird. Das Gute ist das Letzt-Göttliche, ein »heiliges Übermaß«, wie Glaukon ausruft; die Sonne aber ist

Apollons Gestirn, und ihre Strahlen sind die Pfeile seines Bogens.

So durchwirken die Beziehungen zur Apollongestalt die ganze Apologie und den Phaidon – was ist damit gesagt?
In einer bedeutsamen Untersuchung über »Unsterblichkeit und Apollonreligion« weist Kerényi[61] darauf hin, daß ein echtes Numen – jedes Numen, das griechische aber mit besonderer Deutlichkeit – einen Aspekt des Welt- und Daseinsganzen ausdrückt. Was Apollon angeht, so steht er in besonderer Beziehung zum Geistigen. Im Wesen des Geistes zeigt sich nun eine doppelte Sinnrichtung: er ist Ordnung, Klarheit, Sicherheit, Fruchtbarkeit des Handelns und Schaffens – er enthält aber auch die Gefahr der Höhe und Freiheit und der Übermacht des Sinnes. Der Mensch ist ein Wesen der Mitte, verleibter Geist, durchgeisteter Stoff. Er kann weder im bloßen Geiste noch in der bloßen Materie existieren, grenzt aber an beide an. Sie locken ihn, und es gehört zu seinem Wesen, die Basis seiner unmittelbaren Lebendigkeit verlassen und sich in die Gefahr des Nicht-Menschlichen wagen zu können. Im Bereich der bloßen Materie stirbt das Leben[62]; der bloße Geist aber steht zu ihm in einem Verhältnis, das mit dem Begriff der Überlebendigkeit ausgedrückt werden kann[63], und auch der Schritt in ihn tödlich ist.
Apollon bedeutet Licht, Schönheit, Reinheit, Vollkommenheit, aber auch Zerstörung und Tod. Beides zeigt sich zusammengehörig, sobald deutlich wird, von welcher Art die Schönheit und Reinheit ist, um die es sich handelt. Die Doppelseitigkeit des Apollinischen drückt sich im Symbol

[61] In: Apollon, Studien über antike Religion und Humanität, 1937. Ich verdanke der Arbeit viel; sie hat meine Auffassung vom religiösen Charakter des platonischen Denkens bestätigt und vertieft. Das folgende setzt sie voraus.

[62] Freilich vollzieht sich auch die seltsame Inversion, daß ein Kristall, eine Pyramide als von magischer Lebendigkeit erfüllt empfunden werden können.

[63] Kerényi spricht im gleichen Sinne von »Lebensjenseitigkeit«. AaO. S. 53.

der ihm zugeordneten Sonne aus; aber in ihr handelt es sich nicht um die milde Sonne des Nordens, sondern um die griechische, glorreich und furchtbar strahlende, welche erhellt und befruchtet, aber auch versengt und tötet. Was besonders das zweite Moment angeht, so erscheint es auch in Tiersymbolen, vor allem im Wolf und Raben, die Apollon zugehören und beide Todestiere sind. Besonders heftig ist der zweite Aspekt des Apollinischen in seinem vorhomerischen Bilde zum Ausdruck gekommen.[64] Die Überwindung der Erd- und Hadesmächte hat zwar seine Gestalt vom Ungeheuerhaften befreit, indem sie ihn als den Gott des Lichtes und der geistigen Ordnung verstand; die tödliche Furchtbarkeit ist aber geblieben und in den Willen zur Vollendung des Geistigen selbst eingegangen. Von der menschlichen Mitte aus gesehen, ist das Rein-Geistige »lebensjenseitig«, und der Weg zu ihm bedeutet Tod. Es gibt aber die Sehnsucht danach; und die Bereitschaft, durch eine alle Mannigfaltigkeit des unmittelbaren Daseins verbrennende Läuterung in seine ewige Klarheit zu gelangen, drückt sich, wie in der tötenden Gewalt des Sonnenlichtes, so in der Gestalt des Schwanes aus. Beide Symbole hängen eng zusammen. Die Griechen haben die Welt der vollkommenen geistigen Reinheit »im Schneeglühen des hohen Nordens« angeschaut. »Von dort kam Apollon jedes Jahr mit seinem weißen Schwanengespann in sein delphisches Heiligtum zur Mittsommerzeit, in einem der großen Todesaugenblicke der griechischen Natur, wenn... die alles tötende Sonnenhitze auf dem durchgeistigt glühenden Bergesrücken ihren Höhepunkt erreicht.«[65] Der Schwan ist Apollons »Diener« und sehnt sich, zu ihm zu gelangen. Sein Singen ist der Laut dieser Sehnsucht und wird besonders stark, wenn er sterben soll. Im Tode fliegt er in den Schoß des Lichtgottes hinauf.

[64] AaO. S. 50f.

[65] AaO. S. 48f.

Platon hat Sokrates so gezeichnet, daß er von der Sehnsucht nach der »Lebensjenseitigkeit« des bloßen Geistes erfaßt ist. Daher die tiefe Erregung, welche durch die Reden von der Läuterung geht. Er strebt über alles unmittelbar Lebendige hinaus in die absolute Reinheit und Sinnmacht. Den Weg bildet die Loslösung vom Leiblichen, das rein geistige Denken. Darum ist Philosophieren ein Sterben, und die Erfüllung der Philosophie der Überschritt des Todes. Erst in ihm »hat der Gott uns erlöst«. (Phaid. 67a) Immer wieder muß gesagt werden, daß Platons Denken weder »akademisch« noch ästhetisch, sondern großartig und von gefährlicher Kühnheit ist. Und die Gefahr ist um so größer, als es nicht theoretisch bleibt, sondern den ganzen Menschen in Anspruch nimmt, bis in die innerste Gesinnung, bis in die verborgenste Richtung der Lebensbewegung.
Von hier aus fällt das letzte Licht auf das Verhalten des Sokrates vor dem Gerichtshof. Er weiß, an sich darf man »sich selbst nicht ums Leben bringen«, fügt aber hinzu: »nicht eher...als bis der Gott irgend eine Notwendigkeit dazu über uns verhängt, wie das jetzt bei uns der Fall ist.« (62c) Tatsächlich ist es ja auch so, daß Sokrates sich selbst den Tod gibt, denn er stirbt, indem er – auf Befehl des Gesetzes, das heißt, aus der »Notwendigkeit, die der Gott verhängt hat« – mit eigenen Händen den Giftbecher nimmt. Aber noch mehr ist wahr: er hat sich sogar durch die Art, wie er vor Gericht die Richter zur äußersten Härte herausforderte, selbst den Becher bereitet – wenn auch ebenfalls aus der von Apollon kommenden Verhängung heraus, der ihn durch den Spruch der Pythia auf diesen Weg gesendet und, dürfen wir hinzufügen, ihm das tragische Verlangen nach dem in die reine Geistigkeit führenden Tode eingegeben hat.

Wenn dieser Wille allein herrschte, würde die Sinnrichtung des Daseins in den schlechthinnigen Tod, das heißt, ins Nichts gehen. Das aber wäre nicht platonische Philosophie und Religion, sondern Buddhismus.

Sokrates will nicht in die bloße Reinheit, sondern in den reinen Geist; so bedarf es eines Momentes, das den individuellen Geist davor bewahrt, bis zur Eigenschaftslosigkeit »geläutert« zu werden, und das ist die Idee.[66] Die Ideen sind das An-sich-Seiende, Ewig-Vollendete; sie enthalten aber die ganze Positivität der Welt, die Eigenschaftlichkeit aller Dinge. So ist in dem »Reinen«, das Platon erstrebt, die Fülle der Wesenheiten und Werte aufgehoben. Wirklich aufgehoben: durch den Verzicht auf irdische Mannigfaltigkeit in die Einfachheit hineingenommen.
Ebenso ist, was zu ihnen hinübergeht, kein abstrakter Schicksalspunkt, wie der Träger des buddhistischen Karma, sondern die Seele, das geistige Selbst des Menschen. Hier enthüllt der Mythos der Apologie, in welchem Sokrates mit ironischem Lächeln und doch tiefem Ernst »seinen wirklichen Richtern« sagt, er denke sich das Leben im Hades so, daß er dort überhaupt erst richtig werde tun können, was er hier auf Erden getan, nämlich fragen und antworten und im Dialog die Wahrheit herausheben, seinen letzten Sinn. Wenn es erlaubt ist, Andeutungen des Phaidon[67] zu entwickeln, so darf man sagen: Die vollendete Seele steht zu ihrer zeitlichen Existenz wie die Idee eines Dinges zu dessen irdischer Erscheinung. Das heißt aber: Der Schritt in die Transzendenz des reinen Geistes findet dort nicht nur die Eigentlichkeit der Dinge, sondern auch die des eigenen Selbst.

Dieser ganze Bereich ist apollinisch, denn was die Idee begründet und die Eigentlichkeit der Dinge in der Transzendenz des reinen Geistes aufgehoben sein läßt, ist ja das Gute, und das Gute wird unter dem Symbol der Sonne angeschaut. Damit soll nicht schon behaupet werden, das Gute sei für Platon einfachhin Apollon selbst – der Schoß Apollons, in welchem die durch den Tod freigewordenen »Schwäne« fliegen; jedenfalls hat es aber apollinischen Charakter.

[66] AaO. 53 und 57.
[67] Siehe oben S. 249f.

Der gleiche Apollon, der den Berufenen die Unzulänglichkeit des Irdischen fühlen läßt, bestimmt auch jenen Bezug, durch welchen die Ideen zu Garanten der Wesens- und Wertfülle der Welt gegenüber der Gefahr des Nichts werden. (Das ist, gegenüber dem asiatischen Osten, Europa: die Aufrechterhaltung der endlichen Welt auch im Absoluten.) Und der gleiche Apollon, der den Willigen auf dem Wege des reinigenden Philosophierens in die Lebensjenseitigkeit führt, begründet in ihm auch das idee-artige Selbst als den Garanten menschlicher Existenzfülle gegenüber dem gleichen Nichts. (Auch das ist Europa: die Aufrechterhaltung der personalen Geschichte im Ewigen.)

So dürfte die Behauptung nicht allzu gewagt sein, daß der Phaidon die Botschaft der platonischen Apollonreligion darstellt.[68]

Diese Religion ist schon einmal umgeformt worden: als die homerische Zeit die Gottheiten des Blutes und der Erdentiefe überwand und die olympische Welt heraufführte. Damals wurde aus dem düsteren Todesgott das Numen des Lichtes und der geistigen Ordnung. Jetzt, da die kosmische Form des Religiösen ihren Ernst verliert und eine neue Begründung in das Menschliche, in Geist und Verantwortung nötig wird, vollzieht sich abermals eine Umwandlung, und Platon ist ihr größter Verkünder: In einer bereits wankenden Welt wendet der religiöse Mensch sich der Seele und der Sorge für ihr Schicksal, der Welt des Geistes und der bleibenden Dinge zu; und die Apollongestalt wird aus dieser Situation heraus neu verstanden, ohne daß dadurch die Verbindungslinie zum homerischen und zum archaischen Verständnis abgerissen würde. Daraus ergibt sich Platons Religiosität, ohne welche Philosophie nicht verstanden werden kann.

In dieser Religiosität liegt auch die letzte Begründung jener λόγοι für die Unsterblichkeit des Geistes, die einen so

[68] Vgl. Kerényi aaO. 55.

fragwürdigen Charakter annehmen, sobald man sie nur philosophisch auffaßt.

Der platonische Mythos

Im vorausgehenden Abschnitt wurde gezeigt, daß die Gedankenwelt des Phaidon nicht nur philosophischen, sondern auch religiösen Charakter trägt. Das religiöse Element kommt in der ganzen Haltung und Stimmung des Dialogs, in vielfachen gedanklichen Aussagen, endlich aber und vor allem in gestalthafter Weise zum Ausdruck: im Numen des Apollon, das über dem Ganzen waltet, und im Mythos vor dem Schlußbericht. Was die Gestalt des Apollon angeht, so wurde gezeigt, welchen Wandel sie durch Platon erfahren hat – einen entsprechenden Wandel macht auch der Mythos durch.

Der alte Mythos hatte sich auf den Kosmos, dessen Wesenheiten und Mächte gerichtet und den Menschen als Teil dieses Ganzen verstanden. Im Laufe des fünften Jahrhunderts war das Individuum immer stärker hervorgetreten, hatte sich durch Verstandeskritik und bewußte Lebensmeisterung auf sich selbst gestellt und zum Maßstab des Daseins gemacht. Es war nicht mehr gewillt, ja nicht einmal mehr fähig, sich mit existentieller Wahrheit in jene Zusammenhänge einzufügen, von denen der Mythos redete, um aus ihnen heraus sein Dasein zu verstehen; so hatte das mythische Weltbild seine Glaubwürdigkeit verloren.

Der geistig-sittlichen Anarchie, die aus dem Verfall der religiösen Bindungen – wie überhaupt aus den menschlich-kulturellen Zerstörungen während der langen Kriegsjahre – erwachsen war, traten Sokrates und Platon entgegen und begründeten ein Daseinsbild, in dessen Mittelpunkt ebenfalls der Mensch stand, aber so, daß er durch absolute Ordnungen gebunden war. Was die Gefahr gebracht hatte, das Suchen nach Verstandeserkenntnis und nach einer neuen, in geistiger Bildung und persönlicher Initiative verwurzelten Aretē, mußte sie auch bannen. Die sokratisch-platonische Leistung bestand darin, diesen Verstand und diese Initiative ganz frei zu machen, sie aber in eine neue Verantwortung zu verwurzeln.

Der philosophischen Begründung der Existenz mußte auch eine religiöse entsprechen. Weder Sokrates noch Platon verkünden neue Numina; die alten empfangen aber durch sie einen anderen Charakter. Apollon mitsamt dem Kreis der Musen, die gleichsam seine Ausstrahlung in die Mannigfaltigkeit des geistigen Schaffens bilden, tritt in den Mittelpunkt der platonischen Akademie; doch macht sein Wesen eine ähnliche Wandlung durch, wie das Denken gegenüber der jonischen Naturphilosophie. Er bleibt das Numen des Lichtes und der geistigen Ordnung; aber einer Ordnung, die nicht mehr von der Gesamtnatur, sondern vom individuellen Menschen und seiner geistigen Verantwortung her entdeckt wird; eines Wertgefüges und einer Aretē, die nicht vom kollektiven Dasein, sondern von der Persönlichkeit – der »Seele«, wie Sokrates immer sagt – und ihrem zeitlich-ewigen Sinn her aufgebaut wird. So erscheint eine Apollongestalt, die in engem Zusammenhang mit dem Sinn-Inbegriff der platonischen Welt, nämlich dem Guten steht; von dorther die Ideen als Einwurzelung der Wesensgestalten der Welt ins Ewige gewährleistet; durch das Verlangen nach der absoluten Einfachheit und Reinheit des Geistes aber den Menschen hinaufruft und ihn ebendamit der Unsterblichkeit versichert.

Eine entsprechende Umwandlung widerfährt auch dem Mythos.

Mythen bestehen aus Gestalten und Geschehnissen, aus Göttern, Götterhandlungen und -schicksalen, in denen sich das Dasein verdichtet. Diese sind, wie bereits dargelegt wurde, keine Allegorien der Wirklichkeit, sondern die religiös durchsichtig gewordene Wirklichkeit selbst. Zeus ist die überwölbende Weite und Herrschmacht des Himmels, an dem sich die ordnenden Gestirnbewegungen vollziehen, und von dem die Kräfte der Lebenszeugung auf die Erde herabkommen. Er bedeutet sie nicht nur, sondern ist sie – ebenso wie Gaia die Erde, ihre fruchtbare und zugleich verschlingende Tiefe, Schoß und Grab alles Lebens, nicht nur bedeutet, sondern ist. Und das Urmotiv des ἱερὸς γάμος, der Vereinigung von Himmel und Erde, aus welcher alles Leben hervorgeht und deren Geschichte sich im Laufe des Jahres mit seinen Gezeiten darstellt, ist der Urvorgang von Geburt, Leben und Tod selbst.

Wer gläubig vollziehend in den Mythos eingeht, weiß um Wesen und Geschehen, Sein und Sinn. Der Mythos sagt, wie der Mensch sich halten und handeln muß, wenn das Dasein in Ordnung bleiben soll. Er macht die Wirklichkeit für den Menschen gangbar und umgänglich. Nicht durch Gedanken oder Gebote, sondern durch Gestalten und Begebnisse, welche die Essenz des Daseinsvorgangs selbst sind. Der eigentliche Vollzugsort des Mythos ist der Kult. Das kultische Tun und Sprechen verkündet ihn und nimmt die Feiernden in ihn auf. Dadurch gelangen sie in die innerste Ordnung des Daseins und gewährleisten zugleich deren Fortbestand. Der Mythos erstreckt sich aber auch durch das ganze Leben; denn fromm ist das Tun dann, wenn der Handelnde jeweils in die mythischen Gestalten eintritt und aus ihnen heraus handelt.

Eine solche Haltung setzt – auch davon war bereits die Rede – ein bestimmtes Weltbild voraus, das anders gebaut ist als das unsere. Seine Welt besteht nicht aus Stoffen und Energien, wissenschaftlich feststellbaren Prinzipien und Gesetzen, sondern aus Wesenheiten und Mächten, die empirisch und numinos zugleich sind. Sie kämpfen und verbinden sich mit einander, herrschen und werden beherrscht, empören und befreien sich, formen und entformen sich, und daraus entsteht immerfort die Welt.

Diese Mythen machen naturgemäß den gleichen Wandel

durch wie die Götter, von denen sie erzählen. Letztere haben in ihrer frühesten Form etwas Düsteres, Wildes, Ungeheuerhaftes. Sie bilden den Ausdruck eines Daseins, das seinen Schwerpunkt in den Mächten des Blutes und der Erdentiefe hat. In jener Umformung, deren reinsten Ausdruck die homerischen Epen bilden, orientieren sie sich ins Geistige und spiegeln ein Dasein, das nicht mehr durch Blutmacht und Totenwelt, sondern durch geistige Ordnungen und ethisch durchsichtig gewordenes Recht bestimmt wird... Noch aber liegt der Schwerpunkt im Kosmischen. Das Dasein der Welt, der Natur ist es, was sie erzählen; das des menschlichen Gemeinwesens aber, sofern es in der Natur eingeordnet ist, wobei der Einzelne nicht als Persönlichkeit, sondern als Glied im Ganzen steht. Im fünften Jahrhundert zerfällt die alte Religiosität. Den Wirkungen dieses Zerfalls begegnen wir in der Skepsis des Sophisten, wie auch in der geistlosen Religiosität einer entleerten Tradition. Hier setzen Sokrates und Platon ein.

Viele platonische Dialoge erzählen »Mythen«, so der Protagoras und der Gorgias, das Symposion, der Phaidros und die Politeia, der Timaios – und der Phaidon[69].
Was bedeutet hier der Mythos? Nicht mehr das als Göttertat und Götterschicksal gefaßte Geschehen des Weltganzen, sondern das Leben des Menschen und das Werden seines Werkes; das Schicksal der Seele, ihr Heil und Unheil[70]. Damit verliert er natürlich die unmittelbare Wucht und Mächtigkeit des alten Mythos. Er wird gedankenhafter, zarter, blasser; hat auch nicht mehr die Gewähr eines durch viele Jahrhunderte hin in ihm gelebten Lebens. Dafür wird er geistiger, logischer, folgerichtiger. Er entsteht nicht mehr aus dem

[69] Auch die Apologie enthält, wie schon gesagt wurde, einen Mythos; nur gelangt er nicht in die abgerundete Form einer Erzählung, sondern taucht in den Worten auf, in welchen Sokrates am Schluß seiner dritten Rede von seinen Ewigkeitshoffnungen spricht.
[70] Vgl. Karl Reinhard, Platons Mythen 1927. pass. u. 94 ff.

Unbewußten, sondern aus dem künstlerisch-pädagogischen Schaffen; so verträgt er sich sowohl mit dem strengen philosophischen Denken, wie auch mit der Realistik der neuen, durch praktische Ratio und individuelle Initiative bestimmten Lebensführung. Dem alten Mythos in seiner Verkörperung durch Euthyphron konnte Sokrates die spöttische Frage entgegenhalten: »Und Du glaubst, daß wirklich unter den Göttern gegenseitiger Krieg bestehe, und furchtbare Feindschaften und Schlachten und vieles andere von der Art, wie es von den Dichtern erzählt wird?« (6b) Den neuen hingegen erzählt Sokrates selbst, nachdem er in langen und sorgfältigen Erwägungen unter dem Bewußtsein philosophischer Verantwortung um die Wahrheit gerungen hat.

Die Aufgabe dieses Mythos besteht nicht mehr darin, das Weltdasein lebbar zu machen und Wege in ihm zu bahnen. Das müssen jetzt die verantwortungsbewußte Noësis und das persönliche Ringen um echte Aretē tun. Er soll vielmehr einen Ausdruck für den religiösen Ernst bilden, die den Menschen veranlaßt, »seiner Seele die sorgsame Pflege zu geben, deren sie bedarf, wenn sie unsterblich ist«, wie es im Phaidon heißt. Seine Bilder sollen ihr Wesen und ihre Verantwortung, die positiven und negativen Möglichkeiten ihres Schicksals vor Augen stellen: »Wenn es also erlaubt ist, einen schönen Mythos zu sagen, dann wäre es wohl wert, zu hören, Simmias, wie das auf Erden unter dem Himmel Befindliche etwa beschaffen sein mag.« (110b)
Dieser Mythos erhebt sich aus dem philosophischen Dialog selbst als künstlerische Verdichtung der gedanklichen Ergebnisse – besser gesagt, dessen, was durch den Gedanken nicht erfaßt werden kann; was um ihn schwingt, über ihn hinausliegt, aber im Einvernehmen mit ihm steht. Er wird vom Spiel einer Phantasie hervorgebracht, die dem philosophischen Logos verantwortlich ist. So sagt Sokrates am Schluß: »Von dem nun, was ich dargelegt habe, behaupten zu wollen, es verhalte sich in Wirklichkeit genau so, würde einem vernünf-

tig denkenden Manne wohl nicht anstehen. Daß es sich aber doch mit den Seelen und ihren Wohnorten so oder ähnlich verhalten werde – diese Annahme scheint mir, da die Seele ja offenbar unsterblich ist, geziemend und wert, es mit ihr zu wagen. Denn das Wagnis ist schön, und man muß Derartiges gleichsam sich selbst zusingen können[71], und darum spinne ich auch so lange an dem Mythos.« (114d)

Sokrates will also den Bau der Welt beschreiben; aber nicht im Sinne einer Geographie oder Kosmologie, sondern so, daß die verschiedenen Weltbereiche als Orte und zugleich Ausdrucksformen des Seelenschicksals erscheinen, dieses Schicksal enthalten und zugleich von ihm her konstituiert werden.

Infolgedessen darf der Leser das Gesagte nicht als einfache Beschreibung merkwürdiger Weltregionen, ebensowenig freilich als bloße Objektivierung seelischer Zustände nehmen, sondern muß sehen, daß Gegenständliches und Existentielles ineinander gegeben sind[72]. Der Satz: »denn was drinnen, das ist draußen«, mit seiner Umkehrung: »denn was draußen, das ist drinnen«, gilt hier im strengsten Sinne. Die geographisch-kosmische Landschaft mit ihren Gebilden ist Ausdruck der innerlich-menschlichen mit ihren Entscheidungen und Schicksalen, so daß der ihr zugehörige Mensch in ihr sich selbst anschaut. Umgekehrt ist sie das ihm Gesetzte und bringt ihn jeweils in den Zustand, der seiner Gesinnung und geistigen Wirklichkeit entspricht.

Der Mythos von den Bereichen des Daseins

Die Schilderung des Weltbaues, die Sokrates entwirft, ist nicht ganz leicht zu verstehen und noch weniger, worauf es

[71] 'Επᾳδειν ἑαυτῷ: so, wie der Priester die Beschwörung zusingt; in Worten und Bildern, die mehr bedeuten als bloße Gedanken; in Sprüchen, die Macht haben, weil sie aus dem Urbereich stammen.

[72] Das gewaltigste Beispiel einer solchen Darstellung aus nachmythischem Bewußtsein heraus ist Dantes Göttliche Komödie.

doch ankommt, vorzustellen. Hat man sich aber einmal durchgefunden, dann entfaltet sich das Bild groß und einfach vor dem inneren Auge.

Die Welt hat Kugelgestalt – Ausdruck des griechischen Gefühls, für welches das klar Geformte mehr war, als das Grenzenlos-Ungeheure: sie ist Kosmos. In ihrer Mitte schwebt die ebenfalls kugelförmige Erde. Diese bedarf keiner Stütze, nicht einmal jener der Luft, denn das Gleichgewicht der kosmischen Kräfte, des umgebenden Himmels sowohl wie ihres eigenen Baues, hält sie in der Schwebe.

Wenn dem, was weiter von ihr gesagt wird, Rechnung getragen werden soll, muß sie sehr groß vorgestellt werden; viel größer, als sie dem Verhältnis nach in Wahrheit ist. In ihre Oberfläche senken sich riesige Becken ein, die mit Luft, Wolken, kurzum mit allem, was wir Atmosphäre nennen, erfüllt sind. Ein solches Becken wird zum Beispiel durch das Mittelmeer und die um es her liegenden Länder, also durch die griechische Oikumene, gebildet. Es ist so groß, daß seine Bewohner die es umschließenden Wände offenbar niemals zu Gesicht bekommen. Senkungen solcher Art und von größeren oder kleineren, tieferen oder flacheren Maßen sind über die Erde hin verstreut. Sie enthalten Ebenen, Berge, Meere, Flüsse, den ganzen Lebensraum der Menschen.

Diese wohnen also, genau genommen, nicht auf, sondern in der Erde. Noch einmal genauer, in einem Mittelbereich; denn es wird sich gleich zeigen, daß es noch einen darunter, nämlich die eigentliche Erdentiefe gibt. Die wirkliche äußere Oberfläche würde erst gewonnen, wenn es jemand gelänge, die Wände dieser Senkungen zu erreichen und an ihnen hinaufzusteigen. Da die Luft nur die Senkungen erfüllt, würde er bei seinem Aufstieg auch den Luftraum verlassen und, wie sonst der Mensch am Rande des Wassermeeres, nun an dem der Luft stehen, selbst aber sich im Himmelsraum befinden, den der Äther durchströmt.

So gibt es drei raumfüllende Fluida: In den Becken befindet sich die Luft mit ihren Bewegungen und Unklarheiten. Nach

unten senken sich abermals Tiefen hinab, die von Wasser erfüllt sind, nämlich die verschiedenen Flüsse, Seen und Meere. Der Raum über der eigentlichen Erdoberfläche endlich enthält das reine Lichtelement, den Äther.
Auch auf der Erdhöhe, also im Ätherbereich, sind Ebenen, Berge und Wachstum aller Art. Darüber bewegen sich die Gestirne, nun erst »sichtbar in ihrer wahren Gestalt«, während diese im mittel-irdischen Bereich durch die Luft verdeckt und verzerrt wird. Auf der Erdhöhe leben selig die Vollendeten, welche in der Probe des Todes bewährt sind. Sie haben Städte und Tempel; in den Tempeln befinden sich aber nicht nur die Bilder der Götter, sondern die Götter selbst wohnen darin und haben Umgang mit den Seligen.
Wie sich an den mittel-irdischen Bereich nach oben hin jener der Erdhöhe anschließt, so nach der Tiefe hin der unterirdische. Zu ihm führt der Weg durch das Wasser. Die Gewässer der verschiedenen Einsenkungen, Meere, Seen und Flüsse, stehen nämlich mit einander und mit dem Inneren der Erde in Verbindung und sammeln sich dort in riesigen Massen. Eine schwingende Bewegung des Erdinneren, über deren Ursprung nichts gesagt wird, treibt sie in die Flüsse und Meere hinaus und holt sie wieder in die Tiefe zurück. Dadurch entstehen die Bewegungen der verschiedenen Gewässer. Unter den Flüssen sind vier besonders wichtig. Einmal der Okeanos, die Strömung der den Griechen bekannten Meere. Dann, auf der Gegenseite der Erdkugel, der Acheron, der nach langem Lauf in das Innere der Erde fließt und dort den acherusischen See bildet. Ferner der Pyriphlegethon, der zwischen den beiden Genannten entspringt, um bald in einen feuererfüllten Raum im Innern der Erde zu stürzen und dort ein Meer von siedendem, schlammigem Wasser zu bilden; wie er es auch ist, welcher die fließende Lava mit sich führt und sie durch die Vulkane emportreibt. Endlich der Kokytos, der das Wasser des Styx-Sees in sich aufnimmt und damit ebenfalls ins Innere der Erde stürzt.

Die Landschaft dieser inner-irdischen Ströme und Seen enthält alles, was die Phantasie an Mächtigem und Furchtbarem in der Tiefe der Erde vermutet und bildet die unheimliche Region des Tartaros. Dorthin gelangen, von ihren Schutzgeistern geführt, die Seelen der Verstorbenen und werden gerichtet.

Diejenigen, »welche wegen der Größe ihrer Verbrechen für unheilbar beurteilt werden«, sinken in die innerste Tiefe des Tartaros, »von wo sie nie wieder emporkommen«. (113e) Sie können also nicht mehr in den Kreis der Wiederverkörperung eintreten, sondern sind aus dem Dasein gestrichen.

Anders jene, deren sittlicher Zustand von einem guten Kern her erneuert werden kann. Nach dem Gericht werden sie in die Fluten des Kokytos gestürzt und erleiden dort furchtbare Qual. Jeweils nach Ablauf eines Jahres kommen sie aber an die Ufer des acherusischen Sees und rufen nach jenen, gegen die sie sich einst vergangen haben. Wenn diese ihnen vergeben, endet die Strafe; andernfalls müssen sie weiterbüßen. »Dieses Recht ist von den Richtern über sie verhängt.« (114b) Einmal aber – so darf man wohl den Zusammenhang deuten – gelangen sie in den Raum der Seligen, von welchem schon die Rede war.

Jene endlich, »von denen offenbar wird, daß sie in vorzüglicher Weise einem heiligen Leben ergeben waren« (114b), steigen zur Erdhöhe empor und leben dort im Umgang mit den Göttern. Von ihnen gilt wohl, daß sie die Ideen schauen, um dann, wenn ihre Stunde gekommen ist, neu verkörpert in das geschichtliche Dasein zurückzukehren und die verborgene Erinnerung an die wesenhafte Wahrheit dorthin mitzubringen.

Auch unter ihnen gibt es aber Einzelne, die nicht wiederkehren, sondern endgültig, doch nun in einen Bereich letzter Erfülltheit, hinweggenommen werden, nämlich jene, »welche durch Philosophie ganz rein geworden sind«. Sie »gelangen an Wohnorte, die noch schöner sind als die [genannten]. Diese kund zu tun, ist aber nicht leicht, noch steht [dem

Redenden] dazu jetzt die notwendige Zeit zu Gebote«. Offenbar ist an den Bereich des Guten selbst gedacht. Dort »leben sie körperlos für alle künftigen Zeiten«. (114c)
Die Schilderung dieser Orte und Zustände ist im einzelnen unbestimmt und darf auch durch die Interpretation nicht allzusehr präzisiert werden. Es handelt sich um Worte, die noch etwas von der mythischen Verkündigung, dem »Mythen-Sagen« an sich haben, durch das der Mensch sich selbst helfende und stärkende Kunde »zusingt«. In ihren Bildern gewinnt das, was Sokrates über sterbliches und unsterbliches Leben gelehrt hat, kosmische Gestalt.

Die Menschen gehen mit jener »Bildung und Erziehung«, die sie während ihres irdischen Lebens gewonnen haben, in den Tod[73]. Haben sie sich – was die meisten tun – mit den Sinnen und Trieben eingelassen, dann führt ihr Schutzgeist sie in den Tartaros. Die Verworrenheit, in der sie sich befinden, muß geklärt werden, und das geschieht durch den Spruch der Totenrichter.
Jene von ihnen, welche ganz dem Unrecht verfallen sind, werden von einer äußersten Transzendenz des Bösen verschlungen und so aus dem Bereich des Daseins weggetan. Über den Inhalt dieser Transzendenz ist nichts mehr gesagt; sie bildet das schlimme Nirgendwo.
Jene hingegen, »von denen offenbar wird, daß sie in der Mitte [zwischen dem Guten und dem Bösen] gelebt haben« (113d), werden geläutert. Die schwankenden Bilder der unterirdischen Ströme und Seen mit ihrem Grauen drücken das Widerspruchsvolle und Schlimme des Zustandes aus. Ein schöner Gedanke läßt die Menschen, an denen die Büßenden schuldig geworden sind, in geheimnisvoller Weise anwesend sein und jeweils nach einem Jahr – der rhythmischen Zeitganzheit – darüber entscheiden, ob die Buße hinreicht. So ist der Zustand in die personalen Beziehungen der Gemein-

[73] Das Folgende wiederholt zum Teil bereits Gesagtes, aber, wie ich hoffe, so, daß das Ganze klarer wird.

schaft eingefügt und empfängt von dort seine letzte Bestimmung.

Der oberirdische Raum ist der Ort des Geistes, des Lichtes und der Wahrheit: der Bereich der Ideen. Dorthin gelangen jene Menschen, welche auf Erden ein geistgemäßes Dasein geführt haben. Aus der Schilderung wird nicht deutlich, ob auch sie ein Gericht überstehen müssen, oder aber beim Tode ihr innerer Zustand einfachhin offenbar wird, so daß ihre Existenz keiner Definition mehr bedarf. (113d) Ihr Leben hat fortan den Charakter des Lichtes und der Wahrheit. In den gleichen Raum und zum gleichen Leben steigen auch jene Seelen auf, welche durch ihre Buße im Tartaros geläutert sind und die Vergebung derer, denen sie Unrecht getan, erlangt haben. Alle diese Seelen sind bestimmt, zur gegebenen Stunde wieder als Menschen auf die Erde zurückzukehren, die geschaute Wahrheit im verborgenen Gedächtnis ihrer Seelen dorthin mitzubringen und in der geistigen Erkenntnis bewußt zu machen[74].

Von da an führt ebenfalls ein Weg zu einer äußersten Transzendenz, nun aber der positiven. In sie werden jene aufgenommen, welche auf Erden zur vollkommenen Lauterkeit durchgedrungen sind, »Philosophie« im eigentlichen Sinne geübt haben. Auch sie kehren nicht mehr in die Rhythmen des Daseins zurück. Das Leibliche ist ihnen so fremd geworden, daß sie keiner Wiederverkörperung mehr fähig sind. Wenn der Raum über der Luft den Ort der Ideen meint, dann darf man wohl, wie gesagt, die letzte Transzendenz als den Bereich des reinen Guten, das äußerste Mysterium des Lichtes deuten. Näheres darüber »kund zu tun«, sagt der Redende, geheimnisvoll verhüllend, zu Simmias, ist nicht möglich; aber bereits das Ausgesprochene ist herrlich, und »schön der Kampfpreis, und die Hoffnung groß«. (114c)

[74] Was anderwärts über die Reinkarnation ungeläuterter Seelen als untermenschliche Wesen gesagt wird – z. B. S. 204 – setzt eine andere Gesamtvorstellung voraus. Wir haben aber bereits betont, daß man die mythologischen Bilder nicht nach den Maßstäben rationaler Systematik beurteilen darf.

Der Schlußbericht

›Ihr nun, Simmias und Kebes und Ihr anderen [alle]‹, sprach [Sokrates], ›werdet Euch später einmal, jeder zu seiner Zeit, auf die Reise machen. Mich aber ruft schon jetzt, würde ein tragischer Dichter sagen, das Schicksal, und es ist schon beinahe die Stunde da, mich zum Bade zu wenden. Denn es scheint mir richtiger, erst nach dem Bade den Trank zu nehmen und den Frauen keine Mühe mit dem Waschen des Leichnams zu machen.‹ (115a)

Diese Worte sublimer Selbstverspottung, mit denen Sokrates die Schwere des Augenblicks lockert, leiten den Bericht über seinen Tod ein. Er soll, ohne weiteren Kommentar, unsere Arbeit beschließen.

Nachdem er das gesagt hatte, sprach Kriton: ›Sei's denn, Sokrates! Welche Aufträge hast Du aber für diese hier oder für mich, mit Bezug auf Deine Kinder oder auf irgend eine andere Sache sonst, wie wir Dir noch einen recht großen Gefallen erweisen könnten?‹

›Nur was ich schon immer gesagt habe, Kriton‹, erwiderte [Sokrates], ›nichts Besonderes weiter. Wenn Ihr [richtig] für Euch selbst sorgt, werdet Ihr mit allem, was Ihr tut, mir, den Meinigen und Euch selbst einen Gefallen erweisen, auch wenn Ihr es jetzt nicht versprecht; vernachlässigt Ihr aber Euch selbst und habt nicht mehr den Willen, sozusagen auf den Spuren des jetzt und früher Besprochenen zu wandeln, dann könnt Ihr noch so viel und mit noch so großem Nachdruck versprechen, Ihr werdet doch nichts Besonderes erreichen.‹

›Also wollen wir darauf bedacht sein, es so zu machen‹, sprach [Kriton]. ›In welcher Weise sollen wir Dich aber bestatten?‹

›Wie Ihr wollt – wenn anders Ihr mich wirklich zu fassen bekommt, und ich Euch nicht entfliehe!‹

Dabei lachte er still, sah uns an und sprach weiter: ›Diesen Kriton, Ihr Männer, überzeuge ich nicht, daß ich der Sokrates bin, der jetzt [mit Euch] redet und Euch das Gesagte im einzelnen auseinandersetzt, sondern er glaubt, ich sei jener, den er nach einer kleinen Weile tot sehen wird, und darum fragt er, wie er mich bestatten solle. Daß ich aber schon lang eine große Rede darüber gehalten habe, ich werde, nachdem ich das Gift getrunken, nicht länger bei Euch bleiben, sondern fortgehen – zu irgendwelchen Freuden der Seligen – das, meint er wohl, sage ich nur eben so, um Euch sowohl, wie auch mich selbst zu ermutigen. So leistet denn Bürgschaft für mich bei Kriton, aber eine ganz entgegengesetzte, als er sie bei den Richtern geleistet hat. Denn er hat es dafür getan, daß [ich] sicher hier bleiben werde[75], Ihr aber sollt dafür bürgen, daß [ich], nachdem ich gestorben, ganz gewiß nicht hier bleiben, sondern mich aufmachen und weggehen werde. [Das tut,] damit Kriton es leichter trage und sich nicht meinetwegen aufrege, als ob mir etwas Schlimmes widerführe, wenn er sieht, wie mein Leib verbrannt oder begraben wird; und damit er bei der Bestattung nicht sage, er bahre den Sokrates auf oder geleite ihn hinaus oder begrabe ihn. Denn wisse wohl‹, sagte er, ›mein bester Kriton: etwas unschön zu sagen, ist nicht nur in sich unrecht, sondern wirkt auch Böses in die Seelen hinein. Du mußt also zuversichtlich sein und sagen, Du bestattest meinen Leib – und bestattest ihn so, wie es Dir lieb ist und am ziemlichsten vorkommt.‹
Als er das gesagt hatte, stand er auf und ging in irgend einen Raum, um zu baden, und Kriton folgte ihm; uns aber hieß er bleiben. Wir blieben also und sprachen mit einander über das Gesagte und erwogen es noch einmal; dann klagten wir wieder über das Unglück [und erwogen], wie schwer es uns doch getroffen habe und waren tief überzeugt, daß wir nun, gleichsam des Vaters beraubt, das fernere Leben als Waisen verbringen müßten.

[75] Wohl dieser Bürgschaft wegen haben die Freunde des Sokrates im Gefängnis so frei mit ihm verkehren können.

Nachdem er aber gebadet hatte, brachte man seine Kinder zu ihm – er hatte nämlich zwei kleine Söhne und einen großen – und es kamen auch die Frauen seiner Verwandtschaft. In Kritons Gegenwart sprach er mit ihnen und trug ihnen auf, was sein Wille war; dann hieß er die Frauen und Kinder wieder fortgehen, er selbst aber kam zu uns. Und der Untergang der Sonne stand schon nahe bevor, denn er hatte lange Zeit drinnen verweilt.

So kam er also, setzte sich frisch gebadet nieder und sprach danach nicht mehr viel.

Dann kam der Diener der Elfmänner, trat zu ihm und sprach: ›Sokrates, über Dich werde ich nicht klagen müssen, wie ich über andere zu klagen habe, daß sie mir zürnen und fluchen, wenn ich sie auffordere, nach dem Befehl der Archonten das Gift zu nehmen. Dich aber habe ich auch in anderer Beziehung während dieser Zeit als den edelsten und sanftesten und besten Mann von allen denen erkannt, die jemals hierher gekommen sind; und so weiß ich denn auch jetzt gewiß, daß Du nicht mir zürnest, sondern jenen – denn Du kennst ja die Schuldigen. Also denn, Du weißt, mit welcher Botschaft ich gekommen bin; lebe wohl und suche das Unvermeidliche so leicht als möglich zu tragen!‹ Dabei traten ihm die Tränen in die Augen, und so wandte er sich um und ging.

Und Sokrates sah ihm nach und sprach: ›Auch Du lebe wohl, und tun wir also [, wie Du sagst].‹ Und rasch zu uns [gewendet] sprach er: ›Wie feinfühlig ist der Mann! Auch während dieser ganzen Zeit kam er zu mir und unterhielt sich zuweilen mit mir und war der beste Mensch – und jetzt, wie ehrlich beweint er mich! Aber wohlan, Kriton: laß uns ihm gehorchen, und es bringe einer das Gift, wenn es [schon] gerieben ist. Wenn aber nicht, dann soll der Mann es reiben.‹

Da sagte Kriton: ›Aber ich glaube, Sokrates, die Sonne steht noch auf den Bergen und ist noch nicht untergegangen! Und zudem weiß ich, daß auch Andere erst sehr spät, nachdem es ihnen angekündigt worden war, getrunken haben, und haben sogar noch sehr gut gegessen und getrunken und Einige waren

noch mit solchen zusammen, nach denen sie gerade Verlangen hatten. Übereile Dich also nicht, denn Du hast noch Zeit.‹
Da sagte Sokrates: ›Mit Recht, Kriton, tun jene, von denen Du redest, diese Dinge, denn sie glauben etwas zu gewinnen, wenn sie so tun – und mit Recht will ich meinerseits sie nicht tun; denn dadurch, daß ich ein wenig später trinke, glaube ich weiter nichts zu gewinnen, als daß ich mich vor mir selber lächerlich mache, wenn ich so am Leben klebe und da spare, wo nichts mehr ist. Geh also‹, sagte er, ›gehorche mir und suche nichts anderes zu tun.‹
Als Kriton das hörte, winkte er dem Knaben, der in seiner Nähe stand. Und der Knabe ging hinaus und nachdem er längere Zeit weggeblieben, kam er und führte den [Mann] herein, der das Gift reichen sollte und es, [zum Trinken] gerieben, in einem Becher brachte.
Wie Sokrates den Mann sah, sprach er: ›Also, mein Bester, Du verstehst Dich ja wohl darauf: was muß man tun?‹[76]
›Nichts weiter als folgendes‹, antwortete [jener]: ›Wenn Du getrunken hast, geh umher, bis Dir die Schwere in die Schenkel kommt. Dann lege Dich nieder, und so wird es von selbst wirken.‹
Damit reichte er dem Sokrates den Becher. Und der, Echekrates, nahm ihn, und zwar ganz heiter, ohne zu zittern, noch die Farbe oder die Gesichtszüge zu verändern; sah vielmehr dem Mann, wie er gewohnt war, fest ins Auge und sprach: ›Was meinst Du, ob man von diesem Trank jemandem spenden darf? Ist es erlaubt oder nicht?‹
›Wir reiben nur soviel, Sokrates‹, antwortete [jener], ›als unserer Meinung nach das Maß für einen Trunk beträgt.‹
›Ich verstehe‹, sagte [Sokrates]. ›Aber zu den Göttern beten darf man doch wohl gewiß und soll es auch, auf daß die Wanderung von hier dorthin heilbringend von Statten gehe. Darum bete ich denn auch, und möge es also geschehen!‹ Und

[76] Es ist das letzte Mal, daß Sokrates einen Mann nach dem fragt, was dieser wissen sollte und was er wirklich weiß.

kaum hatte er das gesagt, setzte er an, und trank sehr heiter und gelassen aus.

Die meisten von uns waren bis jetzt einigermaßen im Stande gewesen, sich zu beherrschen und nicht zu weinen; als wir aber sahen, wie er trank, und dann, wie er getrunken hatte, nicht mehr.

Auch mir flossen die Tränen gegen meinen Willen und in Strömen herab, so daß ich mich verhüllte und mich selbst beweinte – denn nicht ihn, sondern mein eigenes Los [beweinte ich], weil ich eines solchen Freundes beraubt sein sollte. Kriton war noch vor mir aufgestanden, weil er die Tränen nicht zurückzuhalten vermochte. Apollodoros aber hatte schon vorher nicht aufgehört zu weinen und schrie nun auf, klagend und außer sich geratend, und unter den Anwesenden war nicht einer, den [sein Jammern] nicht erschüttert hätte, außer Sokrates selbst.

Der aber sagte: ›Was tut Ihr doch, Ihr törichten Leute? Ich habe doch eben deswegen die Frauen weggeschickt, damit sie keine solche Torheiten anstellen sollten – habe ich doch gehört, man müsse unter heiligem Schweigen sterben. Haltet also Ruhe und seid standhaft!‹

Und als wir das hörten, schämten wir uns und hörten mit Weinen auf.

Er aber ging umher, und als, wie er sagte, seine Schenkel schwer wurden, legte er sich auf den Rücken, denn so hatte der Mann ihn geheißen. Dieser, der ihm das Gift gegeben, befühlte ihn dann nach einiger Zeit und untersuchte seine Füße und Schenkel. Darauf drückte er ihm heftig den Fuß und fragte, ob er es empfinde, [Sokrates] aber verneinte es; und danach die Unterschenkel, und so ging er immer höher hinauf und zeigte uns, wie er erkaltete und erstarrte. Und [dann] faßte er ihn [noch einmal] an und sagte, wenn es ihm bis ans Herz komme, werde er sterben. Schon war er um den Unterleib her fast kalt geworden, da enthüllte er sich noch einmal – denn er hatte sich verhüllt – und sagte, was seine letzten Worte sein sollten: ›Kriton, wir schulden dem

Asklepios einen Hahn. Opfert ihm den und versäumt es nicht!‹[77]

›Wahrlich, das soll geschehen‹, antwortete Kriton. ›Aber sieh, ob Du sonst noch etwas sagen willst?‹

Auf diese Frage antwortete er nichts mehr, sondern kurze Zeit darauf zuckte er, und der Mann deckte ihn auf: da waren seine Augen gebrochen. Als Kriton das sah, schloß er ihm den Mund und die Augen.

So war das Ende unseres Freundes, Echekrates – eines Mannes, von dem wir wohl sagen dürfen, daß er unter allen, die zu seiner Zeit lebten, und die wir kennen lernten, der Beste und überhaupt der Einsichtsvollste und Gerechteste gewesen ist. (115a–118)

Damit endet Platons Phaidon, eines aus jener kleinen Zahl von Büchern, durch welche die Menschen immer wieder zur Prüfung gerufen werden, ob sie ihres Namens würdig sind.

[77] Asklepios, der Sohn Apollons und Schutzherr der Ärzte. Ihm soll für die Genesung von der Krankheit des Lebens das Dankopfer dargebracht werden.